Estilística de corpus: Nuevos enfoques en el análisis de textos literarios

FONDO HISPÁNICO DE LINGÜÍSTICA Y FILOLOGÍA

Vol. 34

Colección dirigida por
Juan Pedro Sánchez Méndez & María Teresa García-Godoy

PETER LANG
Bern · Berlin · Bruxelles · New York · Oxford · Warszawa

Guadalupe Nieto Caballero y
Pablo Ruano San Segundo

Estilística de corpus: Nuevos enfoques en el análisis de textos literarios

PETER LANG
Bern · Berlin · Bruxelles · New York · Oxford · Warszawa

Información bibliográfica publicada por
"Die Deutsche Bibliothek"
"Die Deutsche Bibliothek" lista esta publicación en la "Deutsche Nationalbibliografie";
el detalle de los datos bibliográficos están disponibles en el sitio www.dnb.de.

ISSN 1663-2648 • ISBN 978-3-0343-4179-0 (Print)
E-ISBN 978-3-0343-4190-5 (E-PDF • E-ISBN 978-3-0343-4191-2 (EPUB)
E-ISBN 978-3-0343-4192-9 (MOBI) • DOI 10.3726/b17568

Esta publicación ha sido revisada por pares.

Wabernstrasse 32, CH-3007 Bern
bern@peterlang.com, www.peterlang.com

Tabla de contenidos

Índice de tablas, ilustraciones y gráficos

Tablas

Ilustraciones

Gráficos

Apéndices

Introducción

Estilística de corpus: Nuevos enfoques en el análisis de textos literarios es un libro en el que pretendemos acercar al lector técnicas de análisis relativamente noveles en el marco de los estudios literarios. Los enfoques de estilística de corpus se caracterizan por emplear metodologías propias de la lingüística de corpus en conjunción con acercamientos más propios de la estilística tradicional y apoyándose, como no puede ser de otra manera, en el contexto de la crítica literaria. La dimensión cuantitativa de estos estudios ha abierto nuevas vías de análisis y ha permitido, en el ámbito internacional, explorar el estilo de autores manejando un volumen de texto inasumible para disciplinas más tradicionales. El reconocimiento —y podríamos decir que cierto recorrido, a pesar de su corta vida— de los estudios de estilística de corpus en el ámbito internacional no se corresponde, sin embargo, con una réplica en el caso de los estudios literarios de textos en lengua española, donde la estilística de corpus constituye una disciplina aún por descubrir. Este camino aún por transitar en el mundo hispánico no solo justifica sino que parece demandar un libro como el que aquí se presenta, en donde el lector pueda familiarizarse con algunos de los presupuestos teóricos y metodológicos fundamentales de esta disciplina con los que poder implementar análisis cabales de textos literarios en nuestra lengua. Además de una explicación pormenorizada de los elementos más importantes desde una perspectiva de instrucción teórica (la construcción de un corpus, herramientas para el procesamiento de textos o puntos de partida de análisis, entre otros aspectos), en este libro el lector también encontrará un análisis práctico sobre la figura de Galdós, en un decidido intento de ilustrar el potencial de este tipo de análisis en el estudio de una figura de referencia de nuestro canon literario.

Antes de explicar los contenidos del libro, nos gustaría hacer sendas aclaraciones sobre dos aspectos fundamentales para el lector. En primer lugar, hemos intentado huir de dogmatismos y posturas excluyentes. Dicho de otro modo, no hemos diseñado el libro como una lectura que solo pueda entender gente con formación especializada en lingüística de corpus ni para la que haya que tener experiencia en el campo de las Humanidades Digitales. Esta actitud no responde tanto a un presupuesto eclecticista como al convencimiento de que un libro de estas características puede ser útil a lectores con dos perfiles bien distintos. De hecho, consideramos que el libro puede ofrecer puntos de interés a lectores diametralmente opuestos. Así, aquellos que se acerquen al libro desde la estilística tradicional podrán encontrar información sobre los estudios de corpus en general y cómo poner en práctica su aplicación, precisamente, en estudios de tipo estilístico, añadiéndolos a su panoplia de técnicas de análisis estilísticos que manejan habitualmente. Por otra parte, quien se acerque al libro con una formación previa en estudios de corpus, encontrará en la aplicación literaria una nueva manera de aproximarse al texto objeto de estudio, donde la obra literaria no esté considerada simplemente como una muestra más de la lengua, sino como un género en sí mismo susceptible de análisis crítico. En el espectro entre estos dos polos, además, es fácil imaginar lectores menos especializados que también puedan encontrar en la estilística de corpus novedosas vías de análisis en el ámbito de las Humanidades Digitales.

En segundo lugar, a lo largo del libro no situaremos en ningún caso a la estilística de corpus como un enfoque que pretenda reemplazar a otros más tradicionales, sino como una forma de análisis que puede complementarse con otras disciplinas como la crítica literaria o la estilística tradicional, del que el análisis de textos literarios en general se puede beneficiar en gran medida. El tono del libro, aunque pueda (y deba) resultar obvio, es conciliador. De hecho, somos conscientes de que, precisamente por su carácter novel, al acercarse a la estilística de corpus uno tiene que tener en cuenta "its lack of a clear definition and its as yet not fully developed analytical methods" (McIntyre y Walker 2019: 1). A pesar de ello, sin embargo, estamos plenamente convencidos del potencial analítico de la estilística de corpus y de que, en ocasiones, estos enfoques pueden resultar el modo más eficaz de investigar aspectos que, bien por su numerosidad bien por su carácter recóndito en el texto, han pasado desapercibidos para la crítica tradicional.

En el transcurso de su lectura, en el libro se podrán encontrar distintos focos de interés. El primero y más importante, desde luego, es la definición de la estilística de corpus. Esta definición se acompañará de una explicación previa de los principales campos de estudio de los que se nutre (la lingüística de corpus y la estilística tradicional), de una contextualización en el marco de la Humanidades Digitales, de sus antecedentes teóricos y de enfoques computacionales previos como la estilometría o el análisis estadístico de textos. También se ofrecerán explicaciones detenidas sobre los puntos de partida sobre los que se suelen construir los análisis, como la caracterización de personajes o la construcción de los universos ficticios que los autores nos plantean, al tiempo que se detallarán notas de precaución sobre algunos de los errores habituales cometidos por aquellos que ven en la estilística de corpus un enfoque exclusivamente cuantitativo. De todos estos aspectos nos ocuparemos en el primer capítulo.

También abordaremos cuestiones relacionadas con qué es y cómo se debe construir un corpus de estudio en un análisis de estilística de corpus (capítulo 2) y con las herramientas que se emplean para procesarlos (capítulo 3). Las cuestiones relacionadas con la compilación de un corpus serán de tipo general (extensión del corpus, formato de los textos, repositorios digitales, etc.) y también de índole más específica (cuestiones de derechos de autor, por ejemplo). En cuanto a las herramientas de análisis, se ofrecerán ejemplos sobre las distintas opciones a disposición del usuario, estableciendo una distinción entre aquellas integradas en sitios web de bancos de datos, por un lado, y los *softwares* autónomos especializados, por otro. Por su importancia, en el caso de estos últimos explicaremos sus principales opciones de análisis, como las listas de palabras, las concordancias o las palabras clave.

Tras esta explicación de los presupuestos teóricos y metodológicos fundamentales de la estilística de corpus y los aspectos sobre los que se cimienta, en la segunda parte del libro llevamos a cabo un análisis práctico en torno a la figura de Benito Pérez Galdós. La razón para escoger a Galdós como objeto de análisis tiene que ver con que se trata de uno de los novelistas españoles más laureados de siempre. Se trata, además, de un escritor muy prolijo, lo que le convierte en un autor ideal para ser analizado con herramientas de corpus, pues cabe esperar que estas revelen patrones tanto formales como funcionales que hasta ahora han pasado desapercibidos para la crítica y que ayuden a una mejor comprensión de su estilo. Además, pertenece una de las épocas doradas de la novela española: el Realismo. Este hecho hace posible que su obra pueda compararse con la de sus contemporáneos, lo que permitirá calibrar la representatividad de los rasgos que se analizan en relación a la pléyade de autores con los que compartió plana. En el análisis de la obra de Galdós se abordarán distintas dimensiones de su figura: su estilo como novelista (capítulo 4), elementos de intertextualidad relacionados con la influencia que Dickens ejerció sobre él (capítulo 5) y su faceta menos conocida como traductor (capítulo 6). El objetivo de esta segunda parte del libro es ilustrar cómo todo lo explicado en la primera mitad puede ponerse en práctica desde distintos ángulos de análisis y demostrar que es posible analizar aspectos del estilo de Galdós que, debido a la falta de herramientas adecuadas, no han podido ser identificados con anterioridad —o al menos no han podido ser analizados de forma sistemática.

Esta doble vertiente por la que discurre el libro pretende ofrecer, tanto desde la teoría como desde la praxis, argumentos razonados a favor del uso de este tipo de enfoques en el análisis de textos literarios en español. Desde luego, el hecho de que la estilística de corpus aún no se haya consolidado en el ámbito hispánico y los estudios que adopten este tipo de enfoques sea prácticamente inexistente puede explicarse, al menos parcialmente, por el carácter refractario de una parte de la crítica literaria tradicional, recelosa del componente cuantitativo de las metodologías computacionales en el análisis estilístico de una obra literaria. Estos prejuicios, plenamente superados en el ámbito internacional, parecen estar vigentes entre algunos estudiosos de la literatura en español. Aquí intentaremos combatirlos y demostrar que no hay razones para no comenzar a utilizar este tipo de enfoques con normalidad, pues constituyen un valioso complemento para llevar a cabo análisis estilísticos de textos literarios en nuestra lengua. *Estilística de corpus: Nuevos enfoques en el análisis de textos literarios*, en suma, pretende no solo ser un manual de introducción y una fuente a la que acudir para aquellos que no estén familiarizados con este tipo de enfoques, sino un ejemplo que sirva para demostrar, en el ámbito hispánico, que tenemos a nuestra disposición opciones de análisis de las que podemos beneficiarnos y que merece la pena empezar a explorar.

Parte I: Teoría

Capítulo 1. Estilística de corpus

1.1. Hacia una definición de estilística de corpus

Quizá porque su conceptualización no ha tenido lugar hasta hace relativamente poco tiempo, encontrar una definición precisa de la estilística de corpus resulta complicado. Las dificultades que existen a la hora delimitar esta disciplina como área de estudio independiente son fundamentalmente de acotación, pues se nutre de otras disciplinas de las que toma algunos de sus presupuestos teóricos fundamentales —principalmente, la lingüística de corpus y la estilística tradicional. Tal vez por ello, algunos autores tratan de definir la estilística de corpus como una rama subsidiaria de alguna de ellas. Con frecuencia, la lingüística de corpus suele considerarse la matriz desde la que surge. No solo por su metodología, sino porque parece malinterpretarse la necesidad a la que muchos lingüistas (Sinclair 2004: 51; Mahlberg 2013: 1–2) aluden de que la lingüística tenga en consideración textos de tipo literario. Sin embargo, la lingüística de corpus no se ocupa del estudio crítico de estos textos, sino que su "core research activity is the extraction of language patterns through the analysis of suitably sorted instances of particular lexical items and phrases" (Adolphs 2006: 3). Por eso, aproximarse a la estilística de corpus desde la lingüística de corpus —o desde cualquier otra disciplina de la que se nutra— conlleva un cierto grado de peligro, pues se corre el riesgo de ofrecer una visión limitada —o más grave aún, distorsionada— de la estilística de corpus. Otros estudiosos prefieren aproximarse a la estilística de corpus aislando algunos de sus rasgos distintivos. Fischer-Starcke (2010: 19), por ejemplo, ofrece una relación de características basándose en técnicas de estudio específicas y la utilización de grandes bancos de datos lingüísticos. Aproximaciones como las de Fischer-Starcke insisten sobre todo en el componente metodológico, pues las herramientas de análisis permiten manejar cantidades de texto difícilmente asumibles en análisis basados únicamente en una lectura atenta de los textos. Sin embargo, incidir en el plano cuantitativo sin hacer igualmente hincapié en el plano cualitativo hace que parezca que se menoscaba este último —o al menos que no tiene la misma importancia, cuando en realidad no es así.

En este libro consideramos que para construir una definición precisa de qué es la estilística de corpus es necesario abordar cada uno de los rasgos que la convierten en una disciplina de estudio autónoma. Efectivamente, la estilística de corpus se caracteriza por emplear métodos similares a los de la lingüística de corpus que "enable the retrieval and quantification of linguistic phenomena in electronic texts" (Mahlberg 2016: 139). Sin embargo, la estilística de corpus no solo indica un enfoque estilístico marcado por una metodología de corpus, sino que también tiene motivaciones teóricas de tipo literario, como ocurre en la estilística tradicional. Estos enfoques parten de la relación que existe entre los aspectos lingüísticos que definen cualquier texto y su valor literario. Tanto las cuestiones metodológicas como la motivación teórica deben estar presentes en cualquier definición de la estilística de corpus. Y para ello es necesario señalar el sincretismo resultante de la convergencia de la lingüística de corpus y la estilística de corte más tradicional. Dicho de otro modo, para comprender la estilística de corpus es necesario abordar tanto el componente cuantitativo como el cualitativo y, sobre todo, ver cómo ambos se combinan. Por una parte, el uso de metodologías computacionales propias de la lingüística de corpus revela "meanings of literary texts that cannot be detected either by intuitive techniques as in literary studies" (Fischer-Starcke 2010: 2). Por otra parte, el componente cualitativo que toma de los estudios de estilística de corte más tradicional puede ayudar a contrarrestar la supuesta pérdida en la percepción de matices que se produce con el uso de medios automáticos para el análisis del texto literario (cf. Miall: 1995).

En este primer capítulo nos ocupamos tanto del componente cuantitativo como del cualitativo y explicamos cómo ambos se combinan. Para ello, abordaremos algunos de los presupuestos teóricos y metodológicos que la lingüística de corpus y la estilística tradicional aportan a la estilística de corpus, sin descuidar aquellos aspectos en los que se diferencian. Esto nos servirá para ofrecer nuestra definición y completar la explicación de la estilística de corpus como disciplina de estudio autónoma y su contextualización en el marco de los estudios literarios.

1.1.1. Qué ofrece la lingüística de corpus a la estilística de corpus

Desde luego, la estilística de corpus no puede entenderse sin comprender algunos de los presupuestos fundamentales de la lingüística de corpus, pues se trata de la principal área de la lingüística de la que se nutre. Sin embargo, se ha de tener cuidado a la hora de asimilarlas, o de considerar a la estilística de corpus una rama subsidiaria de la lingüística de corpus, pues también tienen grandes diferencias. En este apartado se abordan en primer lugar esas diferencias para luego hablar de sus similitudes, lo que ayudará a comprender el componente de lingüística de corpus presente en la estilística de corpus y, por consiguiente, a definir esta última.

Para entender por qué la lingüística de corpus y la estilística de corpus son diferentes y por qué la segunda no es simplemente una rama subsidiaria de la primera es necesario incidir en los distintos propósitos de ambas disciplinas, ya que ambas utilizan textos literarios como objeto de estudio y eso puede llevar a equívoco. Por un lado, el objetivo fundamental de la lingüística de corpus es analizar el comportamiento de la lengua. En este tipo de estudios, los rasgos los rasgos lingüísticos se analizan en el marco de su distribución en diferentes tipos de textos, que pertenecen habitualmente a distintos registros (uno de ellos el literario) para cubrir un espectro lo más amplio posible. Esa es de hecho la razón por la que la mayoría de los corpus que se utilizan en los estudios de lingüística de corpus contienen textos literarios, tanto a nivel internacional (el *British National Corpus* en inglés, por ejemplo) como en el ámbito hispánico (el Corpus de Referencia del Español Actual de la RAE, por ejemplo). Sin embargo, aunque con frecuencia incluya textos literarios en sus análisis, no debemos perder de vista que la lingüística de corpus no se ocupa del estudio crítico de estos, ya que su motivación es la de identificar y estudiar patrones lingüísticos para analizar la lengua en general. Dicho de otro modo, el hecho de que haya textos literarios responde a una cuestión de integralidad: es necesario abarcar la literatura pues no deja de ser una realización de la lengua. Por su parte, la estilística de corpus, como mostraremos en este libro, se ocupa del efecto que el uso que se hace de la lengua tiene desde un punto de vista literario. Esto es, además de ocuparse de textos literarios, la estilística de corpus tiene como objetivo su análisis concreto.

Otra gran diferencia entre la lingüística de corpus y la estilística de corpus tiene que ver con el grado de prominencia del componente cuantitativo que las caracteriza. Los estudios de lingüística de corpus, por un lado, están interesados fundamentalmente en llevar a cabo generalizaciones sobre fenómenos lingüísticos basados en la información que se desprende de patrones comunes en los distintos textos (ya sean del mismo o de distintos registros) que se analizan (cf. Mahlberg 2016: 144). El valor estético o el uso creativo del lenguaje de un texto literario no entran dentro del foco de interés de la lingüística de corpus. Así pues, aspectos como la desviación (el *foregrounding*), que en los estudios de estilística tienen una importancia capital, no son objeto de estudio en la lingüística de corpus, pues se encarga precisamente de lo contrario: la generalización. Es por ello que Sinclair (2007: 3) llega a asegurar que "a distinctive literary text is just not worth including in a general corpus because it will disappear below the waves since its textual patterns are not echoed in other texts". Los estudios de estilística de corpus, por su parte, además de en cuestiones estilísticas de tipo general, "are also interested in the meanings of individual texts, the patterns that are relevant to a particular text or even linguistic phenomena that are unique to a text" (Mahlberg 2016: 144). Es decir, mientras que la lingüística de corpus no distingue entre lengua y literatura (o al menos no las sitúa en niveles diferenciados: todo es lengua; la literatura es otro ejemplo más), la estilística de corpus parte de esta distinción en sus estudios para investigar el valor literario de los textos que analiza, llegando a centrarse incluso en textos concretos. El componente cualitativo, por tanto, no es solo un rasgo distintivo de la estilística de corpus, sino una característica que la diferencia de la lingüística de corpus.

Estas diferencias, sin embargo, no deben ser óbice para reparar en el nexo entre la lingüística de corpus y la estilística de corpus, que resulta de hecho fundamental para poder definir esta última. En concreto, para comprender la parte de la lingüística de corpus de la que se nutre la estilística de corpus hay que acudir al plano metodológico y a los presupuestos que lo definen. Como señala Mahlberg en su libro *Corpus Stylistics and Dickens's Fiction*, la lingüística de corpus "has provided the methodology to investigate repeated patterns in a new light, revealing facts about language that have largely remained hidden from human observation" (Mahlberg 2013: 1). Gracias a metodologías de estudio similares a las de la lingüística de corpus, la estilística de corpus es capaz de abordar aspectos que, debido a la falta de herramientas adecuadas, no han podido ser identificados con anterioridad —o al menos no han podido ser analizados de forma metódica— e incluso detectar patrones de los que no siempre somos conscientes, pero que pueden contribuir a configurar algunos de los efectos que percibimos como lectores (Mahlberg 2013: 27). Para comprender esta similitud es necesario incidir en cuestiones como la importancia de la repetición en los estudios de lingüística de corpus, que desempeña un papel igualmente significativo en los estudios de estilística de corpus. En los estudios de lingüística de corpus, las generalizaciones se construyen sobre la repetición de patrones en distintos textos. De un modo similar, en la estilística de corpus el procesamiento de textos con herramientas adecuadas "makes it possible to observe repeated patterns, and the patterns in turn serve as the basis for the repetition of repeatedly expressed meanings" (Mahlberg 2013: 1).

Tanto el componente metodológico como la importancia de la repetición que comparten la lingüística de corpus y la estilística de corpus se entienden mejor con el cambio de paradigma que trae consigo el empleo de herramientas de corpus con respecto a otras formas de análisis más tradicional. Como señala Tognini-Bonelli (2001: 3), las metodologías propias de los estudios de corpus permiten, además de la lectura horizontal tradicional de los textos, que añadamos otra de tipo vertical en nuestros análisis. Esta lectura vertical es el resultado de la muestra concreta de ejemplos que permiten opciones como las concordancias, que identifican todos los resultados (ejemplos) de una búsqueda concreta (una palabra, por ejemplo) en una lista. En el caso de la estilística de corpus, esta lectura vertical puede ser la llave para un estudio cualitativo imposible de llevar a cabo de forma manual. Una concordancia de un término, por ejemplo, muestra de forma simple pero inequívoca el uso que un autor hace de este, lo que puede revelar patrones estilísticamente relevantes que no han sido identificados con anterioridad. Sirva como botón de muestra la ilustración 1.1, en la que aparecen todos los ejemplos de "vociferó" en las cinco series de los *Episodios Nacionales* de Benito Pérez Galdós. Como se puede advertir en la ilustración, este verbo de habla tan específico es empleado por Galdós en veinticinco ocasiones (en su forma de pretérito perfecto simple). Además del número exacto de veces que el autor emplea esta forma verbal, esta concordancia nos ofrece información de distinto tipo. Por ejemplo, de tipo estructural: este verbo de habla se emplea fundamentalmente para introducir estilo directo (todos los ejemplos, con excepción del 6 y el 25, introducen el habla de personajes bajo esta estrategia de representación del discurso). Además, la concordancia también nos ofrece el uso concreto que Galdós hace de esta forma verbal, siendo este el aspecto verdaderamente útil desde el punto de vista de la exégesis de un autor. Como se puede advertir en la ilustración, son los hombres y no las mujeres las que habitualmente vociferan en el universo ficticio galdosiano. Este matiz, en el que desde luego es prácticamente imposible reparar con una lectura atenta de los textos (el volumen de texto de los *Episodios Nacionales* supera los 3,5 millones de palabras), se observa rápidamente con una lectura vertical de la concordancia, lo que nos puede ayudar a comprender mejor —y con información hasta ahora desapercibida— la caracterización de los personajes galdosianos a través de sus hablas, uno de los aspectos por los que el autor canario goza de mayor reconocimiento. Sobre este aspecto nos detendremos en el capítulo 4.

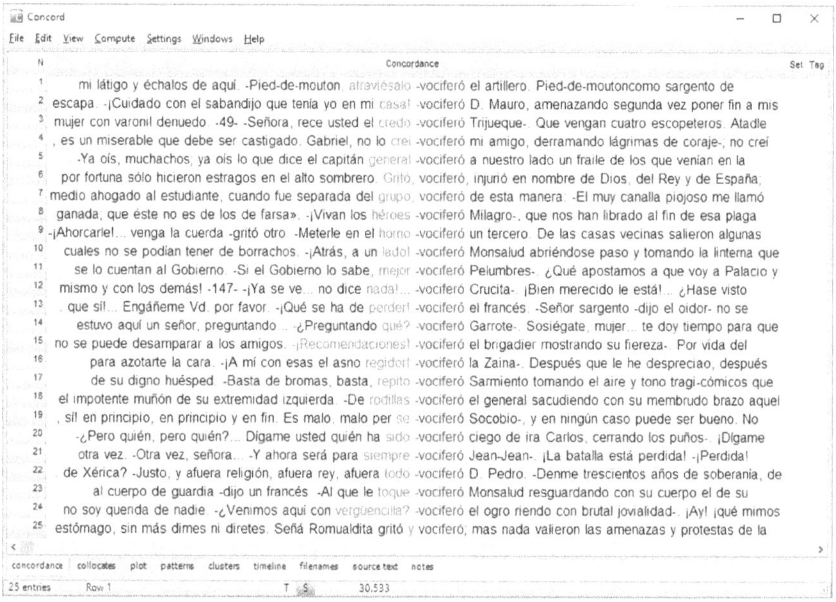

Ilustración 1.1 Concordancia de "vociferó" en los *Episodios Nacionales*

En definitiva, de la misma manera que las metodologías propias de la lingüística de corpus se aplican a disciplinas tan variadas como la traducción (Mikhailov y Cooper 2016), la pragmática (Rühlemann 2018) o la enseñanza de lenguas (Timmis 2015), la estilística de corpus también se beneficia de este tipo de técnicas de análisis. Así pues, aunque la estilística de corpus difiere de los presupuestos teóricos fundamentales de la lingüística de corpus, otros —los de tipo metodológico— los abraza. Es por ello que hay que tener en cuenta a la lingüística de corpus como una de los pilares sobre los que se cimienta la estilística de corpus, si bien no conviene asimilar ambas disciplinas (ni considerar a la segunda una rama subsidiaria de la primera) debido a las motivaciones teóricas tan dispares de ambas. Precisamente, ese aspecto en el que la estilística de corpus difiere de la lingüística de corpus es el que lo une a la estilística tradicional, la otra gran disciplina de la que se nutre y que contribuye decisivamente a su definición. La motivación teórica que comparten la estilística tradicional y la estilística de corpus se analiza a continuación.

1.1.2. Qué ofrece la estilística tradicional a la estilística de corpus

Efectivamente, y al igual que ocurre con la lingüística de corpus, la estilística tradicional ofrece claves sin las cuales resulta imposible elaborar una definición precisa de la estilística de corpus. De hecho, es el aspecto que distancia la lingüística de corpus de la estilística de corpus el que esta última toma de la estilística tradicional: el propósito de estudio. Sin embargo, y al igual que también ocurre con la lingüística de corpus, la estilística tradicional no debe considerarse la matriz desde la que surge la estilística de corpus, pues existen diferencias estructurales que las distancian, como el componente metodológico que acabamos de describir en el apartado anterior. En este apartado abordamos la motivación teórica de la estilística tradicional que sirve también de eje vertebrador de los estudios de estilística de corpus. Esta motivación teórica, unida a los presupuestos metodológicos propios de la lingüística de corpus que ya hemos comentado, nos ayudará a terminar de delimitar la base sobre la que se construye la estilística de corpus como disciplina de análisis autónoma en el marco de los estudios literarios.

Además de una muestra lingüística, un texto literario puede considerarse una creación artística. Así es precisamente como la estilística tradicional se acerca al estudio de textos literarios, en un intento de relacionar la descripción lingüística del texto propia del lingüista con la apreciación artística propia del crítico literario (Leech y Short 2007 [1981]: 11). Esto es, mientras que en su análisis de textos literarios la lingüística de corpus se centra en cuestiones de tipo lingüístico para indagar en el uso de la lengua, la estilística tradicional utiliza esos mismos textos con el fin de valorarlos en sí mismos, pues el valor literario es un aspecto susceptible de análisis que poco tiene que ver con el uso de la lengua en general. Ese es también el punto de partida de la estilística de corpus. Además, al igual que la estilística tradicional, la estilística de corpus se centra en la observación lingüística para llevar a cabo valoraciones literarias. La relación entre la observación lingüística y la valoración literaria es bidireccional, pues cada una ofrece una explicación y una motivación a la otra. Esta relación, que Sptizer (1948) conceptualizó como el "círculo filológico" y que se muestra representada en la ilustración 1.2, constituye una de las claves que mejor ayudan a comprender la estilística tradicional y su componente interpretativo basado en cuestiones de tipo lingüístico: la estilística se caracteriza por no dar prioridad a la observación lingüística sobre la interpretación literaria y viceversa. Las dos se encuentran en estrecha relación pues cada una se beneficia de la otra para poder llegar a un mismo objetivo: el análisis estilístico del texto literario.

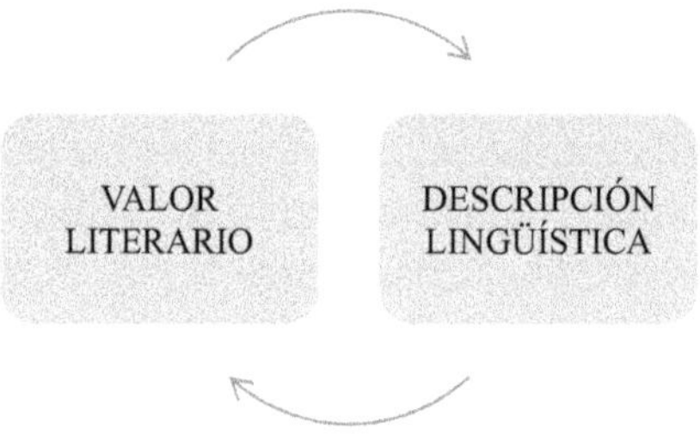

Ilustración 1.2 Círculo filológico de Spitzer (1948)

El en caso de la estilística de corpus, el componente metodológico de la lingüística de corpus descrito en el apartado anterior añade un elemento más a ese círculo filológico, formando lo que Mahlberg ha dado en llamar el círculo de la estilística de corpus (Mahlberg 2013: 12), cuya representación se muestra en la ilustración 1.3. Aunque a simple vista puede parecer una reformulación sencilla del círculo de Spitzer, el componente metodológico supone algo más que la mera adición de un procedimiento concreto para llevar a cabo el análisis estilístico. Como la propia Mahlberg sostiene, las metodologías de corpus han desempeñado un papel crucial "in changing linguistic observation" (Mahlberg 2013: 12), pues "the language looks rather different when you look at a lot of it at once" (Sinclair 1991: 100). La sistematicidad y la identificación de patrones ayudan a alcanzar un mayor nivel de comprensión en la parte de descripción lingüística, lo que contribuye (o al menos tiene el potencial de hacerlo) a una interpretación literaria de carácter más profundo.

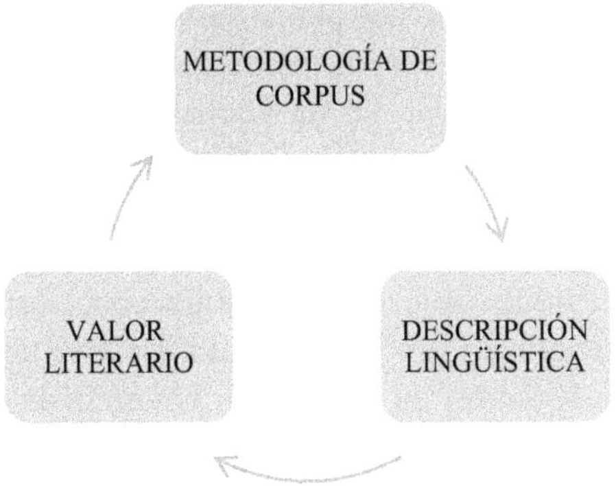

Ilustración 1.3 Círculo de estilística de corpus de Mahlberg (2013)

Esta reformulación, naturalmente, reaviva viejos debates en torno a la importancia que los estudios de estilística conceden al plano textual. En efecto, sobre todo entre aquellos que se posicionan en la facción más cognitivista de la estilística (cf. Stockwell 2006), el valor literario de una obra literaria no es inherente al texto, sino que se crea en la mente del lector, donde el plano textual no puede analizarse si no es en combinación con otros aspectos como la experiencia previa. La estilística de corpus, al erigirse sobre un pilar metodológico en el que se concede más importancia al plano textual que en la estilística tradicional, no hace sino acentuar lo que algunos consideran el tendón de Aquiles de los estudios de estilística. Mahlberg no es ajena a ello en su reformulación del círculo de Spitzer y comprende que haya quienes pongan en duda "the value of quantitative information in the analysis of texts" (Mahlberg 2016: 140). Sin embargo, debemos insistir en que la estilística no solo no desdeña la parte cualitativa —su objetivo, como ya hemos dicho, es la valoración literaria del texto— sino que "provides the tools to systematically aim to describe the relationships between textual cues and literary effects" (Mahlberg 2016: 140). Las herramientas que permiten desarrollar metodologías de corpus no hacen sino reforzar esa sistematicidad (cf. Stubbs 2005; O'Halloran 2007), lo que en cierto modo contribuye a dotar de una mayor solidez a las interpretaciones que se llevan a cabo. Quizá por eso hay quienes, como Carter, consideran la estilística de corpus "a *relatively* objective methodological procedure that at its best is guided by a *relatively* subjective process of interpretation" (Carter 2010: 67) (el énfasis es nuestro).

Un sencillo caso práctico nos puede servir para ilustrar cómo la sistematicidad de un enfoque de corpus puede aumentar el grado de precisión del componente interpretativo en un análisis estilístico. En el ejemplo (1) se muestra un pequeño extracto de *El terror de 1824*, perteneciente a la segunda serie de los *Episodios Nacionales*. En él aparece una intervención de Don Patricio introducida por el narrador, quien hace hincapié tanto en la voz del personaje ("declamando con cierto énfasis que no cuadraba mal a su hueca voz y alta figura") como en una descripción de su físico ("con lágrimas en los ojos"). Un análisis estilístico, que se centra en los usos específicos de la lengua para indagar en la "the artistic function of a text" (Mahlberg 2014: 382) intentaría explicar cómo la emoción —la tristeza— del personaje se hace patente a través de una referencia a sus ojos. Y aquí pueden entrar en juego distintos aspectos. Por ejemplo, la importancia del lenguaje gestual en el género novelesco y cómo este sirve para conceptualizar comportamientos (Korte 1997) o cómo el comentario de un narrador sobre aspectos de este lenguaje gestual se relaciona habitualmente con el habla de los personajes para reforzar el mensaje (Mahlberg 2013: 144).

(1) —¿No venía Pujitos?
—¿Y quién es Pujitos?
—¡Oh! Vuecencia no conoce a nuestra gente.
—Soy forastero en Madrid.
—¡Oh! Pasaron aquellos tiempos de gloria —exclamó D. Patricio *con lágrimas en los ojos* y declamando con cierto énfasis que no cuadraba mal a su hueca voz y alta figura.

(*El terror de 1824*, capítulo 1)[1]

Sin embargo, un enfoque de estilística de corpus puede no solo ayudarnos reforzar este tipo de interpretaciones que se realicen sobre "con lágrimas en los ojos", sino hacerlas más precisas e incluso sugerir nuevas líneas de análisis de esta construcción. De nuevo, una concordancia puede ser útil en este sentido. En la ilustración 1.4 se muestra una captura de pantalla con todos los ejemplos de "con lágrimas en los ojos" localizados en los *Episodios Nacionales*. Además de para para saber qué valor tiene la construcción en ese fragmento gracias a su comparación con otros usos de

1 Todos los ejemplos citados en este libro han sido extraídos de una versión electrónica de los textos (véase capítulo 3). Por lo tanto, en lugar de la paginación, únicamente se ofrece como referencia el capítulo en el que aparecen.

esa misma construcción, una concordancia de "con lágrimas en los ojos" nos puede ayudar a ser capaces de interpretar, en conjunto, el valor literario de este uso concreto de de lenguaje gestual en el universo galdosiano. Así, vemos que, igual que ocurre con el ejemplo de "vociferó" comentado en el apartado anterior, Galdós asocia esta construcción principalmente a personajes masculinos (solo en el ejemplo 3 y en el 7 se refieren a personajes femeninos, aunque en este último la referencia es tanto a un hombre como a dos mujeres). Esta apreciación, que sería muy difícil de realizar sin un enfoque de corpus, plantea además nuevas preguntas que nos pueden llevar a puntos tradicionalmente desatendidos en la exégesis del estilo del autor y, si se analizaran, a un mayor grado de comprensión de este. De hecho, como veremos en este libro, un enfoque de corpus nos ayuda a descubrir que, efectivamente, existen diferencias en el universo ficticio galdosiano a la hora de proyectar la tristeza de hombres y mujeres utilizando lenguaje gestual y que estas parecen tener que ver con el eco dickensiano que recubre el estilo de Galdós (véase apartado 5.3.1). Este grado de precisión, desde luego, resulta prácticamente imposible de alcanzar con una lectura atenta de sus novelas.

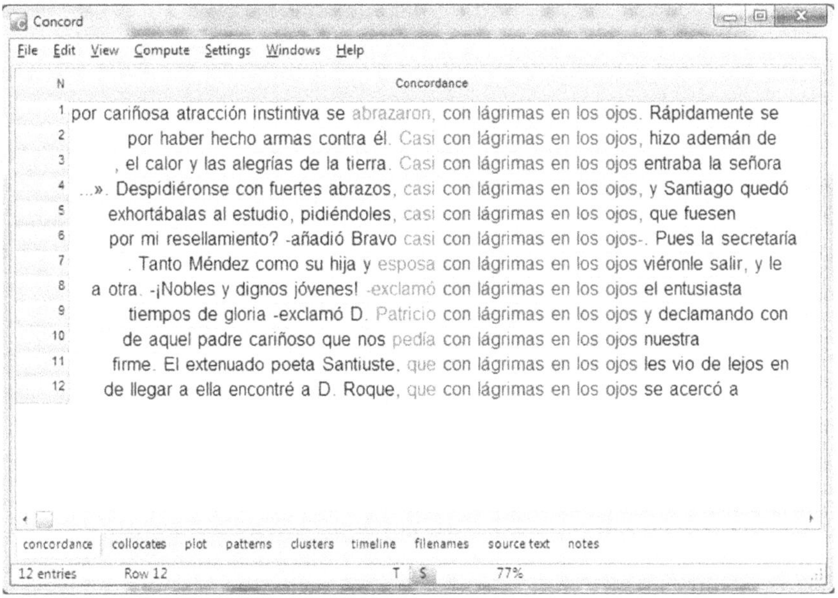

Ilustración 1.4 Concordancia de "con lágrimas en los ojos" en los *Episodios Nacionales*

En definitiva, podemos concluir que un enfoque de estilística de corpus tiene, además de un procedimiento metodológico concreto, una motivación de tipo teórico. Esta motivación teórica es precisamente el aspecto en el que la estilística de corpus se asemeja a la estilística tradicional. Sin embargo, no podemos asimilarlas, precisamente por el grado de prominencia del componente cuantitativo que caracteriza la estilística de corpus. Gracias a la sistematicidad que ofrece la metodología de un enfoque de corpus se pueden destapar vías de análisis que en estilística tradicional no ha sido posible detectar y mucho menos abordar de forma metódica.

1.1.3. Qué es la estilística de corpus

Una vez abordadas las similitudes —y las diferencias— de la estilística de corpus con respecto a la estilística tradicional y a la lingüística de corpus, es posible ofrecer una visión nítida de la estilística de corpus. La estilística de corpus debe entenderse como una disciplina en el marco de los estudios literarios donde convergen la lingüística de corpus y la estilística tradicional, sin que ninguna de ellas deba considerarse la matriz desde la que surge. Como se ilustra en la ilustración 1.5, la estilística de corpus se basa en algunos de los presupuestos fundamentales (metodológicos en un caso y teóricos en otro) de ambas. Los aspectos que comparte con una y otra disciplina son, de hecho, la base de su gran potencial analítico, pues la convierten en una disciplina única en cuanto a la capacidad de analizar textos literarios empleando enfoques de tipo lingüístico reparando en aspectos "that cannot be detected either by intuitive techniques as in literary studies" (Fischer-Starcke 2010: 2).

Como se muestra en la ilustración 1.5, sin embargo, la estilística de corpus tiene también una parte original, que no puede asimilarse ni a la lingüística de corpus ni a los estudios de estilística tradicional. Esos aspectos, de los que no hay trabajos que se ocupen en el ámbito del mundo hispánico se abordan a lo largo de este libro (los puntos de partida de análisis, por ejemplo). Antes de ello, sin embargo, era necesario realizar algunas consideraciones teóricas previas, de la misma manera que conviene contextualizar esta disciplina en el marco de las Humanidades Digitales, como hacemos a continuación.

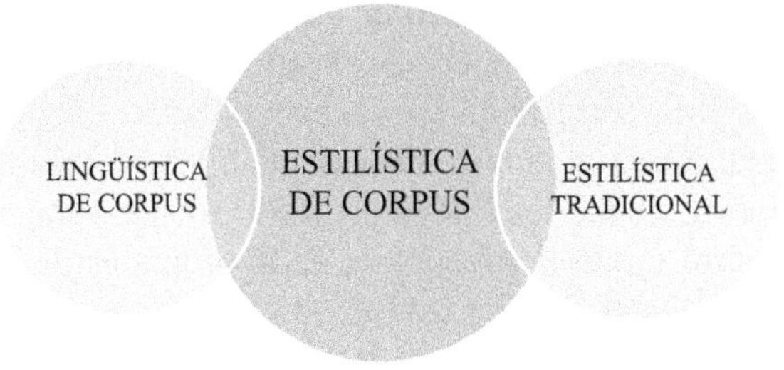

Ilustración 1.5 La estilística de corpus en relación con otras áreas

1.2. La estilística de corpus en el marco de las Humanidades Digitales

La estilística de corpus se sitúa en el marco de las Humanidades Digitales, un amplio campo de carácter heterogéneo e interdisciplinar que se ocupa fundamentalmente de poner en relación las tecnologías de la información y la comunicación con las distintas disciplinas humanísticas (cf. Hockey 2004). El objetivo de las Humanidades Digitales es preservar, estudiar y promover la accesibilidad tanto de material tradicional en soporte físico (por ejemplo, archivos) como de material digital (Mahlberg 2014). La relación de la literatura con las Humanidades Digitales es, como las propias Humanidades Digitales, muy heterogénea (Moretti 2018), y abarca desde la digitalización de textos (Camus y Vauthier 2014; Galina Russell, Barrón Tovar y Peña Pimentel 2018) hasta el análisis crítico de estos. La estilística de corpus se sitúa precisamente en el plano del análisis crítico de los textos literarios. Para entender su contextualización en el marco de las Humanidades Digitales, debemos primero acotar cómo el estudio de la literatura en general se relaciona con el uso de las nuevas tecnologías.

Desde luego, el análisis de textos literarios se ha visto claramente beneficiado por la disponibilidad de material en formato digital. El acceso a los propios textos a través de repositorios digitales, unido al desarrollo de la informática y de nuevas herramientas de análisis, ha abierto nuevas posibilidades y enfoques para los investigadores en el campo de la literatura. Fundamentalmente, el uso de técnicas computacionales para llevar a cabo análisis literarios cristalizó, en el siglo pasado, en enfoques como la estilometría o análisis estadístico de textos (cf. Archer 2007: 246), que suelen agruparse bajo la etiqueta de "estilística computacional". Estos enfoques, que siguen empleándose en la actualidad, se ocupan de "explore an intutition that might otherwise necessitate a laborious and error-prone multiple rereading of the text" (Bailey 1989: 6). Para muchos, esta tradición es en cierto modo la precursora de la propia estilística de corpus (Biber 2011: 15). Estar familiarizado con ella, por tanto, resulta fundamental. A continuación ofrecemos una visión panorámica de los antecedentes teóricos que supusieron los cimientos sobre los que más tarde se erigiría la estilística de corpus. Esta visión nos ayudará a comprender mejor el cambio de paradigma que tuvo lugar a principios de la década de los 2000, momento en el que surgen los primeros estudios de estilística de corpus propiamente dichos.

1.2.1. Antecedentes teóricos

Para ofrecer un recorrido histórico preciso sobre los análisis literarios basados en metodologías computacionales dentro del ámbito humanístico, uno debe remontarse a mediados de los años cincuenta del siglo pasado, cuando el Padre Roberto Busa llevó a cabo su *index verborum* de ciento dieciocho libros de Santo Tomás y otros sesenta y un autores, que recogía alrededor de once millones de palabras del latín medieval. El Padre Busa había llenado a mano diez mil fichas solo para inventariar la preposición *in*, que consideraba básica desde el punto de vista filosófico en la obra de Santo Tomás. El procedimiento manual, sin embargo, no resultaba eficaz para analizar de manera metódica tal cantidad de texto. El Padre Busa estaba convencido de que esta tarea se podía automatizar con el uso de ordenadores, que hasta entonces se empleaban únicamente para hacer cálculos. Fue así como se desarrolló el primer sistema de concordancias, que le permitió mecanizar la tarea y multiplicar el potencial analítico. El mayor logro del Padre Busa con el desarrollo de este sistema fue, más allá de su estudio del Aquinate, demostrar la enorme capacidad de las metodologías computacionales en el marco de los estudios literarios, e incluso descubrir nuevas funcionalidades de los ordenadores que hoy nos parecen básicas. Aunque pueda parecer un tanto desproporcionado, al Padre Busa le debemos, en gran medida, que los ordenadores sean capaces de relacionar contenidos. En el caso concreto de los análisis literarios asistidos por herramientas digitales, la investigación del Padre Busa supone el germen de una tradición que cobrará importancia a medida que las herramientas —y, por extensión, los enfoques— se vayan perfeccionando. A pesar de su carácter seminal, la investigación del Padre Busa demostró la capacidad de las metodologías basadas en corpus para procesar y relacionar cantidades de información que de otro modo resultan inabarcables para el investigador, abriendo nuevas vías de análisis hasta entonces inimaginables (Mahlberg 2014: 379).

Tomando como punto de partida el trabajo del Padre Busa, podemos trazar una suerte de recorrido por la tradición académica previa a los estudios de estilística de corpus como tal. Esta tradición académica se construye, en gran medida, sobre publicaciones científicas periódicas como *Literary Linguistic Computing* y *Computers and the Humanities* (*CHum*), dos revistas de referencia que publican trabajos sobre análisis computacionales y aspectos relacionados con tecnologías de la información aplicados al análisis de textos literarios. Para trazar una suerte de recorrido por los antecedentes teóricos de la estilística de corpus, sin embargo, hemos preferido centrarnos en una selección de investigaciones concretas de tres académicos llevadas a cabo en los últimos treinta años —Burrows (1987, 1989, 1992, 2003), Youmans (1990, 1991) y Hoover (2001, 2002, 2007, 2013). Las hemos escogido atendiendo a los puntos de interés que ofrecen y al momento en el que se desarrollaron. Un repaso cronológico de sus trabajos más importantes nos ayudará a entender, además de la evolución de los enfoques computacionales en el análisis de textos literarios, el espacio que más tarde ocupará la estilística de corpus para satisfacer necesidades que no habían podido ser satisfechas mediante otras ramas de la estilística computacional.

En primer lugar, podemos mencionar los trabajos de Burrows (1987, 1989, 1992). Como el Padre Busa, Burrows vio una oportunidad en las metodologías cuantitativas para analizar obras literarias. También como el Padre Busa, empezó a desarrollar estas metodologías de forma manual. Su investigación se centraba fundamentalmente en la obra de Jane Austen y en una serie de términos que consideraba potencialmente relevantes desde un punto de vista estilístico. Su método era tan simple como rudimentario, pues se basaba en una lectura atenta que se complementaba con una anotación manual de los términos. El propio Burrows reconocería más tarde la dificultad para llevar a cabo este tipo de análisis de forma manual y la necesidad de automatizar el proceso:

> My hand-counting of words taught me three things. The many words I had singled out fell into such revealing patterns that it became clear that the scheme was well worth pursuing and ought to be enlarged. It was clear that Jane Austen wrote so exactly that she was a perfect subject for this approach. And the task became so onerous that hand-counting would not do. (Burrows 2003: 6)

Las posibilidades que ofrecía un enfoque computacional eran mucho más amplias, pues "enabled us to pick out less conspicuous features and to count them far more swiftly and accurately than our predecessors" (Burrows 2003: 7). Fue así como en lugar de centrarse en términos que intuía relevantes debido a ideas preconcebidas sobre el estilo de Austen, construyó su análisis entorno a "correlations of the frequency profiles formed by many common word-types, arranged in the descending order of their frequency in a given text or set of texts" (Burrows 1989: 311). Burrows puede considerarse uno de los primeros académicos en confiar en la máquina como herramienta que guíe el análisis, aun cuando esta desafía ideas preconcebidas con las que uno se acerca al material objeto de estudio. Además, sus trabajos son valiosos porque en ellos se advierte a un autor consciente de las limitaciones de este tipo de enfoques, todavía de carácter embrionario y no muy refinados. Como él mismo admite, la interpretación de los clásicos es mucho más sutil que el análisis que pueda hacerse a raíz de cálculos de frecuencias de términos (cf. Burrows 1989: 319). En todo caso, con el paso de los años el autor seguiría otorgando un alto grado de fiabilidad a estas aproximaciones, pues "even without the sanction of certainty, statistical method gives us the ability to speak more generally than we have been inclined to do" (Burrows 2003: 26). El equilibrio entre el potencial de las metodologías computacionales y la cautela con la que hay que emplearlas debido a sus limitaciones hacen de Burrows una figura de obligada referencia en el marco de los antecedentes teóricos de la estilística de corpus.

Otro autor digno de reseña es Youmans, pionero en combinar enfoques computacionales con análisis puramente estilísticos (cf. Youmans 1990; 1991). Sus técnicas de análisis son más sofisticadas que las de Burrows, aunque siguen siendo un tanto rudimentarias si las miramos desde una posición actual. Sus trabajos se centran fundamentalmente en realizar análisis basados en la ratio *type/token* para ilustrar la competencia y el estilo de los autores que aborda. Tratándose de los primeros estudios en los que se analiza la curva *type/token* para medir la riqueza léxica de un autor como índice de su estilo, es normal se detenga en cuestiones hoy superadas. La definición de *type* es un buen ejemplo. En sus trabajos, Youmans dedica espacio a intentar dirimir el concepto, pues parejas como *polish* y *Polish* o *can't* y *cannot* plantean dificultades a la hora de definir los parámetros sobre los que elaborar las listas de palabras. Aunque la relación entre *types* y *tokens* hoy no resulta innovadora a la hora de analizar la riqueza de un autor, sus planteamientos proponen un "new quantitative method for analyzing the distribution of vocabulary in discourse" (Youmans 1991: 1). Esta conciencia sobre el carácter novedoso de su investigación no está reñida, por supuesto, con su conocimiento de una tradición académica que se había mostrado escéptica al análisis estadístico del vocabulario de autores. Su postura merece una nota de reconocimiento, pues concibe su enfoque como un análisis complementario a formas de análisis más tradicionales:

> In the polemical atmosphere of contemporary linguistics, subdisciplines such as generative grammar, cognitive linguistics, sociolinguistics, computational linguistics, and discourse analysis are often portrayed as opposing camps. I assume, however, that these different approaches are supplementary rather than contradictory. (Youmans 1991: 1)

Al igual que Burrows, Youmans no considera estos enfoques un modelo definitivo, sino una forma complementaria de aproximarse al estudio de los autores que puede descubrir aspectos relevantes que contribuyan a una mejor comprensión de su estilo. Y de hecho, sus hallazgos son, con el carácter tentativo con el que hay que considerarlos, dignos de mención, pues ofrece datos que refuerzan afirmaciones de la crítica literaria tradicional sobre aspectos como la sobriedad lingüística de Hemingway, la riqueza léxica de Shakespeare o el dominio de diferentes registros de James Joyce.

Finalmente, también queremos detenernos brevemente en los trabajos de Hoover (2001; 2002), que siguen la estela de Burrows y Youmans, aunque de un modo más refinado. Además de centrarse en la frecuencia de palabras, Hoover analiza segmentos de texto (*clusters*) para distinguir obras de diferentes autores y ser capaz de agrupar aquellas de un mismo autor. Se trata de trabajos relacionados con la creación de perfiles lingüísticos y la atribución de autoría. Su objetivo es ser capaz, gracias a metodologías de tipo estadístico, de agrupar textos de un mismo autor con el fin de caracterizar y comparar estilos de distintos autores (Hoover 2001: 422). Como Burrows y Youmans, Hoover es consciente de las limitaciones de su enfoque computacional, pues admite que su metodología de análisis no es lo suficientemente sofisticada como para combinarla un análisis cualitativo minucioso (Hoover 2001: 438). Esto no quiere decir, sin embargo, que no se muestre convencido de la validez de los enfoques de tipo computacional, pues, como sostendría más tarde, "the unusual and the characteristic must be validated by counting and comparison" (Hoover 2013: 518).

En definitiva, este pequeño muestreo cronológico de ejemplos de las décadas de los ochenta, noventa e incluso principios de los 2000 sirve para ilustrar trabajos eminentemente computacionales de carácter germinal anteriores a la estilística de corpus. Como es natural, estos no gozan del refinamiento de trabajos venideros. De hecho, como se ha podido observar, los autores se muestran en ocasiones más preocupados de mostrar que son conscientes de las limitaciones de sus enfoques que de arrojar luz sobre aspectos puramente estilísticos de los textos que analizan. Esta es una consecuencia lógica derivada del carácter pionero y tentativo de las investigaciones. En cualquier caso, investigaciones como las de Burrows, Youmans y Hoover ofrecen una visión del panorama académico previo a los estudios de estilística de corpus como tal, y sirven de antecedente necesario a la contextualización y el recorrido que sigue sobre el nacimiento, el desarrollo y la consolidación de la estilística de corpus en el marco de las Humanidades Digitales.

1.2.2. El nacimiento, el desarrollo y la consolidación de la estilística de corpus

Hacia la primera mitad de la década del 2000 "[t]here is an increasing number of studies that show how a range of corpus linguistic tools and concepts can usefully be employed to support the analysis of literary texts" (Mahlberg, Smith y Preston 2013: 35). Es en este momento cuando se puede decir que nos encontramos con estudios de estilística de corpus como tal. La diferencia más significativa entre los estudios llevados hasta entonces en el marco de la estilística computacional y los que empiezan a desarrollarse reside fundamentalmente en las nociones metodológicas con las que analizan los datos. En este sentido, el desarrollo de *softwares* de concordancias supone un hito fundamental en la eclosión de la estilística de corpus como disciplina de estudio autónoma. Además, se produce un cambio de paradigma en la forma de acercarse a los resultados, sometidos ahora a un análisis cualitativo mucho más pormenorizado. Hori (2004: 26) sintetiza acertadamente este cambio cuando asegura que los trabajos de estilística computacional "have suggested new ways to study the language of fiction, but at the same time they have convinced me that statistical approaches are not sufficient, in particular as a means of demonstrating the significant usage of writers' creative literary language". Se hace necesario, pues, realizar un análisis crítico del material objeto de estudio. La estilística de corpus satisface esa necesidad, pues "draws on corpus methodology but at the same time, it emphasises the link that literary stylistics provides to literary criticism" (Mahlberg 2013: 2). Para analizar la evolución de la estilística de corpus desde la primera mitad de la década del 2000 hasta la actualidad lo más útil es ofrecer nuevamente un recorrido cronológico por algunos estudios de referencia, pues en ellos se advierte un nivel de refinamiento cada vez mayor tanto en las metodologías empleadas como en la dimensión analítica de los trabajos. Por una cuestión de homogeneidad, nos centraremos en trabajos llevados a cabo sobre autores del canon inglés, sin duda el ámbito que más atención ha recibido en los últimos veinte años. Figuras de referencia como Virginia Woolf, Joseph Conrad, William Shakespeare, Jane Austen o Charles Dickens, entre otras, han sido analizadas utilizando enfoques de estilística de corpus. Un repaso de algunos de estos trabajos nos servirá para ilustrar el desarrollo y la consolidación de la estilística de corpus como disciplina de análisis.

La investigación de Adolphs y Carter (2002) sobre Virginia Woolf, por ejemplo, es una de las primeras en combinar enfoques de lingüística de corpus y estilística tradicional para llevar a cabo un análisis literario. No en vano, se la suele considerar un trabajo pionero en el campo de la estilística de corpus. Adolphs y Carter combinan análisis estilísticos tradicionales con una aproximación computacional para analizar la prosodia semántica de algunos elementos en un fragmento de *To the Lighthouse*. Su análisis es capaz de ofrecer una explicación razonada de los cambios de punto de vista y de focalización que tienen lugar en *To the Lighthouse*, uno de los aspectos estructurales más determinantes de la novela de Virginia Woolf. La década que separa este trabajo y el de Balossi (2014), también sobre Virginia Woolf, es sin duda un buen termómetro con el que medir el refinamiento que han sufrido estos análisis desde que aparecieron. Balossi, para analizar cuestiones relacionadas con caracterización en *The Waves*, recurre a metodologías más sofisticadas, como *softwares* de etiquetado automático (Balossi 2014: 59 y ss.). Su trabajo, sin duda, muestra un ejemplo de análisis de estilística de corpus como disciplina consolidada.

Sobre Joseph Conrad, por su parte, podemos destacar el trabajo de Stubbs (2005) en torno al clásico *Heart of Darkness*, que podemos situar también en la línea de estudios pioneros de estilística de corpus propiamente dichos. Su análisis constituye "a response to skepticism of quantitative stylistics from both linguists and literary critics" (Stubbs 2005: 5). Stubbs es capaz de desafiar la creencia instaurada entre la crítica sobre la repetición que se percibe en la novela (Watt 1988). Así, aunque es cierto que la historia desprende un tono iterativo, este no es fruto del uso repetido de palabras, sino que "arises rather from Conrad's use of particular grammatical patterns, including long strings of adjectives and nouns" (Stubbs 2005: 15). Estos resultados permiten realizar una interpretación más precisa y arrojar luz sobre las ideas impresionistas que parte de la crítica había formulado en su exégesis del autor polaco. Así, se demuestra que "observational data can provide more systematic evidence for unavoidable subjective interpretation" (Stubbs 2005: 22). El trabajo de Stubbs es un claro ejemplo de cómo investigadores del campo de la estilística se muestran cada vez más convencidos de las posibilidades de utilizar metodologías de corpus en análisis de tipo literario.

En cuanto a Shakespeare, son varios también los trabajos que adoptan este tipo de enfoques (Culpeper 2002, 2009; Scott y Tribble 2006, entre otros). Culpeper (2002) lleva a cabo un análisis inédito sobre palabras estadísticamente relevantes en *Romeo and Juliet*, que le sirven para ratificar su impresión inicial de que "the accumulative effect of lexical or grammatical features is decisive in shaping an impression of character" (Culpeper 2002: 11). Su estudio posterior (Culpeper 2009) está más depurado, pues analiza, además, las categorías gramaticales y semánticas bajo las que se agrupan las palabras clave de la obra. El análisis de las categorías semánticas descubre, por ejemplo, que los colores pueden contribuir a la caracterización a través de su uso simbólico y metafórico. Desde un punto de vista teórico, Culpeper es capaz de demostrar "how a keywords analysis offers an empirical way of establishing lexical and grammatical character patterns" (Culpeper 2002: 27). Todo ello le ayuda a desmentir la idea errónea de que "a keyword analysis simply provides evidence for what one might have predicted" (Culpeper 2009: 53). Lo mismo ocurre en el trabajo de Scott y Tribble (2006), también sobre *Romeo and Juliet*. Al igual que Culpeper, estos autores se centran en las palabras claves, analizándolas según su posición en el texto y las implicaciones que esto puede acarrear. Establecen una diferencia entre palabras clave locales —las que se encuentran en un punto muy concreto del texto— y globales —las que aparecen de forma más o menos consistente a lo largo de toda la obra—, que desde entonces se tiene en cuenta a la hora de analizar palabras estadísticamente significativas en cualquier estudio de estilística de corpus, pues pueden llegar a distorsionar los resultados del análisis. Como se puede advertir, el nivel de refinamiento de los estudios que adoptan enfoques de corpus es cada vez mayor.

Jane Austen, por su parte, es otra autora de referencia en el marco de los análisis de estilística de corpus, llevados a cabo fundamentalmente por Fischer-Starcke (2006, 2009, 2010), aunque también por otros autores (González-Díaz 2012). En sus análisis, Fischer-Starcke pretende ilustrar "how computer assisted techniques can reveal new shades of meaning in a text even after nearly two hundred years of literary criticism" (Fischer-Starcke 2006: 87). Efectivamente, los datos que extraen son mucho más precisos que los de otros estudios estadísticos previos, como por ejemplo los de Burrows (1987;1989) comentados en el apartado 1.2.1. Consciente de ello, la propia Fischer-Starcke no aplica la etiqueta de estilística de corpus a los trabajos de Burrows, a los que califica como "early computational studies" (Fischer-Starcke 2006: 89). Ya a su primer trabajo, sin embargo, sí que se refiere como un estudio de corpus propiamente dicho (Fischer-Starcke 2006: 89). Este detalle, que puede parecer baladí, refuerza la frontera que se ha trazado más arriba entre los estudios computacionales que tocan aspectos literarios y las investigaciones de estilística de corpus como tal. En sus trabajos posteriores, la autora analiza *Pride and Prejudice* (Fischer-Starcke 2009) y *Northanger Abbey* (Fischer-Starcke 2010). Es cierto que muchos de los resultados que obtiene abundan en cuestiones que ya han sido abordadas por la crítica tradicional. Sin embargo, esta ratificación "objectifies readers' intuitions and those of literary critics and gives insight into Austen's authorial style and her preferred topics" (Fischer-Starcke 2009: 499). Además, la autora también realiza hallazgos interesantes sobre aspectos que habían pasado desapercibidos para la crítica. Su análisis de palabras clave de *Northanger Abbey*, por ejemplo, le permite descubrir que los protagonistas de la historia encuentran caracterizados por sus hábitos de lectura: aquellos "[p]rotagonists who read novels are portrayed as reliable and trustworthy, whereas characters who do not read novels are portrayed as unreliable" (Fischer-Starcke

2010: 80). Efectivamente, esta es una "observation new to criticism of the novel, because it can really only be readily observed with this kind of technologically-supported analysis" (Fischer-Starcke 2010: 26). Lo mismo ocurre con el uso de *I am sure* por parte de Austen en general, un segmento lingüístico que es mucho menos frecuente en el lenguaje literario de su tiempo, lo que lo convierte en un rasgo del idiolecto de la autora (Fischer-Starcke 2010: 123). Estos y otros resultados, amén de la metodología, los *softwares* y las técnicas de análisis empleadas, convierten este estudio en la investigación de mayor envergadura llevada a cabo hasta entonces sobre el estilo de un autor en el campo de la estilística de corpus y demuestra el grado de refinamiento que esta disciplina había alcanzado al final de la década de los 2000.

Sin embargo, los estudios más ambiciosos en el campo de la estilística de corpus, y en los que queda claramente demostrada la validez de estos enfoques, son los llevados a cabo sobre la figura de Dickens por Mahlberg (2007a, 2007b, 2007c, 2009, 2010, 2012a, 2012b, 2013). Sin duda, estos trabajos son muchos más refinados que los de estilística computacional, también sobre Dickens, llevados a cabo por Tabata (1991, 1993, 1994, 1995, 2002), o los de Hori (1993, 1999, 2002, 2004), también sobre Dickens y que podríamos considerar en una posición intermedia entre la estilística computacional y la estilística de corpus. Los trabajos de Mahlberg han sido precursores de otros trabajos de estilística de corpus sobre el autor victoriano, como los de Mahlberg y Smith (2012), Mahlberg, Smith y Preston (2013) o Stockwell y Mahlberg (2015), Ruano San Segundo (2016, 2018a) o Mahlberg *et al.* (2019). El trabajo de mayor envergadura de Mahlberg es sin duda *Dickens and Corpus Stylistics* (Mahlberg 2013), considerado ya una referencia de los estudios de estilística de corpus en general. En él, la autora profundiza en varios de los aspectos que ya había estudiado en los trabajos que acaban de mencionarse y lleva a cabo otros análisis novedosos del estilo del autor victoriano. Su trabajo supuso un salto de calidad hacia la consolidación de la estilística de corpus, no solo porque la autora aborde toda la producción de Dickens y la compare con un corpus de novela decimonónica inglesa, sino porque es capaz, con tal cantidad de texto, de analizar con éxito "the relationship between linguistic units and the contributions they might make to the effects that texts have on readers" (Mahlberg 2013: 6). Esa es la clave de la estilística de corpus y la que esta autora es capaz de elevar a característica distintiva de este tipo de enfoques, lo que puede servir para marcar, en nuestro modo de ver, el momento en el que la estilística de corpus se convierte en una disciplina de estudio completamente autónoma.

En suma, el repaso de todos los trabajos a los que hemos hecho referencia, presentados de forma cronológica para que puedan leerse como un breve repaso histórico donde los más recientes se nutren de los anteriores, constituye un botón de muestra de cómo, en el ámbito internacional, la estilística de corpus constituye una disciplina de análisis consolidada. Esta percepción, de hecho, se refuerza si tenemos en cuenta el número de trabajos de estilística que adoptan enfoques de corpus, sin duda cada vez mayor. La revista de estilística *Language and Literature* es un buen ejemplo. Como apunta su editor, en los últimos diez años se ha producido un crecimiento exponencial en el número de artículos publicados por la revista que adopten un enfoque de estilística de corpus (McIntyre 2017). Sirvan también como ejemplo los manuales de introducción de lingüística de corpus que incluyen capítulos sobre el análisis de textos literarios (por ejemplo, Chapelle 2012; Flowerdew 2012; Lindquist 2009; O'Keeffe y McCarthy 2010) o los libros de estilística en los que se comenzó por incluir el componente cuantitativo y las metodologías de corpus (Jeffries y McIntyre 2010; Leech y Short 2007 [1981]; McIntyre y Busse 2010) para posteriormente dedicar capítulos a este enfoque en exclusiva (cf. Burke 2014; Sotirova 2016). Y por supuesto el libro *Corpus Stylistics: Theory and Practice* (McIntyre y Walker 2019), el primer manual de estilística de corpus. Por último, también son dignos de mención los proyectos que adoptan la estilística de corpus como eje vertebrador de su aparato analítico, como el *CLiC Dickens*, sobre la novela decimonónica inglesa en general y la obra de Charles Dickens en particular (Mahlberg *et al.* 2016), o el *Shakespeare Encyclopaedia of Shakespeare's Language Project* (Shakespearelang, s.f.), sobre el lenguaje literario de William Shakespeare. A la luz de estos ejemplos, queda claro que la estilística de corpus no es simplemente una rama subsidiaria de la lingüística de corpus ni de la estilística tradicional, sino una disciplina autónoma plenamente consolidada en el ámbito de los estudios literarios.

1.2.3. La estilística de corpus en el ámbito hispánico

Desafortunadamente, que la estilística de corpus esté consolidada como disciplina de estudio en términos generales no se materializa en que en el mundo hispánico haya estudios que adopten este tipo de enfoques. De hecho, sobre análisis computacionales llevados a cabo con textos en lengua española solo podemos mencionar algunos ejemplos de estudios de estilometría. El más representativo es tal vez el de Irizarry (1997). Su trabajo puede situarse, por seguir la división que acabamos de establecer, en la línea de los estudios descritos en el apartado 1.2.1 de investigaciones previas a la estilística de corpus como tal. En su trabajo, Irizarry presenta metodologías y aplicaciones de análisis asistidos por ordenador de textos literarios, describiendo tanto los procedimientos utilizados como los resultados obtenidos. Hay estudios breves sobre distintos temas y autores, como Octavio Paz y Rosario Castellanos, el autor puertorriqueño Rodríguez-Juliá, Rafael Dieste, Valle-Inclán, Eugenio Fernández Granell, Buero Vallejo, Béquer o el propio Galdós. En cada uno de esos estudios, sin embargo, la autora no desciende a los textos que se analizan, sino que los trata como material cuantificable. Dicho de otro modo, su análisis carece de la parte cualitativa que caracteriza los estudios de estilística de corpus. Esta ausencia de la dimensión cualitativa no es, naturalmente, el resultado de una mala praxis por parte de Irizarry, sino la consecuencia lógica del carácter pionero de su estudio y del enfoque de estilometría adoptado para llevarlo a cabo. Uno de los ejemplos que mejor ilustran la falta de un análisis cualitativo detenido lo encontramos en su capítulo sobre Galdós, en el que nos detendremos brevemente por tratarse del autor que también se aborda en este libro.

El estudio de Irizarry sobre Galdós trata de arrojar luz sobre la evolución estilística del autor canario a través del análisis de lo que da en llamar la "estructura estilística 'profunda'" (Irizarry 1997: 121) de un autor, a saber, el uso que este hace de las palabras, las oraciones y la segmentación discursiva. En concreto, Irizarry analiza una muestra de cinco mil palabras de veintisiete novelas de Galdós para indagar en el uso que el autor canario hace del diálogo. Estas muestras pueden constituir, en sí mismas, un problema a la hora de dar credibilidad a su estudio. En primer lugar, las cinco mil palabras analizadas en cada novela son las cinco mil palabras iniciales. Como es natural, la muestra de diálogo que puede haber en las cinco mil palabras iniciales de una novela, donde se introduce el universo ficticio al lector, puede tener poco que ver con la cantidad real de diálogo de la novela en conjunto. Así, es normal encontrar afirmaciones en las que se advierten disparidades tan grandes como la siguiente:

> El porcentaje de diálogo varía enormemente en las muestras, desde un porcentaje minúsculo del 4% en *La Fontana de Oro* hasta constituir el 90% del texto en *La Sombra* [...]. El diálogo alcanza un promedio del 41% de las muestras en general, y varias novelas contiguas coinciden alrededor del 27%. (Irizarry 1997: 123)

La diferencia del 4% al 90% puede no ser real, sino el resultado de analizar solo las cinco mil palabras iniciales de cada novela. Esto se relaciona además con un segundo problema que resulta igualmente delicado desde un punto de vista estilístico: no existe análisis textual propiamente dicho de las cinco mil palabras de cada novela. Como es habitual en muchos análisis de estilometría, las conclusiones se basan en los datos obtenidos y no en un análisis crítico de estos. Esa es una de las razones por las que cuesta aceptar alguna de las aseveraciones vertidas en el estudio sobre el estilo de Galdós. Como ya se comentado, este problema no es responsabilidad de un descuido de la autora, sino propio de las características de los estudios de estilometría. A pesar de sus limitaciones, sin embargo, no puede negarse el carácter pionero del trabajo de Irizarry. En cierto modo, incluso, puede considerarse una suerte de punto de partida en el marco de los análisis computacionales de textos literarios en lengua española. La propia autora se muestra confiada en que ese nuevo método de análisis invite a nuevas maneras de pensar y a formular nuevas preguntas (Irizarry 1997:15). Irizarry confía en este tipo de metodologías como "un auxilio vital para ensanchar el pensamiento y las metodologías de la crítica literaria" (Irizarry 1997: 9).

Más allá del trabajo de Irizarry, es difícil encontrar investigaciones similares sobre textos en lengua española. Existen algunos análisis con metodologías computacionales, que también podríamos enmarcar en el campo de la estilometría, donde claramente prima la comparación cuantitativa de resultados sobre el análisis literario de estos, como el trabajo de Martínez-Gamboa (2015) sobre patrones textuales en novela chilena o el de Calvo Tello y Cerezo Soler (2017) sobre autoría en el teatro del Siglo de Oro español. Sirva el ejemplo de Martínez-Gamboa (2015) como botón de muestra, quien emplea un método estadístico y una serie de procesamientos de lingüística computacional para intentar determinar regularidades en la presencia de rasgos léxico-gramaticales y agrupar textos según sus propiedades lingüísticas para facilitar su interpretación en un corpus de treinta novelas chilenas publicadas entre 1862 y 2011. Martínez-Gamboa admite que los resultados obtenidos "merecen cierta interpretación exegética" (Martínez-Gamboa 2015: 241). Sin embargo, opta por "desarrollar el análisis con procedimientos computacionales" (Martínez-Gamboa

2015: 248). Es decir, en su trabajo advertimos el mismo problema que en el de Irizarry (1997) y que es común a los estudios de estilometría: la falta de una dimensión cualitativa. Martínez-Gamboa es consciente de ello, y segura que "en un desarrollo posterior de la metodología aplicada en el presente trabajo, deberá profundizarse en los principios de análisis literario que se puedan llegar a clarificar con ese estudio" (Martínez-Gamboa 2015: 251). A pesar de ser un trabajo reciente, pues, la ausencia de la mencionada dimensión cualitativa en el trabajo de Martínez-Gamboa demuestra cómo las metodologías computacionales en el análisis de textos literarios en lengua española aún no han cristalizado en análisis de estilística de corpus propiamente dichos.

Más allá de algunos trabajos de estilometría como los que acaban de describirse, lo cierto es que no existen análisis de estilística de corpus propiamente dichos sobre autores en nuestra lengua. Casi a modo de excepción podríamos mencionar algunos trabajos el campo de la traducción, pues en los últimos años la estilística de corpus se viene aplicando también en el análisis traductológico de textos literarios (Čermáková y Mahlgerg 2018; Mastropierro 2017). En este sentido, la traducción al español de autores como Tennessee Williams (Ruano 2014e), Charles Dickens (Ruano 2017b, 2017c), Joseph Conrad (Ruano y Pizarro 2018) o Virginia Woolf (Nieto Caballero 2017c, 2019b) sí que ha sido analizada utilizando enfoque de estilística de corpus. Todos estos trabajos tienen un denominador común: intentan medir hasta qué punto las versiones españolas de los textos originales conservan rasgos estilísticos idiosincrásicos de los autores. Esta aplicación de la estilística de corpus en otros ámbitos también se plantea en este libro, donde abordaremos la traducción de Galdós del *Pickwick* de Dickens. Como se podrá comprobar en el capítulo 6, además de para identificar y analizar un rasgo estilístico idiosincrásico de un autor, una metodología de estilística de corpus puede ser útil para medir hasta qué punto este se conserva cuando es traducido a otro idioma.

Sin embargo, dejando a un lado el campo de la traducción, lo cierto es que en el ámbito hispánico no existen apenas trabajos de estilística de corpus como tal. En este sentido, cabe rescatar la pregunta que Wynne (2005) se hacía hace ya más de una década sobre por qué "(i)f corpus linguistics and stylistics are so suited to each other in these ways, why is there not more work on the interface of these fields?" (Wynne 2005: 225). Aunque afortunadamente en el ámbito internacional esta pregunta pronto dejó de tener vigencia, en el ámbito hispánico sigue siendo válida. La respuesta quizá deba buscarse en los tres motivos que el propio Wynne argumentaba: la falta de formación específica en la materia, la dificultad en el acceso y manejo de los datos y la reticencia de ciertos académicos a abrazar este enfoque metodológico. Por desgracia, estos motivos parecen estar presentes detrás de la falta de estudios que adopten un enfoque de corpus en el análisis de textos literarios en español. En este libro, sin embargo, intentaremos contribuir a revertir esta situación y demostrar que la estilística de corpus es un enfoque con un potencial analítico que merece, cuando menos, ser explorado por aquellos que se dedican al análisis estilístico de textos literarios en nuestra lengua.

1.3. Puntos de partida de análisis

Una vez acotada la estilística de corpus, y tras haberla acomodado en el ámbito de las Humanidades Digitales, podemos abordar nociones básicas relacionadas con el análisis. Para ello, en primer lugar, trataremos los puntos de partida habituales de los estudios de estilística de corpus en general, para luego introducir los planos fundamentales en los que se sitúan este tipo de enfoques.

Teniendo en cuenta que la estilística de corpus se ocupa de explorar las funciones de determinados segmentos de texto en relación con la creación de significados en el plano literario de una (o varias) obra(s), sus análisis deben situarse en el marco los estudios explicativos (*explanatory*) —y no en los descriptivos (*descriptive*)— mencionados por Leech (2008) cuando establece sus dos modelos de estilística. Dicho de otro modo, un estudio de estilística de corpus persigue *explicar* el porqué de un fenómeno. Esta fundamentación teórica se traduce en puntos de partida de análisis muy concretos, pues una sola palabra o una construcción determinada puede ser el eje sobre el que se vertebre el análisis. Normalmente, esa palabra o esa construcción se analiza en el marco de un fragmento de texto y se compara con otros usos de esa palabra o esa construcción en un corpus de referencia. El elemento comparativo, por consiguiente, desempeña un papel de importancia cardinal en los estudios de estilística de corpus, pues se convierte en un recurso con el que poner a prueba cuestiones enraizadas en teorías literarias (cf. Semino y Short 2004; Toolan 2009). Después de todo, describir el estilo de un texto no es sino analizar los rasgos que lo hacen distinto de otros.

Sin embargo, saber qué queremos analizar en un texto literario o la manera de hacerlo no siempre es sencillo. Esto es así, entre otras muchas razones, porque la lengua literaria no tiene por qué ser especialmente representativa de nada. En palabras de Wales, "language is literary not in a special sense, but only in the sense that it belongs to a work regarded generically as literature, as opposed to a newspaper or recipe" (Wales 2001: 237). A pesar de ello, sin embargo, un enfoque de estilística de corpus es capaz de identificar aspectos en un texto o grupo de textos que resultan estilísticamente significativos. Como sostiene Carter (2004: 69), dentro de una obra es posible trazar un espectro de *literariedad* (*literariness*), donde algunos usos del lenguaje son más literarios que otros. Los análisis de estilística de corpus se ocupan de ofrecer explicaciones razonadas que nos ayuden a entender esa literariedad del texto que se analiza. Para comprender cómo se lleva a cabo esta tarea, es necesario detenerse en el concepto de *foregrounding* (en adelante, desviación), una noción clave en los estudios de estilística que tiene que ver con la desviación de la norma como elemento susceptible de análisis por su relación con la representatividad literaria. La desviación es fundamental para entender cómo se construye un análisis de estilística de corpus porque, además de ayudar a explicar de manera razonada la noción de literariedad que acaba de comentarse, ha sido tradicionalmente uno de los pilares que han guiado la interpretación de textos literarios (cf. Culpeper 2001: 129 y ss.). Efectivamente, la desviación textual comporta "unexpectedness, unusualness, and uniqueness" (Mukarovsky 1970: 53–54), elementos todos ellos susceptibles de análisis en el plano literario. Es cierto, sin embargo, los autores no siempre son conscientes de esa desviación (Short 1996: 16). Por eso la estilística de corpus puede ser tan útil para explorarla, pues, aunque los resultados obtenidos con una metodología de corpus "cannot provide direct insights into the process of understanding and interpreting a text" (Mahlberg 2013: 11), lo cierto es que esta misma metodología "can reveal patterns of language that speakers of a language may not be aware of" (Mahlberg 2013: 11). Y eso incluye al novelista, al poeta o al dramaturgo. En otras palabras, un enfoque de estilística de corpus puede ayudarnos a identificar casos de desviación que comporten un valor estilístico. Y este valor estilístico, naturalmente, es clave en la interpretación literaria del texto (van Peer 1986).

Sobre el concepto de desviación (*foregrounding*) se erigen dos de los planos fundamentales de los análisis de estilística de corpus: la construcción del universo ficticio que el autor nos plantea y la caracterización de los personajes que pueblan ese universo ficticio. Cada uno de estos aspectos tiene claves concretas, lo que hace que debamos ocuparnos de ellos por separado.

1.3.1. Universos ficticios

Los universos ficticios son la realidad literaria de la que se ocupa la teoría de los mundos textuales (*Text-World Theory*) (Werth 1999; Gavins 2007). Un mundo textual o universo ficticio puede definirse como el conjunto de "mental representations constructed in the process of discourse comprehension" (Mahlberg 2013: 34). Estos universos ficticios definen las circunstancias físicas y el contexto social que hacen posible la existencia de los personajes que pueblan la historia. Desde un punto de vista estilístico, los universos ficticios se construyen en gran medida recurriendo a bloques textuales, que desempeñan funciones literarias determinadas. Aunque pueda ser una representación de algo que sí que existe, conviene incidir en que un universo ficticio no existe fuera del texto literario. En otras palabras, aunque al Madrid de los *Episodios Nacionales* le concedemos verosimilitud y somos capaces de *ver* el Madrid del siglo XIX, como lectores somos conscientes de que se trata de una construcción literaria en el marco de la novela, como todo lo que hay dentro de ella: los lugares, las circunstancias (el tiempo meteorológico, por ejemplo), los objetos o los personajes y sus relaciones. Si todo ese universo ficticio solo existe como dimensión literaria, no es difícil aceptar que su construcción dependerá en gran medida de las elecciones del autor para darle forma en plano textual. Así, los segmentos de texto empleados para definir los antedichos lugares, circunstancias, los objetos o las personas tienen una relevancia estilística clara, aunque solo sean porque son parte de un texto finito y el resultado de una elección concreta por parte del autor.

Tradicionalmente, los estudios de estilística (Fowler 1986; Leech 1969, 1985; Leech y Short 2007 [1981]; Semino 1997; Short 1996; Simpson 1993, 1996; Toolan 1988, entre otros) se han ocupado de analizar el proceso de lectura con el fin de "arrive at a detailed account of how readers understand particular texts in the ways they do" (Short y Semino 2008: 117). Los análisis de estilística de corpus, con una motivación teórica similar, siguen la estela marcada por los análisis de estilística tradicional. Sin embargo, presentan una ventaja fundamental: las metodologías de corpus permiten identificar patrones estilísticamente relevantes que tradicionalmente han pasado desapercibidos en el análisis de esos mismos textos. La estilística de corpus, por tanto, se ocupa, además de cuestiones tratadas por la crítica tradicional, de aspectos que no han sido analizados con anterioridad —o al menos no de forma metódica. Debido a su sistematicidad, estos aspectos que la estilística de corpus es capaz de identificar son relevantes en la construcción de los universos ficticios y tienen una incidencia directa en cómo los percibimos. Para entender cómo la estilística de corpus se ocupa del análisis de los universos ficticios que el autor nos plantea a través de construcciones tradicionalmente desatendidas, debemos detenernos en dos conceptos: los bloques textuales (*textual building blocks*)[2] y las funciones textuales locales (*local textual functions*) (Mahlberg 2007a: 4). Los bloques textuales son unidades que contribuyen a dar forma a la realidad literaria que se nos presenta. Siendo la frecuencia uno de los aspectos que marca la relevancia estilística de los bloques, estos se analizan habitualmente a través del estudio de *clusters* —un *cluster* es una secuencia de dos o más palabras empleada de forma repetida en un corpus de textos (Cheng 2012: 72) (véase apartado 3.2.1.4). En el caso de Galdós un *cluster* como *de la calle de la* desempeña una función concreta en la construcción del universo ficticio del autor en sus obras XIX (Nieto Caballero 2019c). Normalmente, Galdós sitúa los lugares en los que tiene lugar la acción mediante su enclave en una vía determinada. Pisos, cuadras, cuartitos, colegios, prisiones, farmacias, tiendas, auditorios, cacharrerías, buñolerías, comercios, pollerías, clubes y sobre todo las casas son localizaciones a las que suele hacer referencia por su situación en una calle concreta. Y habitualmente lo hace recurriendo a la construcción *de la calle de la*, como se muestra en los ejemplos (2) y (3).

(2) Mi comercio de la calle del Pez se hizo agua una noche para sacarle de la cárcel, cuando aquel feo negocio de los billetes de lotería. La cacharrería *de la calle de la* Torrecilla se resquebrajó después, y pieza por pieza se la fueron tragando el médico y el boticario, cuando cayó Francisca en la cama con la enfermedad que se la llevó.

(*La desheredada*, capítulo 2)

2 Además de "textual building blocks" (Mahlberg 2013: 26), los bloques textuales también son conocidos, en inglés, como "basic building-blocks" o "world-building elements" (Gavins 2007: 36).

(3) Yo vivía en una hermosa casa *de la calle de la* Inquisición, esquina a la Flor Baja, cerca del edificio de la Inquisición de corte y a poca distancia de los Premostratenses. Mis servicios a determinado prócer diéronme aquella habitación demasiado grande para un soltero [...].

(*La segunda casaca*, capítulo 2)

Lo verdaderamente interesante de este bloque textual es, además de su función, su prominencia en Galdós, pues el autor canario hace un uno mayor de las calles (y en concreto de la forma *de la calle de la*) en sus novelas que el resto de autores del siglo XIX (Nieto Caballero 2019c). Se trata de una suerte de recurso galdosiano, que encaja perfectamente con su dominio del espacio visual y con el que confiere sensación de realismo a sus universos ficticios. Naturalmente, este valor de la construcción *de la calle de la* no es necesariamente el mismo en la producción literaria de otros autores. Es por ello que podemos decir que *de la calle de la* desempeña una función textual local (*local textual function*) en la narrativa de Galdós como recurso de construcción de sus universos ficticios. La identificación tanto del bloque textual como de la función textual local solo es posible gracias a un enfoque de estilística de corpus, que permite localizar estos usos repetidos con un valor común que tradicionalmente ha pasado desapercibido en el análisis de la configuración del espacio en sus novelas. Este es uno de sus puntos de partida más habituales en lo que al estudio de universos ficticios se refiere. El otro tiene que ver con la caracterización.

1.3.2. Caracterización

La construcción de los personajes desempeña un papel fundamental en la comprensión de un texto literario (Palmer 2007, 2011). El proceso de caracterización de estos personajes por parte del lector, por tanto, tiene una función igualmente importante en el proceso de lectura (Stockwell y Mahlberg 2015: 130). Siendo esto así, no es casualidad que la estilística de corpus se ocupe asimismo de los personajes y de las técnicas empleadas por los autores para modelarlos. Al contrario de lo que ocurre con los universos ficticios en general, sin embargo, la caracterización como punto de partida en los análisis de estilística de corpus no goza de los antecedentes teóricos que cabría esperar, pues la crítica literaria tradicional no ha solido ocuparse de este aspecto (cf. Chatman 1978: 107; Culpeper 2001: 5 y ss.). Aunque es difícil apuntar un solo motivo para explicar esta situación, las razones para que esto sea así pueden tener que ver con las dificultades a la hora de combinar los dos planos de la caracterización —el humano y el textual—, máxime cuando tradicionalmente los estudios sobre este aspecto se han polarizado en torno a alguno de los dos. Así, existen por ejemplo enfoques deshumanizadores que "deny that characters are human and [...] insist that they have a purely textual existence" (Culpeper 2001: 7). Esta corriente concede el máximo grado de importancia al plano textual. Van Peer (1989: 9), por ejemplo, asegura que

> [c]haracter, it can hardly be denied, is what readers infer from words, sentences, paragraphs and textual composition depicting, describing or suggesting actions, thoughts, utterances or feelings of a protagonist.

Desde luego, no puede negarse que el plano textual es el que conforma la parte más importante en la percepción de un personaje en un texto literario, pues es en el que descubrimos si un personaje, por ejemplo, tiene los ojos marrones, verdes o azules. Además del plano textual, sin embargo, no podemos negar la importancia de nuestra experiencia como seres humanos, que nos ayuda igualmente a construir a los personajes (Toolan 1988: 92), pues, como los enfoques humanizadores sostienen, los personajes son "imitations or representations of real people" (Culpeper 2001: 6). Dicho de otro modo, "we recognise, understand and appreciate fictional characters insofar as their appearances, actions, and speech reflect or refer to those of persons in real life" (Mead 1990: 442). Para abordar la caracterización de los personajes que pueblan el universo ficticio de un texto literario es necesario, por tanto, combinar ambos planos. Esto es así porque la caracterización no es fenómeno que pueda analizarse de manera aislada, sino un proceso que tiene lugar en la mente del lector. Es decir, un estudio de caracterización se ocupa de "how we form impressions of characters in our minds —not just characters themselves or their personalities" (Culpeper 2001: 2). Por lo tanto, un análisis sobre la caracterización de los personajes de un texto literario siembre habrá de ser multidisciplinar y combinará, como plantea Culpeper (2001: 1), "theories from linguistics (particularly from pragmatics), cognitive psychology (such as schema theory), social psychology (for example attribution theory), and stylistics (for example foregrounding theory)" (Culpeper 2001: 1). En el caso de la estilística de corpus, los análisis que toman como punto de partida la caracterización se centran fundamentalmente en casos de desviación lingüística (*foregrounding*), sobre la que establecen relaciones que van más allá del plano textual. Como venimos comentando, las metodologías propias de los análisis de estilísticas de corpus son capaces de revelar patrones que en los que no reparamos cuando leemos pero que, debido a su sistematicidad, son estilísticamente relevantes. En el caso de la caracterización, estos patrones nos pueden ayudar a comprender mecanismos literarios empleados por un autor para construir a sus personajes, que constituyen la base textual sobre la que realizamos abstracciones que nos permiten transformar ese texto en criaturas concretas dentro de los universos ficticios.

En el caso de Galdós que tratamos en este libro, por ejemplo, gracias a un enfoque de corpus hemos podido detectar bloques textuales que desempeñan funciones específicas que hasta ahora habían pasado desapercibidas. El lenguaje gestual empleado con hombres y mujeres para proyectar su tristeza es un buen ejemplo. Como se comentaba en el apartado 1.1.2, la tristeza de los hombres se expresa habitualmente haciendo referencia a sus lágrimas (*con lágrimas en los ojos*). Las mujeres, sin embargo, suelen llevarse un pañuelo a los ojos, como se puede observar en el ejemplo (4). Este aspecto, que se comenta con más detenimiento en el capítulo 5, no es sino un plano de la caracterización en Galdós que, en realidad, esconde otros aspectos relacionados con la construcción de los personajes, como las convenciones en la forma de vestir. Efectivamente, según los códigos de vestimenta de la España del siglo XIX, las mujeres tienen habitualmente un pañuelo que llevarse a los ojos, algo que no ocurría con los hombres. Desde luego, que Galdós se apoye en esta convención para proyectar la tristeza de sus personajes es interesante. Estas diferencias van más allá en el plano de la caracterización. La vestimenta masculina, por ejemplo, tiene otras particularidades en las que Galdós también se apoya para construir a sus personajes, como los bolsillos de sus pantalones y chalecos. Así, los hombres —y no las mujeres— son quienes llevan las manos en los bolsillos en momentos de reflexión, como se puede observar en el ejemplo (5).

(4) La despedida fue tiernísima. María Cristina tan pronto se llevaba *el pañuelo a los ojos*, como saludaba a la multitud agitándolo, sin poder decir más palabra que adiós, adiós…

(*Montes de Oca*, capítulo 9)

(5) Ambos le miraron. Miquis se paseaba a lo largo de la sala, con *las manos en los bolsillos*, arrastrando sus miradas por el suelo.

(*El doctor Centeno*, capítulo 3)

Un enfoque de estilística de corpus permite examinar de forma sistemática tales aspectos, pues las metodologías de corpus identifican detalles aparentemente circunstanciales pero que, debido a su sistematicidad, son relevantes desde un punto de vista estilístico. Al relacionarlos con nuestra experiencia previa (convenciones de vestimenta en el siglo XIX), estos detalles aparentemente circunstanciales y sin relevancia estilística (el pañuelo que se lleva a la cara la mujer galdosiana o las manos en los bolsillos de los personajes masculinos) revelan conexiones que nos ayudan a comprender mejor el proceso de caracterización de los personajes que pueblan el universo ficticio galdosiano. Además de cuantificar un fenómeno, por tanto, una metodología de corpus permite identificar hábitos estilísticos de un autor que nos ayudan a descifrar cómo lleva a cabo la "impersonation" (Stockwell 2009: 115) de sus figuras. La caracterización, en suma, es otro punto de partida habitual en los análisis de estilística de corpus, pues las metodologías de análisis hacen posible el análisis del plano textual en relación con nuestra experiencia fuera del texto.

1.4. Una nota de precaución

A pesar del potencial de los estudios de estilística de corpus para someter a análisis cuestiones inasumibles para la estilística tradicional, debemos ser conscientes de que no todos los textos literarios son iguales a la hora de procesarlos con un enfoque de este tipo. En ocasiones, de hecho, un análisis de estilística de corpus no tiene por qué ser el enfoque más adecuado. La elección de una metodología de corpus para llevar a cabo un análisis estilístico debe estar debidamente motivada. Por ello, consideramos conveniente abordar determinados aspectos en una suerte de nota de precaución que permita identificar algunos errores habituales entre aquellos que piensan en las metodologías de corpus como enfoque para llevar a cabo sus análisis estilísticos.

En primer lugar, un análisis de estilística de corpus nunca debe estar motivado por la mera disponibilidad de los textos en formato electrónico o por la posibilidad de procesarlos con un *software* determinado. Como apunta Mahlberg (2014: 388–389),

> [r]unning a concordance or generating key words is not in itself a useful research method if it is not applied to address a particular research question. The application

of corpus procedures without searching for theoretically grounded links to interpretative concerns bears the danger of uninsightful and naive observations on a text.

Este es un problema fundamental con el que puede encontrarse alguien que pretenda realizar un análisis de estilística de corpus y se conforme con localizar datos sin analizarlos en profundidad. Descubrir, por ejemplo, que una palabra es más frecuente comparativamente en la obra de un autor o que su uso se concentra en una época determinada no es en sí mismo un análisis estilístico. Tómese como ejemplo Galdós y su uso de la forma verbal *dijo*. Como se puede advertir en la ilustración 1.6, el uso de esta forma verbal es mucho más abundante en la producción del autor canario —parte izquierda de la ilustración — que en la ficción realista española —datos mostrados a la derecha.[3]

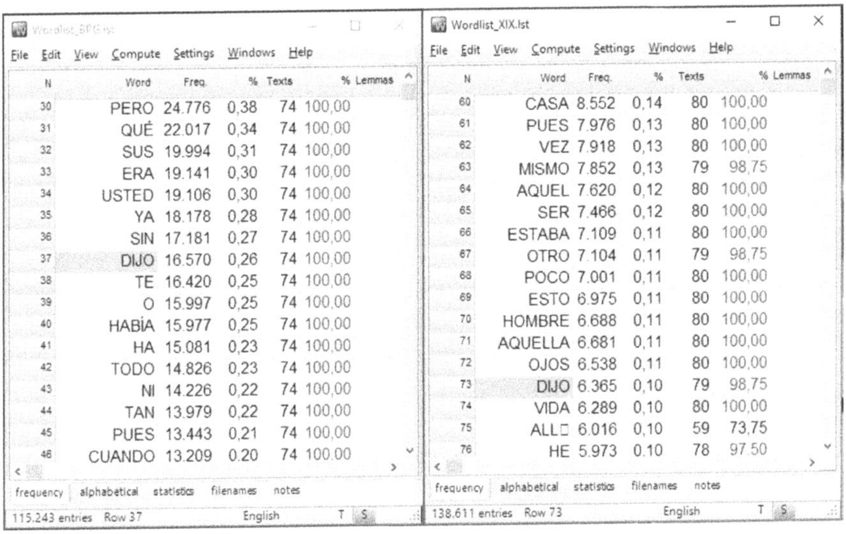

Wordlist_BPG.lst

N	Word	Freq.	%	Texts	%	Lemmas
30	PERO	24.776	0,38	74	100,00	
31	QUÉ	22.017	0,34	74	100,00	
32	SUS	19.994	0,31	74	100,00	
33	ERA	19.141	0,30	74	100,00	
34	USTED	19.106	0,30	74	100,00	
35	YA	18.178	0,28	74	100,00	
36	SIN	17.181	0,27	74	100,00	
37	DIJO	16.570	0,26	74	100,00	
38	TE	16.420	0,25	74	100,00	
39	O	15.997	0,25	74	100,00	
40	HABÍA	15.977	0,25	74	100,00	
41	HA	15.081	0,23	74	100,00	
42	TODO	14.826	0,23	74	100,00	
43	NI	14.226	0,22	74	100,00	
44	TAN	13.979	0,22	74	100,00	
45	PUES	13.443	0,21	74	100,00	
46	CUANDO	13.209	0,20	74	100,00	

115.243 entries Row 37

Wordlist_XIX.lst

N	Word	Freq.	%	Texts	%	Lemmas
60	CASA	8.552	0,14	80	100,00	
61	PUES	7.976	0,13	80	100,00	
62	VEZ	7.918	0,13	80	100,00	
63	MISMO	7.852	0,13	79	98,75	
64	AQUEL	7.620	0,12	80	100,00	
65	SER	7.466	0,12	80	100,00	
66	ESTABA	7.109	0,11	80	100,00	
67	OTRO	7.104	0,11	79	98,75	
68	POCO	7.001	0,11	80	100,00	
69	ESTO	6.975	0,11	80	100,00	
70	HOMBRE	6.688	0,11	80	100,00	
71	AQUELLA	6.681	0,11	80	100,00	
72	OJOS	6.538	0,11	80	100,00	
73	DIJO	6.365	0,10	79	98,75	
74	VIDA	6.289	0,10	80	100,00	
75	ALL□	6.016	0,10	59	73,75	
76	HE	5.973	0,10	78	97,50	

138.611 entries Row 73

Ilustración 1.6 Frecuencia "dijo" en CorBPG y CorXIX

El hecho de que *decir* se utilice más del doble en sus novelas (0,26%) que en la ficción decimonónica española en general (0,10%) no revela, por sí mismo, nada significativo. Sin embargo, este dato sí que sugiere vías de

3 Los textos de los que han sido extraídos estos datos se describen en detalle en los apartados 2.2.1 y 3.3.1, en donde se explican los corpus de estudio y de referencia empleados en este libro, respectivamente.

análisis interesantes, que pueden guiarnos hacia el estudio de aspectos que hasta ahora no han sido abordados. Ahí es donde comienza a construirse un análisis. La frecuencia de *dijo*, por ejemplo, nos permite calibrar, a través del verbo de habla por excelencia, la cantidad de discurso verbal de las novelas de Galdós con respecto a la pléyade de autores con los que compartió plana. Que lo utilice más del doble nos indica que puede ser un lugar en el que descubrir rasgos del estilo del autor. Y efectivamente, como se analizará con más detenimiento en el capítulo 4, este uso tan extendido de *dijo* se materializa en estrategias de proyección de discurso que entroncan directamente con sus técnicas de caracterización. Además, como se comentará en el apartado 4.3, es en las novelas de su primera época donde Galdós hace un uso más prominente de esta forma verbal, lo que indica un mayor uso de la proyección del discurso verbal a través de estrategias como el estilo directo en sus inicios, que irá descendiendo paulatinamente a favor de otras técnicas más introspectivas como el monólogo interior con el paso del tiempo. La frecuencia de uso de *dijo* nos ayuda a calibrar ese consabido cambio en el estilo de Galdós en lo que a la proyección del discurso se refiere. Toda esta interpretación, sin embargo, no es el resultado de los datos obtenidos con la metodología empleada, sino de su interpretación y de un análisis más profundo de los datos (véase apartado 4.2.3.1) en combinación con la literatura científica sobre este asunto. Es decir, el procesamiento de los textos no es, en sí mismo, un análisis. Como sostiene Ho (2011: 11), "[i]f a researcher is unable to incorporate or weave his/her quantifications into a synthetic discussion of literature, the findings will always remain cold numbers, alien to the field of the humanities." Por eso un análisis de estilística de corpus debe estar adecuadamente motivado y respaldado por un marco teórico en el que pueda desarrollarse. La mera localización de datos, por significativos que resulten, no es, por sí misma, significativa.

Por otro lado, aunque a veces exista una motivación clara y un marco teórico que justifique el análisis, debemos ser conscientes de que "[n]ot every research question can be answered with such methods" (Mahlberg 2016: 153). Es decir, no todos los análisis se adaptan a las posibilidades que nos ofrece un enfoque de estilística de corpus. La razón tiene que ver fundamentalmente con el texto —o los textos— que se analizan y, de forma más concreta, con su extensión. Un soneto, de catorce versos y apenas cien palabras ("Mientras por competir por tu cabello" de Góngora tiene noventa y seis palabras, por ejemplo), difícilmente aceptará un análisis de estilística de corpus, a menos que el análisis consista en una comparación con un corpus de referencia y esta esté debidamente motivada. Incluso un texto de ficción, si no es demasiado extenso, puede plantear dificultades. Como sostiene Mahlberg (2014: 387), por ejemplo,

> [a] short story may not yield a sufficient number of 5-word clusters for a useful analysis, or a word that appears interesting in a text extract from a novel may be insufficiently frequent to show patterns in the form of a concordance. Even if there were a reasonable number of key words for a text, the analysis of these key words might not provide observations that have much to contribute to the literary stylistic analysis.

Para poder llevar a cabo un análisis de estilística de corpus, por tanto, se deben reunir ciertas condiciones que hagan viable —y adecuado— el empleo de una metodología de estas características. El análisis de la producción narrativa de Galdós (aproximadamente 6,5 millones de palabras) que se presenta en este libro, por ejemplo, encuentra en la estilística de corpus un enfoque idóneo para procesar tal cantidad de texto. De hecho, esta vasta extensión es, en sí misma, una motivación para el análisis, pues la cuantificación —y el posterior análisis— de determinados hábitos estilísticos que se repiten a lo largo de sus novelas resulta prácticamente imposible de identificar con una lectura atenta de los textos.

Además, también debemos tener en cuenta que, incluso cuando una metodología de estilística de corpus se presenta como un enfoque ideal debido a las características del texto —o los textos— que se analizan, la elección del tipo de procedimiento resulta igualmente decisiva, pues no todos los modelos se pueden aplicar con el mismo éxito en un análisis literario. Esto es, debemos ser capaces de decidir qué tipo de análisis se adapta mejor a nuestras necesidades y cuál es el procedimiento y la estrategia que nos permitirá analizar mejor nuestro objeto de estudio. Por utilizar de nuevo un ejemplo que guarde relación con los análisis que presentamos en este libro, el corpus de estudio de Galdós que aquí se analiza no es un corpus anotado, a pesar de que la anotación es una opción habitual en los análisis de estilística de corpus sobre ficción narrativa (véase apartado 3.3). Esta estrategia resulta útil sobre todos en estudios en los que resulta difícil analizar fenómenos que no pueden localizarse mediante el uso de *softwares* de concordancias. El trabajo de Semino y Short (2004), en donde analizan la frecuencia de uso de la representación del discurso verbal, mental y escrito en textos de diferentes géneros, es un buen ejemplo de ello. Para llevar a cabo su análisis, Semino y Short tuvieron que anotar su corpus (Semino y Short 2004: 26–38). La anotación, además, tuvo que ser manual, pues no existe ningún algoritmo que permita identificar estrategias de representación del discurso (Mahlberg 2014: 385). En trabajos en los que se analiza la totalidad del corpus para localizar y cuantificar la existencia de patrones en un grupo de textos, sin embargo, la anotación resulta menos efectiva que el procesamiento de los textos originales con un *software*. El estudio de Mahlberg (2013) de la producción de Dickens —y su comparación con un corpus de novela victoriana— es un buen ejemplo. El análisis de la producción narrativa de Galdós que presentamos aquí se asemeja más al estudio de Mahlberg que al de Semino y Short (2004). Es normal, por tanto, que en lugar de un análisis basado en la anotación del corpus de las novelas de Galdós se opte por el procesamiento de los textos con un *software* de concordancias y las opciones que pone a nuestra disposición: listas de palabras, concordancias, localización de *clusters*, etc. La decisión, por lo tanto, no es arbitraria, sino que está tomada sobre una reflexión previa en torno a la idoneidad de escoger un procedimiento metodológico. Un análisis de corpus, en definitiva, se debe construir sobre la mejor opción de análisis, y con la certeza de que no todas son siempre posibles.

Por último, aunque en un análisis de estilística de corpus "a degree of quantification can be achieved that is not easily possible in a manual analysis" (Mahlberg 2014: 387), y aunque el componente cuantitativo es el eje sobre el que se construye el análisis, uno debe ser capaz de complementar los datos, las estadísticas, los porcentajes y las frecuencias de uso con la dimensión cualitativa que debe guiar el análisis. Dicho de otro modo, "we need to bear in mind that our primary concern should always be the artistic totality of style, a trait which transcends the mere counting of the components of the surface structure of the text" (Ho 2011: 10). Los mencionados datos, las estadísticas, los porcentajes, las frecuencias de uso y toda la cuantificación propia de la estilística de corpus "should always be utilized as a means rather than an end, to verify or refute our intuition-based analysis" (Ho 2011: 10–11). Un error habitual es conceder demasiada importancia al plano cuantitativo en detrimento del propio análisis. Una de las claves de un buen análisis de estilística de corpus es ser capaz encontrar el equilibrio entre la dimensión cuantitativa propia de la metodología empleada y la dimensión cualitativa de la propia intuición del investigador (McEnery, Xiao y Tono 2006: 6). En otras palabras, la metodología de corpus y nuestra intuición no son compartimentos estancos, sino que deben complementarse "in order to address research questions as comprehensively as possible" (Ho 2011: 11).

En definitiva, un análisis de estilística de corpus debe estar debidamente motivado, además de cumplir con el rigor metodológico necesario y no descuidar el componente cualitativo que debe acompañar el procesamiento de los textos que se analizan. La conjunción de estos tres aspectos resulta fundamental para profundizar en cuestiones estilísticas sin caer en la mera descripción o en la igualmente peligrosa cuantificación de datos sin un análisis crítico que los respalde. Cuando estos preceptos se cumplen, un enfoque de estilística de corpus es capaz de ofrecer "innovative insights that go beyond what the human analyst would be able to achieve" (Mahlberg 2014: 389). Este es precisamente uno de los mayores desafíos que la estilística de corpus tiene ante sí en el ámbito hispánico, pues nos permite seguir indagando en aspectos en los que quizá no habíamos reparado precisamente por no haberlos podido identificar con métodos de análisis manual, abriendo nuevas vías de análisis en el campo de la crítica literaria en general y de los estudios de estilística en particular.

1.5. Consideraciones finales

En este capítulo se ha pretendido ofrecer una visión panorámica de la estilística de corpus. Para ello hemos intentado construir una definición partiendo de las dos grandes disciplinas de las que se nutre: la lingüística de corpus y la estilística tradicional. Como se ha podido comprobar, la estilística de corpus no es una rama subsidiaria de ninguna de ellas, sino más bien una disciplina de análisis autónoma que, apoyándose en algunos presupuestos teóricos y metodológicos de ambas, se ha consolidado como un enfoque complementario a otros más tradicionales y con un lugar propio en el marco de las pujantes Humanidades Digitales.

El rasgo más señero de la estilística de corpus es su componente cuantitativo. Es el uso de metodologías computacionales el que permite descubrir "subtleties and complexities that may otherwise have been missed or overlooked" (Fischer-Starcke 2010: 56) debido a su dispersión en el texto. Esto ha supuesto una nueva capacidad de recopilar datos con la "systematicity and objectivity in the analysis of literary texts" (Mahlberg 2013: 5) de las que carecen la estilística tradicional o la crítica literaria.

Sin embargo, a pesar de ser uno de sus rasgos distintivos, este componente cuantitativo es también el elemento que despierta más suspicacias entre aquellos que se dedican al análisis literario en general. Así, aunque como hemos intentado explicar a lo largo del capítulo, una metodología de corpus puede (y debe) ser respaldada y complementada por un análisis cualitativo de los textos (Mahlberg 2013: 8), algunos estudiosos siguen mostrándose renuentes al uso de medios automáticos para guiar el análisis del texto literario, pues se produce, en su opinión, una pérdida en la percepción de matices de este (cf. Miall 1995). Estas reticencias por parte de algunos estudiosos sitúan a las Humanidades Digitales en general y a disciplinas como estilística de corpus en particular en una posición complicada, pues la adopción de un enfoque de este tipo suele exigir una justificación extra que otros enfoques más tradicionales no requieren. En cualquier caso, como hemos intentado aclarar en distintos puntos del capítulo, la estilística de corpus no es un enfoque que pretenda reemplazar a otros más tradicionales. Por el contrario, las metodologías de corpus deben ser consideradas como enfoques complementarios, de los que el análisis de textos literarios se puede beneficiar en gran medida. Los beneficios del potencial analítico de estas metodologías, de hecho, se hacen patente en el aumento de la popularidad de la estilística de corpus en los últimos años en el ámbito internacional. Virginia Woolf, Joseph Conrad, William Shakespeare, Jane Austen o Charles Dickens son solo algunos autores de referencia cuyo estilo ha sido examinado utilizando enfoques de estilística de corpus, como se ha detallado en el apartado 1.2.2. Como hemos visto, las metodologías de corpus han abierto una novedosa vía de análisis capaz de manejar un volumen de material inasumible para otras disciplinas de corte más tradicional.

Esta popularidad de la estilística de corpus como enfoque en el análisis de textos literarios en otras lenguas contrasta, sin embargo, con la falta de estudios que adopten este tipo de enfoques en el ámbito hispánico. Es un hecho incontrovertible que este tipo de metodologías son escasas —por no decir inexistentes— en el análisis de textos literarios en lengua española. Las razones para que esto sea así parecen ser de muy diversa índole: desde la antedicha reticencia de ciertos académicos a abrazar este enfoque metodológico hasta la dificultad en el acceso a determinados textos en formato electrónico (por cuestiones de derechos de autor, por ejemplo), pasando por la falta de formación específica de muchos estudiosos en la materia. En este libro no estamos interesados en abundar en estos motivos o encontrar una justificación para esta situación de desventaja de la estilística de corpus en el ámbito hispánico con respecto a otros como el anglosajón. Más bien pretendemos demostrar el potencial de este tipo de enfoques en los estudios literarios de obras en lengua española, y abrir así nuevas vías de análisis que hasta ahora no han sido exploradas en la exégesis de autores en este idioma. Por ello, una vez contextualizada y definida la estilística de corpus en este capítulo inicial, a continuación nos ocuparemos de los dos pilares fundamentales sobre los que se construye cualquier análisis, como son el corpus (los textos objeto de estudio) y los *softwares* con los que se analizan. Estos dos aspectos, de los que nos ocupamos por separado en los capítulos 2 y 3, nos permitirán además contextualizar el análisis en torno a la figura de Galdós que se presenta en la segunda parte del libro.

Capítulo 2. El corpus

Puesto que se trata de la muestra de texto que en última instancia se analiza, el corpus es uno de los pilares fundamentales dentro de los estudios de estilística de corpus. En el ámbito de los estudios de corpus en general, un corpus puede definirse como una colección debidamente razonada de textos en formato electrónico que pueden ser procesados con programas adecuados para llevar a cabo investigaciones de tipo lingüístico. En esta definición de corte general se advierten claves sobre la que conviene detenerse para ofrecer una visión precisa de cómo se construye un corpus en los estudios de estilística de corpus en particular. Por un lado, un corpus debe ser "representative of a given language, dialect, or other subset" (Tognini-Bonelli 2001:2). En un análisis de estilística de corpus, la muestra habrá de ser, naturalmente, de textos literarios. Por otro lado, es indispensable que los textos "are stored and accessed electronically" (Hunston 2002: 2). Los textos literarios, sin embargo, no siempre están disponible en formato electrónico, por lo que en un análisis de estilística de corpus se deben tener en cuenta ciertos aspectos que influyen en la construcción del corpus (por ejemplo, los derechos de autor). Finalmente, el corpus debe estar "designed and compiled based on corpus design principles" (Cheng 2012: 30), de tal suerte que "some general linguistic analysis can be conducted" (Meyer 2012: xi). Esto es, la selección de textos no puede ser arbitraria. Por el contrario, detrás de la colección de textos que forman cualquier corpus hay una serie de requisitos previos que se cumplen atendiendo a unos parámetros determinados para poder realizar un análisis estilístico cabal. Esto es así tanto para el corpus de estudio que se analiza como para el corpus de referencia con el que se suelen comparar los resultados obtenidos. En este capítulo abordamos distintos pormenores sobre estos aspectos, con el fin de ofrecer una visión nítida de qué es y cómo se debe construir un corpus en un estudio de estilística de corpus. En primer lugar, nos detendremos en las opciones que existen para compilar un corpus, centrándonos tanto en el diseño manual de los textos como en su descarga de repositorios digitales especializados (apartado 2.1). En segundo lugar, abordaremos cuestiones relacionadas con los parámetros que definen la elección de un corpus de estudio (apartado 2.2). También haremos lo propio con los corpus de referencia, pues la comparación que guía este tipo de análisis debe llevarse a cabo con una muestra de textos que garanticen que los resultados —y la comparación— no están desvirtuados (apartado 2.3). Por último, nos detendremos en cuestiones de tipo ético que debemos tener presentes a la hora de construir un corpus de análisis, prestando una atención especial a los derechos de autor y a los límites legales que existen a la hora de procesar según qué textos (apartado 2.4). En este capítulo también se introducen los corpus que utilizamos en la segunda parte del libro.

2.1. Opciones de compilación: de la digitalización manual a los repositorios digitales

Un requisito para la aplicación de una metodología de corpus es la disponibilidad de textos digitalizados. La forma más rudimentaria de compilar un corpus de estudio es, naturalmente, la de construir manualmente la versión digitalizada de los textos mecanografiándolos. Aunque pueda parecer una opción lejana y resulte, desde luego, una labor tediosa, no deja de ser una posibilidad que en el pasado se empleaba con cierta frecuencia debido a la falta de versiones electrónicas de textos. Tal es el caso de algunos estudios de estilometría, en donde las muestras de texto que se analizan suelen ser fragmentos de obras. En estos casos, cuando no se dispone de una versión digitalizada de la obra que se quiere analizar, la construcción manual de la versión digitalizada es una opción viable. En los estudios de estilística de corpus, sin embargo, esta es una práctica mucho menos habitual debido a la gran cantidad de texto que se suele manejar. No obstante, en algunos estudios muy concretos (aquellos sobre una sola obra, por ejemplo), también se ha recurrido a la digitalización manual del texto, como en el análisis de Scott y Tribble (2006) sobre *Texts for Nothing*, de Samuel Beckett. En casos como estos y cuando no se dispone de una versión digitalizada a la que acudir, la construcción manual de la versión digitalizada del texto es una opción viable.

Sin embargo, en un estudio de estilística de corpus en el que se procesan millones de palabras (los corpus que se emplean en este libro de Galdós y de novela realista española, por ejemplo, tienen más de seis millones de palabras cada uno), la posibilidad de construir la versión digitalizada de los textos mecanografiándola se descarta desde el principio y se recurre a otras estrategias. La menos habitual, por rudimentaria y a veces poco fiable, es la de escanear la versión en papel de los textos y utilizar un *software* de reconocimiento óptico de caracteres (ROC), que convierte la imagen escaneada en un archivo de texto (Calvo Tello 2019: 123–124). Aunque el grado de precisión de estos *softwares* es cada vez más elevado, el resultado final depende, en última instancia, de la calidad de la versión en papel. Por eso siempre acaba siendo necesario hacer una lectura manual del documento digitalizado para comprobar el nivel de refinamiento del resultado final (Cooper y Mikhailov 2016; Kübler y Zinsmeister 2015). Esta opción es la más común cuando las obras no se encuentran disponibles en repositorios digitales (por cuestiones de derechos de autor, por ejemplo). En el caso de los estudios de estilística de corpus, esta suele ser una práctica habitual cuando se analizan traducciones de obras literarias. Tal es el caso de Mastropierro (2017), quien estudia *Heart of Darkness*, de Joseph Conrad, y su traducción al italiano. Debido precisamente a los derechos de autor de las traducciones italianas, Mastropierro recurre a esta opción para construir su corpus de estudio de las traducciones. Aunque es la única opción para procesar la muestra que analiza, Mastropierro admite que se trata de "a long and complex process that involves repeated readings of the text; all of which require time-consuming precision" (Mastropierro 2017: 61). Se trata, en definitiva, de una práctica a la que se suele recurrir por obligación.

Una opción mucho más habitual es la de utilizar textos digitalizados alojados en repositorios digitales. Los repositorios digitales son depósitos de documentos digitales y digitalizados que suelen tener como objetivo la difusión de la cultura. Se caracterizan por almacenar material multimedia (imágenes o material audiovisual, además de textos), aunque suelen nutrirse sobre todo de textos (periódicos, revistas y libros digitalizados). En muchos de ellos se almacenan obras literarias de autores cuya producción no se encuentra protegida por derechos de autor. En los estudios de corpus se suele recurrir a estos repositorios, además de por una cuestión de inmediatez, porque los textos suelen ofrecer garantías desde un punto de vista académico. El formato en el que aparecen los textos es variado, desde libros electrónicos hasta documentos de fotografía de libros antiguos. Sin embargo, es cierto que casi todos los textos aparecen también en formato plano (.txt), que suele ser el que se emplea para procesarlos con un *software* especializado. A continuación se detallan los pormenores de estos repositorios tomando como ejemplo el repositorio de textos en español por excelencia (la Biblioteca Virtual Miguel de Cervantes (s.f.)) y el que quizá sea el más conocido y el más usado en los estudios de estilística de corpus en general (Proyecto Gutenberg). Precisamente de estos repositorios hemos descargado los textos que forman los corpus que utilizamos en este libro.

2.1.1. Biblioteca Virtual Miguel de Cervantes

La Biblioteca Virtual Miguel de Cervantes (s.f.) es sin duda el repositorio más conocido de textos en español. Este repositorio tiene como objetivo la difusión de la cultura hispánica en general, y cuenta con alrededor de doscientos mil registros bibliográficos, de los cuales sesenta mil son libros. Este repositorio inició su andadura en 1998. Está gestionado por la Fundación Biblioteca Virtual Miguel de Cervantes y se ha consolidado como un espacio de referencia de las letras hispánicas. Se puede acceder a ella desde cualquier lugar del mundo.

Aunque la interfaz de Biblioteca Virtual Miguel de Cervantes permite navegar por sus contenidos de un modo similar al de cualquier biblioteca, el catálogo organiza sus materiales torno a tres bloques principales de literatura, lengua e historia y varias áreas específicas, como la Biblioteca Americana, Biblioteca de Signos, Biblioteca Joan Lluís Vives, Biblioteca Letras Galegas y Literatura Infantil y Juvenil. Cada una de estas áreas cuenta, a su vez, con un portal que organiza los contenidos en distintas áreas, lo que permite al usuario ir desde la información más general (una época o un género, por ejemplo) a la más específica (la obra de un autor). La Biblioteca cuenta con una herramienta que permite realizar distintos tipos de búsqueda, desde información catalográfica de las obras pertenecientes al catálogo general de la Biblioteca hasta búsquedas en el contenido de las obras de la Biblioteca. Además, cuenta con una caja de concordancias, dirigida a estudiantes de literatura e investigadores o a todo aquel con curiosidad filológica, que permite buscar todos los ejemplos de una palabra en su contexto. Esta opción se aborda con más detenimiento en el apartado 3.1.2, en donde explicamos cómo funcionan algunos *softwares* integrados en espacios web.

La calidad de la versión digitalizada de los textos de este repositorio, fundamental en los estudios de corpus, está fuera de toda duda, pues la

Biblioteca cuenta con un consejo científico que avala el rigor de los materiales alojados en el repositorio. Esta es, de hecho, la razón principal por la que tanto el corpus de estudio de la producción narrativa de Galdós como el corpus de referencia de novela decimonónica española que utilizamos en este libro están formados por textos de este repositorio. Conviene mencionar, eso sí, que la Biblioteca "nunca ha compartido de ninguna manera sus fondos, ni siquiera para investigación" (Calvo Tello 2019: 123). Así pues, en lugar de descargar las novelas, hemos tenido que seleccionar el texto de cada una de ellas manualmente, copiándolo y pegándolo en nuestros propios archivos. En el caso de Galdós, toda su producción literaria se encuentra digitalizada. Esto no ocurre, sin embargo, con obra de los autores del siglo XIX que forman el corpus de referencia. En cualquier caso, este es un aspecto sobre el que nos detendremos en el apartado 2.3.1.

2.1.2. Proyecto Gutenberg

En el ámbito internacional el repositorio de libros digitalizados más empleado en los estudios de estilística de corpus es el Proyecto Gutenberg (s.f.). Al contrario que la Biblioteca Virtual Miguel de Cervantes, este repositorio no cuenta con un consejo científico que vele por la calidad de los textos. El sistema de adición y diseño de materiales se basa en un principio de cooperación, donde los propios usuarios hacen crecer el repositorio (Mahlberg 2013: 43–44). El Proyecto Gutenberg, además, "does not follow consistent standards for the preparation of electronic" (Mahlberg 2007c: 224), lo que despierta reticencias entre algunos académicos a la hora de utilizarlo como fuente de la que nutrirse. Berglund *et al.* (2004: 14), por ejemplo, afirman "the policy of creating non-specific editions aimed at the general reader makes the use of Project Gutenberg texts unreliable to the serious arts and humanities scholar". Sin embargo, conviene mencionar que los textos del Proyecto Gutenberg suelen ser de autores canónicos que ya no están protegidos por derechos de autor (precisamente esta es la razón por la que están alojados en el repositorio). Sin duda, dichos textos "have a longer lasting impact on a society and culture than most texts in a general corpus, and they have also received more scholarly attention" (Mahlberg 2013: 44), por lo que es probable que hayan sido revisados con más frecuencia. Además, como demuestra el elevado uso de estos textos en investigaciones de referencia, estos textos son un material fiable, pues los problemas de fidelidad con respecto al original que pueden plantear "are not too damaging" (Mahlberg 2007c: 224). La investigación de la propia Mahlberg (2013) sobre Dickens es el mejor ejemplo. Como sostiene en su justificación del uso de textos de Proyecto Gutenberg para llevar a cabo su estudio,

> (m)isprints or other mistakes in the texts will affect word counts, but as the approach is a combination of quantitative and qualitative analysis, where the focus lies on the qualitative functional interpretation, the effect is not detrimental. (Mahlberg 2013: 44)

Es decir, aunque los textos pueden no ser perfectos —en realidad esto es aplicable a cualquier repositorio, no solo a Proyecto Gutenberg—, son lo suficientemente fiables como para llevar a cabo análisis de estilística de corpus. Esto es así porque en este tipo de estudios el análisis no está basado "on exact frequency counts. What is crucial is to have enough data as evidence for the existence of functions" (Mahlberg 2013: 44). Por lo tanto, la existencia de irregularidades esporádicas en la ortografía —que afectaría a las búsquedas realizadas— no supone realmente un problema. Como en el estudio de Mahlberg y en otros llevados a cabo sobre Dickens (por ejemplo, Ruano San Segundo 2016; 2018a), las novelas del autor victoriano que utilizamos tanto en el tanto en el apartado de intertextualidad (capítulo 6) como de traducción (capítulo 7) han sido extraídas de este repositorio, como se detallará en el apartado 2.3.1.

2.1.3. Más repositorios y otros sitios web

Además de la Biblioteca Virtual Miguel de Cervantes y del Proyecto Gutenberg, existen otros repositorios digitales en los que también se pueden encontrar —y descargar— textos literarios. Dos de los más conocidos y más usados en estudios de estilística de corpus son, sin duda, *Internet Archive* o el *Oxford Text Archive*. *Internet Archive* es una biblioteca digital sin ánimo de lucro que contiene, además de libros, material como películas, programas informáticos, música y sitios web. Su objetivo es promover el conocimiento de manera gratuita. Este repositorio se creó en 1996, cuando internet estaba comenzando a expandirse como la red de redes. La idea original era registrar y grabar el contenido de páginas web, un material caracterizado por su naturaleza efímera y cambiante. A medida que fue creciendo su archivo, las prioridades de este repositorio cambiaron hasta alcanzar una suerte de compromiso para para ofrecer versiones digitalizadas de todo tipo de material. El principio con el que trabaja *Internet Archive* es muy simple: cualquier usuario registrado puede subir archivos que se almacenarán y serán compartidos con el resto de usuarios. *InternetArchive* siempre ha presentado especial atención a los libros, hasta el punto de que, según su página web, se escanean e incorporan a la biblioteca alrededor de mil libros al día. En la actualidad cuentan con más de once millones de libros. Los anteriores a 1923 pueden descargarse, lo que supone una gran ventaja desde el punto de vista de los estudios de corpus. Sin embargo, la gran masa de libros y la facilidad con la que se suben y se distribuyen despierta irremediablemente reticencias a la hora de confiar en el material textual susceptible de ser empleado en estudios de corpus. Cabe destacar que en su catálogo se pueden encontrar textos literarios en español. La mayoría de obras de Galdós, por ejemplo, se pueden descargar. Sin embargo, al contrario que ocurre con los libros de otros repositorios como Proyecto Gutenberg, los archivos de descarga son imágenes del escaneo del libro original —y no un archivo de texto que pueda ser procesado con un software de concordancias—, lo que sin duda supone un obstáculo desde un punto de vista metodológico.

El *Oxford TextArchive* (*OTA*), por su parte, tiene un sesgo más académico. Se desarrolla en el marco de la Universidad de Oxford. En concreto, este repositorio almacena y cataloga recursos (en su mayoría textos) lingüísticos y literarios con el propósito de que sean utilizados en el marco de la investigación, la enseñanza y también para el desarrollo del aprendizaje autónomo. El repositorio cuenta con miles de textos en más de veinticinco idiomas y se trabaja de modo constante para seguir engrosando el número de referencias del catálogo. Se nutre de otros repositorios, como el Proyecto Gutenberg. A diferencia del Proyecto Gutenberg, sin embargo, el *Oxford Text Archive* sigue una política concreta en el diseño de los textos que aloja en su repositorio, como el marcado TEI (*Text Encoding Initiative*). Este marcado facilita que los textos estén disponibles en distintos formatos de lectura y descarga, lo que supone una clara ventaja con respecto a los de otros repositorios para su procesamiento con *softwares* de concordancias en estudios de corpus. El *Oxford Text Archive* forma parte de varios grupos de investigación y redes educativas. Un ejemplo que guarda relación con la temática de este libro es el *PALA Corpus Stylistics Special Interest Group*, un grupo de investigación de la asociación de estilística

PALA (*Poetics and Linguistics Association*) dedicado a explorar los beneficios de las metodologías de corpus en el análisis de la lengua literaria. Desafortunadamente, y aunque se trata de un repositorio empleado con cierta frecuencia en estudios de estilística de corpus en general (Mahlberg 2014: 386), el *Oxford Text Archive* no cuenta con textos en español —aunque sí con traducciones al inglés de textos españoles, como la versión inglesa de *El Quijote* de John Ormsby.

Por último, también pueden mencionarse algunos sitios web que contienen corpus que están formados, al menos parcialmente, por textos literarios. Aunque los estudios de estilística de corpus no suelen llevarse a cabo en exclusiva con estos textos, algunos estudios de lingüística de corpus que pretenden cubrir el espectro literario sí que hacen uso de estos corpus en sus análisis. A nivel internacional puede señalarse *British National Corpus* (*BNC*). Se trata de una colección de más de cien millones de palabras de muestras habladas y escritas de inglés británico procedentes de distintas fuentes. Su objetivo es ofrecer una muestra representativa del inglés británico hablado y escrito desde finales del siglo XX. En su día, el *BNC* fue el primer corpus de tales dimensiones en estar disponible para cualquier usuario. Aunque como se acaba de comentar, el corpus está formado por muestra tanto de inglés hablado como de inglés escrito, es este último el que ocupa la mayor parte de los textos (aproximadamente el noventa por ciento). Esta muestra de inglés británico escrito está formada por material de naturaleza diversa, como artículos de periódicos, revistas, folletos, guiones y cartas. Y también por muestras de textos literarios (teatro, poesía y novela), cuya extensión suma un total de 15 909 312 palabras (44 975 palabras procedentes de obras de teatro, 219 409 de poemas y 15 644 928 de novelas). En el caso de textos en español, por su parte, puede mencionarse la Real Academia, que cuenta con varios corpus de estudio. El Corpus de Referencia del Español Actual (CREA), por ejemplo, cuenta, como el *BNC*, con un apartado de textos literarios. De forma más precisa, el CREA está formado por 154 millones de palabras, de las cuales un 49% procede de libros, otro 49% de artículos de prensa y un 2% de material misceláneo. Conviene destacar, sin embargo, que el apartado literario de corpus como el *BNC* o el CREA no suele ser objeto de estudio en análisis de estilística de corpus. En general, estos corpus accesibles al público tienen que ver más con estudios de lingüística de corpus —interesada también en la literatura, pues es parte de la lengua (véase apartado 1.1.1)— que con estudios de estilística de corpus. Esto es así fundamentalmente porque los estudios de estilística de corpus tienen una motivación teórica previa, en la que la obra de un autor concreto (o un grupo de autores) se examina con unos fines específicos. Es por eso que un corpus de estudio (en nuestro caso Galdós) o de referencia (en nuestro caso novelistas que compartieron plana con el autor canario) se construye en cada caso según el tipo de investigación que se quiera desarrollar. La construcción de estos corpus, como se ha comentado al inicio del capítulo, responde a parámetros concretos. De ellos nos ocupamos a continuación.

2.2. Principios para la elaboración de un corpus de estudio

En líneas generales, los principios que se aplican en la compilación de un corpus de estudio en un análisis de lingüística de corpus son los mismos que deben guiar la construcción de nuestra muestra de análisis en un estudio de estilística de corpus. Así, los textos incluidos deben ser, salvo que una limitación técnica lo impida o una motivación teórica específica indique lo contrario, muestras completas y no parciales; la elección de estos ha de estar debidamente justificada (y explicada), de tal suerte que quede demostrado que se trata de la mejor elección y no de una selección de textos que pretenden satisfacer una hipótesis determinada; y el etiquetado, si lo hubiera, debe almacenarse por separado para que no sea cuantificado como texto.[1] Sin embargo, en la construcción de las muestras de análisis de los estudios de estilística de corpus también existen una serie de principios propios que establecen una clara diferencia con la lingüística de corpus y la compilación de su material de análisis. Detenerse a explicar estos principios resulta fundamental, pues son los que resultan más decisivos a la hora de construir un corpus de estudio que permita un análisis estilístico cabal.

En primer lugar, cabe destacar que en los análisis de estilística de corpus las muestras de análisis suelen ser menos extensas que en los análisis de lingüística de corpus (Mahlberg 2013: 42). Esto es así porque un

1 Para una información más detallada sobre los principios que guían la compilación de un corpus de estudio en los estudios de lingüística de corpus en general, véase Sinclair (2005).

análisis de estilística de corpus, en su estudio de la obra de uno o varios autores, "also aims to pay attention to individual texts and text extracts" (Mahlberg 2013: 42). Naturalmente, este grado de concreción analítica incide en el modo en el que se construyen los corpus, pues estos deben posibilitar "not just the quantitative work normally associated with corpus linguistics but also the qualitative study of individual texts from the corpus, a type of analysis which is typical of stylistics" (Semino y Short 2004: 201). Para satisfacer el componente cualitativo y la especificidad analítica de la estilística de corpus, la muestra de textos que escojamos ha de ser más concreta —y por consiguiente menos extensa en general— que en un estudio de lingüística de corpus.

En segundo lugar, los textos que formen nuestro corpus deben escogerse atendiendo al objeto de análisis del estudio (cf. Semino y Short 2004: 39). Por ejemplo, si en nuestro análisis pretendemos examinar un rasgo estilístico en la producción de un autor, deberemos seleccionar textos de toda su bibliografía —si, por ejemplo, nuestro corpus está formado únicamente por textos de la etapa inicial o tardía, corremos el riesgo de analizar una fase con particularidades estilísticas determinadas. De la misma manera, si un autor se dedica a más de un género, habrá que ser consistente en la elección de textos que hagamos. Así, si se pretende analizar la lengua dramática de Shakespeare, no resulta muy acertado incluir sus sonetos en el corpus de estudio. O en el caso de Galdós, si el objeto de análisis es su lengua narrativa, no parece adecuado incluir su producción teatral, por escasa que esta sea. La muestra de texto que forme nuestro corpus de estudio, por tanto, debe ser coherente con el tipo de análisis que queremos llevar a cabo.

Por último, sobre el número de textos que debemos incluir en nuestro corpus, aunque no existe una fórmula que permita tomar una decisión al respecto, sí que podemos mencionar algunos aspectos que nos ayudarán a construir nuestra muestra de estudio de forma adecuada. De nuevo, el objeto de análisis juega un papel importante. Si vamos a analizar la obra de un autor, la construcción del corpus de estudio no debería plantear problemas: el corpus debe estar formado, si las circunstancias lo permiten, por toda su producción. En tales casos, un autor con una producción muy parca se materializará lógicamente en un corpus más reducido que un estudio sobre un autor de una producción extensa. En el caso de que nuestro corpus de estudio deba estar formado por textos de distintos autores (si queremos analizar rasgos estilísticos de un movimiento literario concreto, por ejemplo), deberemos buscar un equilibrio entre la representatividad de los autores. En otras palabras, si deseamos analizar el siglo XIX, no podemos incluir todos los *Episodios Nacionales* de Galdós (cincuenta y cinco novelas) y solo una novela de Emilia Pardo Bazán. En estos casos, además, debemos tener en cuenta asimismo la cantidad de texto (medida en número de palabras). Así, cuando las novelas de distintos autores sean muy dispares en cuanto a su extensión, la presencia de los distintos novelistas en un mismo corpus deberá medirse según la masa de texto que se incluye de cada uno y no con arreglo al número de obras incluidas, pues a veces tres novelas de un autor pueden ser menos extensas que una novela de otro.

Conviene matizar, antes de cerrar este apartado, que los aspectos que acaban de desgranarse se encuentran potencialmente sujetos a las limitaciones que pudieran existir derivadas de la disponibilidad de los textos (por cuestiones de derechos de autor, por ejemplo). Sirva como botón de muestra la investigación de Martínez Gamboa (2015) comentada en el apartado 1.2.3. Como él mismo detalla en su trabajo, para compilar su corpus de estudio de narrativa chilena de los siglos XIX y XX, este investigador recurrió no solo a repositorios digitales y a la base de datos literaria Memoria Chilena, sino que además tuvo que solicitar permisos a los autores de algunas obras (las más recientes, sujetas a derechos de autor) para incluirlas en su corpus. Aunque en este caso Martínez Gamboa consiguió los permisos necesarios para hacer uso de los textos (Martínez Gamboa 2015: 241), esto no siempre es posible, lo que dificulta el cumplimiento de los criterios que acaban de detallarse para construir un corpus de estudio equilibrado. Sobre este aspecto nos detendremos en el apartado 2.4, en donde explicaremos cuestiones relacionadas con la utilización de textos protegidos por derechos de autor. Si dejamos, por el momento, las consideraciones de tipo legal a un lado, los aspectos que acaban de detallarse son la base sobre la que debe construirse cualquier muestra de análisis de un estudio de estilística de corpus. Estos aspectos, como se ha podido comprobar, planteas diferencias sustanciales con respecto a la compilación de un corpus en los estudios de lingüística de corpus (cf. Atkins, Clear y Ostler 1991; Sinclair 2005) y revelan las claves que deben guiar la creación de una muestra de estudio que permita un análisis estilístico cabal.

2.2.1. Nuestro corpus de estudio

Como acaba de comentarse al comienzo del apartado anterior, la elección del corpus de estudio ha de estar debidamente justificada, con el fin de demostrar que se trata de la mejor elección para llevar a cabo el análisis que se pretende realizar. Precisamente por eso, resulta necesario detenerse a explicar las razones y las decisiones detrás de la elección del corpus de estudio que empleamos en este libro.

El motivo principal para escoger a Galdós como objeto de análisis del presente estudio tiene que ver fundamentalmente con que se trata de uno de los novelistas españoles más laureados de siempre —quizá solo por detrás de Cervantes. Galdós fue, además, un escritor muy prolijo, con más de setenta novelas en su haber. Este hecho hace que se trate de un autor ideal para ser analizado con herramientas de corpus, pues cabe esperar que estas revelen aspectos de su prosa que hasta ahora han pasado desapercibidos y que ayuden a una mejor comprensión de su estilo. Además, pertenece a una de las épocas doradas de la novela española: el Realismo. Este hecho hace posible que su obra pueda compararse con la de sus contemporáneos a través de la creación de un corpus de referencia (véase apartado 2.3.1), lo que permitirá descubrir rasgos que podremos denominar galdosianos por oposición a la pléyade de autores con los que compartió plana.

En concreto, los textos que forman el corpus de estudio de Galdós (que por cuestiones de operatividad denominaremos también CorBPG) se han recopilado del repositorio digital de la Biblioteca Virtual Miguel de Cervantes (s.f.). Como ya se ha comentado, la calidad de la versión digitalizada de los textos está garantizada, pues la Biblioteca cuenta con un consejo científico que avala el rigor de los materiales alojados en el repositorio. En el caso de Galdós, toda su producción literaria se encuentra digitalizada. Para llevar a cabo este análisis, sin embargo, se ha seleccionado su obra narrativa, con una extensión de casi seis millones y medio de palabras, como se muestra en la tabla 2.1. En total, CorBPG está formado por 89 novelas.[2]

2 Para una información pormenorizada de las novelas que forman el corpus, véase el apéndice 1.

Tabla 2.1 Resumen de novelas incluidas en CorBPG

Novelas	*Novelas*
Episodios Nacionales. Primera serie	967 310
Episodios Nacionales. Segunda serie	640 865
Episodios Nacionales. Tercera serie	759 545
Episodios Nacionales. Cuarta serie	774 255
Episodios Nacionales. Quinta serie	433 611
Novelas serie primera época	683 376
Novelas serie contemporánea	2 184 747
Total palabras	6 443 709

Las razones para haber escogido este corpus tienen que ver con el propósito del estudio. Puesto que este libro pretende ilustrar cómo se implementa un estudio de estilística de corpus en el marco de la producción de un autor, lo más adecuado parece ser incluir toda su obra. Sin embargo, dado que Galdós escribió tanto prosa como teatro, hemos hecho una selección lo más coherente posible. Esta es la razón por la que hemos descartado su producción teatral. Por una cuestión de homogeneidad, además, tampoco hemos incluido su narrativa breve, por no tratarse de novelas propiamente dichas. Por último, como se desprende de la masa de texto total (6 443 709 palabras), el corpus está formado por novelas completas. Esto nos permitirá realizar un estudio más sólido que si hubiéramos incluido fragmentos de estas, como ocurre, por ejemplo, en el único estudio computacional sobre Galdós llevado a cabo hasta ahora (Irizarry 1997), formado por muestras de alrededor de cinco mil palabras del inicio de veintisiete novelas (c. 135 000 palabras en total).

En suma, este corpus sigue los principios descritos en el apartado anterior, lo que permite un estudio cabal y completo del estilo narrativo de Galdós. Sin duda, CorBPG plantea un desafío para el investigador, pues los más de seis millones de palabras que forman el corpus abren vías de análisis hasta ahora no exploradas que pueden —confiamos mostrar que así es— arrojar nueva luz sobre el estudio de la figura del autor canario desde una perspectiva novedosa, descubriendo hábitos de su estilo en los que no se ha reparado con anterioridad pero que pueden desempeñar funciones importantes desde un punto de vista literario.

2.3. Principios para la elaboración de un corpus de referencia

Un corpus de referencia sirve para comparar y para reforzar las conclusiones que se extraen del procesamiento del corpus de estudio. Se trata fundamentalmente de una muestra de texto que nos permite calibrar la representatividad de lo que hemos encontrado en nuestro corpus de estudio mediante una comparación con una serie de textos que, por su naturaleza, admiten un tratamiento similar a los del corpus de estudio. Como comentábamos en el apartado 1.3, la comparación es un elemento clave en los estudios de estilística de corpus. Es por ello que la compilación de un corpus de referencia constituye un aspecto de importancia cardinal en este tipo de análisis.

Construir un corpus de referencia, sin embargo, no es un asunto sencillo. La literatura específica, de hecho, admite las dificultades que existen para dirimir esta cuestión. Culpeper, por ejemplo, sostiene que "(t)here is no magic formula" (Culpeper 2002: 15) para construir un corpus de referencia, mientras que Mahlberg, más de diez años más tarde, vuelve a incidir en que "(f)inding an appropriate general purpose corpus [...] is not a straightforward matter" (Mahlberg 2013: 9). De lo que no hay duda, sin embargo, es de que un corpus de referencia mal construido puede invalidar las conclusiones que extraigamos. En este sentido, aunque no existe una relación concreta de criterios que se puedan aplicarse con exactitud, la compilación de los corpus de referencia siempre suele regirse por dos claves que facilitan la tarea enormemente: la representatividad de la muestra y la pertinencia de los textos.

Por un lado, la representatividad tiene que ver con que la muestra de referencia sea lo suficientemente extensa como para que admita una comparación con el objeto de estudio. Dicho de otro modo, el corpus de referencia se construye "to represent 'typical' patterns of use, making it possible to empirically identify distinctive linguistic patterns in the target corpus that depart from those typical patterns" (Biber 2011: 16). Un corpus de referencia formado por poco texto no puede considerarse una muestra representativa que admita una comparación con el corpus de estudio. Es cierto, naturalmente, que "representativeness can only ever be an approximation, [pues] corpora cannot provide 'absolute' norms, but provide 'relative' norms instead" (Mahlberg 2013: 9–10). En este sentido, para que un corpus de referencia sea representativo debe tener, si las circunstancias lo permiten, al menos una extensión similar al corpus de estudio. Un corpus de referencia de la misma extensión que el corpus de estudios es, al menos teóricamente, una muestra de análisis susceptible de arrojar información similar a la obtenida en el corpus de estudio. Sin embargo, no siempre es posible conseguir una muestra de referencia de la misma extensión que el corpus de estudio —por ejemplo, por cuestiones de derechos de autor; o en aquellos casos en los que se compara la producción de dos autores y la obra del segundo es menos prolija que la del primero (una comparación entre la prosa de Galdós y Clarín, por ejemplo). En tales casos, siempre deberá tenderse a construir una muestra lo más extensa posible, de manera que el corpus de referencia se asemeje lo máximo posible a una muestra absoluta de la masa de texto que hemos escogido para llevar a cabo nuestra comparación.

En cuanto a la pertinencia de los textos, por otro lado, esta resulta igualmente importante para no desvirtuar la comparación. Un corpus de referencia debe ser, ante todo, "adequate for the purpose they are to serve" (Mahlberg 2013: 9). Al igual que ocurre con la compilación del corpus de estudio, la naturaleza del análisis que se realice habrá de guiar la toma de decisiones a la hora de compilar el corpus de referencia. Como señala Culpeper (2009: 35), "a set of data which has no relationship whatsoever with the data to be examined is unlikely to reveal interesting results regarding the stylistic characteristics of that data". Aunque pueda resultar una obviedad incidir en ello, en un estudio de estilística de corpus la muestra que se toma como referencia tiene que ser literaria. Además, esta deberá adaptarse a la naturaleza de los textos del corpus de estudio: el corpus de estudio deberá estar formado por textos del mismo género, de la misma época (salvo que se trata de un estudio diacrónico), de un mismo movimiento literario, etc. Si seguimos estos preceptos, seremos capaces de construir una muestra de texto que admita una comparación estilística cabal con nuestro corpus de estudio.

En suma, aunque "(t)he issue of reference corpus selection is far from decided" (Scott y Tribble 2006: 65), lo cierto que es los principios de representatividad y de pertinencia de los textos nos ofrecen ciertas garantías para que la comparación a la que sometamos los resultados obtenidos con nuestro corpus de análisis no esté desvirtuada. Por lo demás, conviene mencionar que las pautas técnicas que se siguen en la construcción de un corpus de referencia son las mismas que se aplican en la compilación de cualquier corpus: que los textos sean en la medida de lo posible muestras completas y no parciales, que el etiquetado se almacene por separado o que la selección de textos escogidos se justifique para demostrar que se trata de la mejor elección posible para llevar a cabo la comparación. Como ejemplo, a continuación explicamos el corpus de referencia empleado en este libro, así como las decisiones que hemos tomado para realizar la selección de textos.

2.3.1. Nuestro corpus de referencia

El corpus de referencia que hemos construido para calibrar la representatividad de los resultados obtenidos en nuestro corpus de estudio está formado fundamentalmente por novela decimonónica española. En concreto, nuestro corpus (al que en adelante nos referiremos también como CorXIX) lo conforman setenta y nueve novelas de ocho autores diferentes: Pedro Antonio de Alarcón, Vicente Blasco Ibáñez, Leopoldo Alas "Clarín", Luis Coloma, Armando Palacio Valdés, Emilia Pardo Bazán, José María de Pereda y Juan Valera. La masa de texto de las setenta y nueve novelas asciende a 6 184 865 palabras, alcanzando una extensión similar a la de CorBPG. En la tabla 2.2 se muestra un resumen de la presencia de cada autor en el corpus.[3]

Tabla 2.2 Resumen de novelas incluidas en CorXIX

Autor	*Núm. novelas incluidas*	*Palabras*
Pedro Antonio de Alarcón	4	186 039
Vicente Blasco Ibáñez	12	1 191 131
Leopoldo Alas "Clarín"	2	399 765
Luis Coloma	7	526 070
Armando Palacio Valdés	4	375 981
Emilia Pardo Bazán	20	1 294 616
José María de Pereda	19	1 550 494
Juan Valera	11	660 769
Total	79	6 184 865

3 Para una información pormenorizada de las novelas que forman el corpus de referencia, véase el apéndice 2.

Naturalmente, esta selección se ha llevado a cabo teniendo en cuenta las nociones representatividad y de pertinencia comentadas en el apartado anterior. Por un lado, hemos buscado una muestra de textos lo suficientemente extensa como para que admita una comparación con la producción novelesca de Galdós. Es por ello que se ha escogido un corpus de aproximadamente la misma extensión que el corpus de estudio. En cuanto a la pertinencia de los textos, por otro lado, todas las obras incluidas en el corpus de referencia pertenecen al género narrativo y fueron publicadas en un espacio de tiempo similar al de las novelas de Galdós. Conviene incidir, eso sí, en la presencia desigual de cada autor en CorXIX. Este desequilibrio se debe al distinto grado de prolijidad de cada novelista. En otras palabras, autores con una producción más reducida, como Clarín, gozan de menos peso en el corpus que otros más prolijos, como Pardo Bazán. Cabe señalar, asimismo, que en el caso de aquellos autores con una producción más extensa (José María de Pereda, por ejemplo), se ha hecho una selección de como mucho veinte títulos de su bibliografía, de tal suerte que las diferencias entre los distintos autores no sean excesivamente acusadas. Esta selección, además, está indefectiblemente marcada por la disponibilidad de los textos en la Biblioteca Virtual Miguel de Cervantes. Dicho de otro modo, las obras que no se han incluido no han sido necesariamente descartadas de forma deliberada, sino que no han podido ser integradas en el corpus de referencia por no encontrarse digitalizadas en el repositorio que hemos utilizado.

Teniendo en cuenta las limitaciones de la Biblioteca Virtual Miguel de Cervantes y adaptándonos a las nociones de representatividad y pertinencia que acaban de ser comentadas, un corpus de referencia como CorXIX, formado por setenta y nueve novelas decimonónicas españolas de ocho autores y más de seis millones de palabras, constituye una muestra lo suficientemente sólida como para poder realizar una comparación cabal de los resultados obtenidos en el corpus galdosiano y establecer su representatividad desde un punto de vista estilístico.

Por último, además de a CorXIX, también debemos hacer referencia a otro corpus de referencia que emplearemos en la segunda parte del libro. Puesto que el análisis del capítulo 6 gira en torno a las concomitancias estilísticas entre Galdós y Dickens, hemos construido un segundo corpus de referencia con la producción narrativa de Charles Dickens. Para elaborar este corpus, hemos hecho una selección de entre su variada producción: a sus quince novelas (incluyendo la inacabada *The Mystery of Edwin Drood*), hay que añadir cinco cuentos de navidad (*A Christmas Carol*, *The Chimes*, *The Cricket on the Hearth*, *The Battle of Life* y *The Haunted Man*), varias historias cortas (recogidas en *Sketches by Boz*), dos libros de viaje (*American Notes for General Circulation* y *Pictures from Italy*), una historia de Inglaterra (*A Child's History of England*) y otra religiosa (*The Life of Our Lord*) —ambas escritas para niños— y una gran cantidad de contribuciones de carácter misceláneo, recogidas en *The Uncommercial Traveller* y, sobre todo, en sus *Household Words* y *All the Year Round* (cf. Hawes 2007: 17). De entre todo este material, su exégesis suele girar en torno a un máximo de veintitrés trabajos: los *Sketches by Boz*, sus cinco cuentos de navidad, *American Notes for General Circulation*, *The Uncommercial Traveller* y, naturalmente, las quince novelas. Estos veintitrés textos conforman, de hecho, el material de estudio de los análisis de corpus de Hori (2004) y Mahlberg (2013), a los que ya nos hemos referido en el apartado 1.2.2. El precedente teórico que suponen ambas investigaciones justificaría la elección de estos veintitrés títulos como corpus de referencia en este libro. Sin embargo, para comparar la narrativa de Galdós con la de Dickens parece conveniente prescindir de algunos de estos trabajos. En concreto, hemos optado por no incluir en el corpus tanto *The Mystery of Edwin Drood* —por su carácter inconcluso— como sus trabajos menores: los *Sketches by Boz*, sus cinco cuentos de navidad, *American Notes for General Circulation* y *The Uncommercial Traveller*. Esta selección obedece a la noción de pertinencia comentada anteriormente. Así, se ha optado por la compilación de un corpus de referencia lo más homogéneo posible, en el que no hay trabajos inacabados ni textos ajenos al género novelesco. El corpus de referencia de Dickens (en adelante también llamado CorCD), por tanto, está formado por las catorce novelas completas canónicas del autor, que se muestran en la tabla 2.3. El volumen de texto de estas catorce novelas asciende a 3 809 387 palabras. Todas han sido descargadas del repositorio digital Proyecto Gutenberg.

Tabla 2.3 Novelas incluidas en CorD14

Título	*Palabras*
Pickwick Papers	307 401
Oliver Twist	160 308
Nicholas Nickleby	329 201
The Old Curiosity Shop	220 612
Barnaby Rudge	258 569
Martin Chuzzlewit	343 316
Dombey and Son	361 766
David Copperfield	361 761
Bleak House	360 181
Hard Times	105 071
Little Dorrit	343 459
A Tale of Two Cities	137 503
Great Expectations	187 544
Our Mutual Friend	332 343
Total	3 809 387

2.4. Consideraciones legales

Finalmente, más allá de las pautas específicas que deben seguirse en la compilación de un corpus de estudio o de un corpus de referencia, en la construcción de cualquier muestra de texto también se deben tener en cuenta consideraciones de tipo legal, pues existen limitaciones que influyen directamente en la selección de textos (cf. McEnery y Hardie 2012: 57 y ss.). En el caso concreto de los estudios de estilística de corpus, estas limitaciones tienen que ver fundamentalmente con los derechos de autor, claves a la hora de descargar cualquier obra digitalizada, procesarla o difundirla (mediante la cita de ejemplos en una publicación científica, por ejemplo). En este apartado nos ocupamos de cómo los derechos de autor influyen sobre estas cuestiones, al tiempo que detallamos las excepciones que existen y de las que se puede beneficiar cualquier investigador que desee llevar a cabo un estudio de estilística de corpus. Huelga decir que este apartado se ha construido partiendo desde nuestra versión occidental del asunto —las leyes y sobre todo lo que se considera más o menos ético varía en distintos puntos del mundo— y, de forma más precisa, desde nuestra posición en España, país en el que desarrollamos nuestra investigación y de donde son originarios los textos que analizamos.

2.4.1. *Derechos de autor*

Los derechos de autor son tal vez el arma más importante en la protección de la propiedad intelectual de los autores de creaciones intelectuales. Su objetivo es fijar límites para solucionar conflictos de intereses entre los autores y quienes hacen uso de sus creaciones, ya sean explotadores (los intermediarios, por ejemplo) o los propios ciudadanos que las consumen (Bondía 2007). En el caso concreto de los estudios de estilística de corpus, dado que el uso de textos en formato electrónico es un requisito indispensable para llevar a cabo un análisis, los derechos de autor constituyen un aspecto de importancia cardinal, pues influyen directamente en la muestra de texto que analizamos (nuestro corpus de estudio) o la que utilizamos para comparar los resultados obtenidos (nuestro corpus de referencia).

En el caso de España, la legislación vigente se basa en el modelo del sistema jurídico latino-continental, que tiene su origen en el derecho francés y en el germánico. Este sistema está constituido por una serie de principios que regulan los derechos morales y patrimoniales de los que cualquier autor goza por la creación de una obra artística o científica. Los derechos morales, por un lado, se refieren al derecho personal que reconoce el vínculo entre el autor y su obra. No son transferibles, son irrenunciables y no tienen limitación en el tiempo. El más importante es tal vez el derecho de paternidad (reconocimiento de la condición de autor de una creación). Los derechos patrimoniales, por otro lado, son los que regulan la explotación de las obras. Se suelen distinguir cuatro: el derecho de reproducción, el de distribución, el de comunicación pública y el de transformación (en el caso de una obra literaria, su traducción, por ejemplo) (Fernández Molina 2010: 43). Para compilar un corpus debemos prestar atención, sobre todo, a los derechos patrimoniales, pues los fija la ley y tienen una duración determinada. En cada país funcionan de una manera.[4] En el caso de España, los derechos patrimoniales se regulan según la Ley de Propiedad Intelectual, que aparece en el Texto Refundido de la Ley de Propiedad Intelectual (en adelante, TRLPI).[5] Según el TRLPI,

4 En el ámbito internacional, el sistema americano y el europeo son los más importantes. Para un breve resumen de su funcionamiento en relación con el mercado digital, véase Rengifo García (2016: 36–47).

5 Véase Real Decreto Legislativo 1/1996, de 12 de abril, por el que se aprueba el texto refundido de la Ley de Propiedad Intelectual, regularizando, aclarando y armonizando las disposiciones legales vigentes sobre la materia.

los derechos de explotación de una obra comienzan cuando el trabajo ha sido plasmado en un soporte tangible, continúa durante la vida del autor y siguen vigentes, con carácter general, durante los setenta años siguientes a su fallecimiento.[6] Transcurridos estos setenta años, la obra pasa a ser de dominio público y puede hacerse un uso libre de ella en términos de reproducción, distribución, comunicación pública y transformación sin necesidad de compensar a su autor. En el caso de los estudios de estilística de corpus, esto se materializa en una libertad absoluta a la de hora de compilar nuestras muestras de análisis. Esta es, de hecho, "one of the reasons for preferring older works in corpus stylistics to more recent ones" (Fischer-Starcke 2010: 30), sobre todo en el caso de autores canónicos, cuya producción suele digitalizarse e incorporarse a repositorios digitales debido a su interés público. Tanto Galdós como los autores que forman nuestro corpus de referencia que acaban de mencionarse en el apartado anterior son un buen ejemplo de ello. Trabajar con estos autores supone una clara ventaja desde un punto de vista metodológico, pues no existe peligro de infringir derechos de autor y tanto descargar como procesar y difundir sus textos no plantea problema alguno.

Hasta que transcurre ese tiempo, sin embargo, la vigencia de los derechos patrimoniales supone un obstáculo a la hora de trabajar con las versiones digitalizadas de los textos. Sin embargo, esto no significa que no puedan llevarse a cabo estudios de corpus con autores cuya obra se encuentra protegida por derechos de autor. De hecho, existen excepciones en el marco de los derechos patrimoniales que permiten un uso relacionado con la investigación. En el caso de la estilística de corpus, estas excepciones hacen posible compilar muestras de texto protegidas y hacer un uso ético de estas —procesarlas, analizarlas y difundir sus resultados— sin violar la legislación vigente. Aunque en este libro no hemos necesitado recurrir a ellas, a continuación nos ocupamos de estas excepciones.

6 Para obtener una información más precisa sobre la duración de los derechos patrimoniales, se recomienda leer el texto completo de del TRLPI, pues en él se abordan todas las dimensiones que deben tenerse en cuenta a la hora de computar los plazos, desde la naturaleza de la obra —creaciones anónimas, pseudónimas, colectivas, aquellas publicadas en fascículos, etc.— hasta la fecha en la que se comienza a contar cada plazo —normalmente desde el 2 de enero del año siguiente al fallecimiento del autor o divulgación de la obra, según proceda.

2.4.2. *Excepciones en los derechos de autor*

Las excepciones en torno a los derechos de autor de cualquier creación existen por la necesidad de "conseguir un equilibrio entre los intereses de los autores, los de los explotadores comerciales de las obras (editores, productores, distribuidores) y los de los ciudadanos en general" (Fernández Molina 2010: 45). Estas excepciones "permiten la accesibilidad a la obra y facilitan el desarrollo de la investigación y del conocimiento" (Ramos Simón 2002: 260). Para hablar de las excepciones en los derechos de autor en el sistema español necesitamos incidir en la diferencia entre los dos modelos jurídicos sobre los que se construyen los propios derechos en general: aquellos que, como el sistema norteamericano, "adoptan la doctrina del *fair use*, de acuerdo con la cual cada caso debe analizarse en concreto para determinar si el uso dado a la obra es considerado como una infracción al derecho de autor" (Herrera Sierra 2015: 59) y los que "contemplan una enumeración taxativa de las excepciones o circunstancias que admiten el uso de las obras sin autorización del autor, como sucede en los países de la Unión Europea" (Herrera Sierra 2015: 59). España se incluye en este último. En concreto, el TRLPI "establece una lista cerrada y restrictiva de límites o excepciones" (Sancho Gargallo 2011: 241). Estos aparecen descritos entre los artículos 31 a 40 de la Ley de Protección Intelectual y recogen usos excepcionales relacionados con la investigación, como el artículo 31 ("Reproducciones provisionales y copia privada") o el 32 ("Citas y reseñas e ilustración con fines educativos o de investigación científica"). El uso de textos protegidos por derechos de autor en estudios de estilística de corpus se puede amparar en estos artículos sin necesidad de infringir la ley.

El problema, más que con el uso de los textos, reside en su difusión —alojar nuestros corpus en un espacio accesible para el usuario, por ejemplo—, pues la aparición y desarrollo del entorno digital ha creado un escenario desprovisto de un marco legal que regule este tipo de cuestiones. Como sostiene Fernández Molina, a pesar de haber sido objeto de una importante reforma en 2006, la LPI "sigue manteniendo una clara filosofía pre-digital" (Fernández Molina 2010: 48). El hecho de que siga sin existir un sistema que regule la gestión digital de los derechos de autor, vital en la construcción del mercado de información electrónica (Ramos Simón 2002: 266), dificulta enormemente las tareas de preservación digital (Fernández Molina y Chaves Guimarães 2007) y todo lo que se deriva de ellas, como los estudios de estilística de corpus. En el caso concreto de los problemas que pueden surgir a raíz de la difusión de los textos, algunos especialistas sugieren adoptar el *fair use* (uso honrado) empleado en el sistema americano.[7] Como señala Córdoba, el "*fair use* se ha presentado como una figura que favorece la libre utilización de obras protegidas, cuando dicho uso es de carácter educativo o investigativo" (Córdoba 2012: 437). En un mundo globalizado y caracterizado por el creciente uso de las tecnologías de la información, el uso honrado "constituye una cláusula abierta, que aporta mayor flexibilidad, frente al sistema continental asumido por el legislador español, que opta por la técnica de una lista de supuestos, respecto de las excepciones al derecho de autor, en busca de una supuesta mayor seguridad jurídica" (Sancho Gargallo 2011: 248). Desde el punto de vista de la difusión de los textos, este modelo aliviaría la inflexibilidad del sistema actual y permitiría un mayor grado de armonización con respecto a la legislación de otros países. Sin embargo, el fin académico, aunque no tenga ánimo de lucro, puede no ser suficiente para justificar la difusión de un texto en aquellos casos en los que se evidencia un efecto negativo en los intereses económicos o comerciales del autor de la obra (Córdoba 2012: 437). Esa puede ser de hecho, una de las razones por las que no se adopta el uso honrado en España, pues la legislación protege, por encima de todo, los intereses del creador. Sirva como ejemplo el artículo 40bis de la LPI, que cierra el capítulo de los límites de los derechos de autor descrito en los artículos 31 a 40 mencionados más arriba:

> Artículo 40 bis. Disposición común a todas las del presente capítulo.
>
> Los artículos del presente capítulo no podrán interpretarse de manera tal que permitan su aplicación de forma que causen un perjuicio injustificado a los intereses legítimos del autor o que vayan en detrimento de la explotación normal de las obras a que se refieran.

7 El *fair use* nace en Estados Unidos. En concreto, se menciona al comienzo de la Sección 107 del *Copyright Act* de 1976: "*the fair use of a copyrighted work [...] for purposes such as criticism, comment, new reporting, teaching [...] scholarship, or research, is not an infringement of copyright.*" Para una información más detallada, véase Herrera Sierra (2015: 69).

Siendo el interés comercial un interés legítimo de cualquier autor, la introducción del uso honrado podría entrar en conflicto con esta disposición de la LPI.

En definitiva, parece claro que utilizar determinados textos en un estudio de estilística de corpus puede plantear problemas de tipo legal. Tal vez por ello, como comentábamos en el apartado anterior, este tipo de análisis suele llevarse a cabo con autores clásicos, cuyos trabajos no se encuentran protegidos por derechos de autor y ni su uso ni su difusión plantean problemas de tipo legal. Además de por una motivación filológica incuestionable, esta es, de hecho, una de las razones por la que hemos escogido a Galdós para llevar a cabo nuestro estudio.

Capítulo 3. Herramientas para el procesamiento de textos

Junto a la muestra de texto que se analiza, el otro gran eje sobre el que se articula la metodología de cualquier análisis de estilística de corpus es el de las herramientas que se emplean para llevar a cabo el estudio (Hardy 2003: 10). Estas herramientas permiten obtener muestras de análisis asépticas, es decir, generadas sin nuestra interferencia como investigadores (Fischer-Starcke 2010: 16). Naturalmente, esto no significa que la interpretación que se hace de los resultados sea objetiva o no esté influida por nuestra experiencia previa. En el caso de este libro, por ejemplo, el ingente caudal crítico que existe en torno a la novela realista en general y a la figura del propio Galdós en particular hace que resulte imposible acercarse sin una idea preconcebida a los resultados que se puedan extraer gracias a la ayuda de herramientas de este tipo. Sin embargo, sí que es cierto que los datos que estas herramientas rescatan no están tamizados por el enfoque del investigador. Esa es una de las grandes ventajas de los estudios de estilística de corpus con respecto a la estilística tradicional. En efecto, el desarrollo de las herramientas para procesar corpus ha posibilitado que la crítica literaria haya reparado en "subtleties and complexities that may otherwise have been missed or overlooked" (Fischer-Starcke 2010: 56) debido a su dispersión en el texto.

En este capítulo nos ocupamos de estas herramientas. Nos centraremos en las dos grandes opciones a disposición del investigador a la hora de procesar los textos. La menos habitual, por sus limitaciones, es la de acudir a sitios web de bancos de datos que tienen integradas herramientas de análisis (apartado 3.1). Por otro lado, la opción más frecuente en los estudios de estilística de corpus es la de utilizar *softwares* especializados independientes, con los que podemos procesar corpus que nosotros mismos hemos creado (apartado 3.2). Estos *softwares* suelen compartir una serie de funciones —listas de palabras, concordancias o palabras claves— que se utilizan habitualmente como eje metodológico sobre el que se construyen los análisis. De estas funciones también nos ocupamos en este capítulo (apartado 3.2.1). En concreto, utilizaremos la herramienta

WordSmith Tools para explicar el funcionamiento de cada opción, pues el *software* que hemos empleado para llevar a cabo nuestro análisis en la segunda parte del libro. Por último, aunque no se trate de una herramienta de análisis textual, abordaremos la anotación —manual y automática— de los corpus (apartado 3.3), pues es una opción de análisis habitual en los estudios de estilística de corpus para la que también existen *softwares* específicos.

3.1. Herramientas integradas en sitios web

En general, el desarrollo de los estudios de lingüística de corpus se ha traducido en la creación de grandes bancos de datos que se ponen a disposición de la comunidad científica —o de cualquier usuario— en sitios web para que quien quiera pueda hacer sus propias consultas. Estos sitios web incorporan habitualmente herramientas que permiten trabajar con los textos. Un ejemplo claro es el *British National Corpus* (*BNC*), comentado ya en el apartado 2.1.3. Como se puede observar en la ilustración 3.1, la interfaz que se ofrece al usuario tiene ubicados un cajón de búsqueda y distintas opciones —*list*, *chart*, *collocates*, *compare* y *KWIC* (*Key words in context*)— que permiten procesar los textos de forma variada. La opción *list*, por ejemplo, permite recuperar, en una lista, todos los ejemplos de una palabra o una construcción determinada; la opción *chart* hace posible ver cómo esa palaba o construcción se distribuye por el corpus en las diferentes categorías; la opción *collocates* permite descubrir con qué palabras se asocia de manera más frecuente la palabra o la construcción que estemos buscando; la opción *compare* permite comparar simultáneamente dos palabras o construcciones y ver con qué otras palabras se asocian; por último, la opción *KWIC* (*Key Words in Context*; palabras clave en contexto) permite observar patrones de uso de una palabra determinada aparece, alineando los ejemplos según los términos con los que se asocia. Puesto que el *BNC* tiene un apartado dedicado exclusivamente a textos literarios (opción "fiction" en el desplegable que se puede advertir en la ilustración 3.1), todas estas opciones se pueden emplear para realizar pesquisas específicas y obtener información que de otro modo no podríamos localizar.

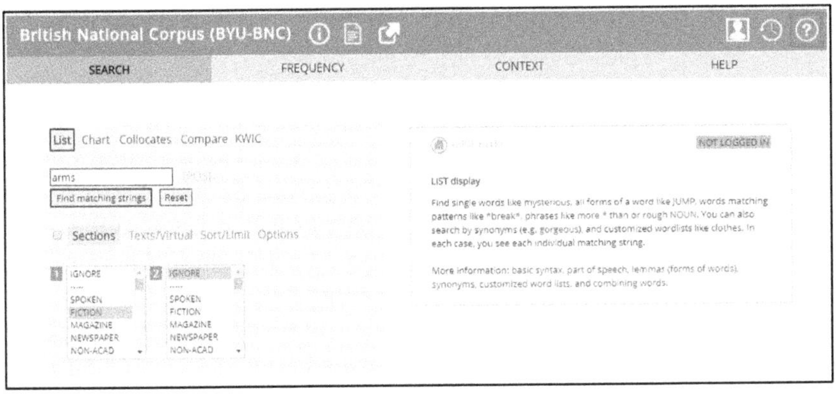

Ilustración 3.1 Captura de pantalla de la interfaz principal del *British National Corpus*

Estas herramientas, sin embargo, presentan limitaciones desde un punto de vista analítico. Fundamentalmente por dos razones. La primera y más importante tiene que ver con que los textos con los que trabajamos únicamente pueden ser los que aparecen alojados en el sitio web. En el caso del *BNC*, como ya se comentó en el apartado 2.1.3, la sección literaria es un conjunto de fragmentos de novelas, obras de teatro y poemas del siglo XX, por lo que es difícil que esta muestra de texto satisfaga nuestras necesidades. En segundo lugar, las propias herramientas a disposición del usuario suelen ofrecer un abanico de posibilidades de análisis limitado, pues suelen estar basadas en motores de búsqueda que no permiten realizar acciones que impliquen algo más de sofisticación, como ofrecer información de tipo estadístico o combinar resultados de más de un corpus. Estas herramientas, por tanto, tienen más una utilidad ilustrativa o descriptiva que un potencial analítico real desde un punto de vista literario.

Es cierto, no obstante, que con el desarrollo de la estilística de corpus han surgido repositorios de textos literarios con herramientas creadas *ad hoc* que permiten llevar a cabo análisis estilísticos y desempeñar algunas funciones que antes solo encontrábamos en *softwares* independientes. Aunque estos sitios web plantean el mismo problema de no poder trabajar con los textos que queramos sino con los que ellos nos ofrecen, las herramientas que ponen a disposición del usuario muestran un nivel de refinamiento mucho mayor. La aplicación *CLiC* (*Corpus Linguistics in Cheshire*) es un ejemplo paradigmático.

3.1.1. CLiC (Corpus Linguistics in Cheshire)

CLiC (*Corpus Linguistics in Cheshire*) es una aplicación web (http://clic.bham.ac.uk/) desarrollada en el marco del proyecto *CLIC Dickens*, al que ya nos hemos referido en el apartado 1.2.2. En concreto, el propósito de este proyecto es el de demostrar cómo la estilística de corpus puede utilizarse para analizar la caracterización de los personajes de textos literarios. Esta es, de hecho, la razón por la que han desarrollado una herramienta propia capaz de procesar los textos de un modo similar a cualquier *software* de lingüística de corpus del mercado y también el motivo por el que cada vez aparecen más textos literarios alojados en la web a disposición de los usuarios. Así, lo que en principio fue un repositorio de la obra de Dickens y una selección de veintinueve novelas decimonónicas inglesas, ahora ha incorporado setenta y un libros de literatura infantil y cuenta incluso con un apartado llamado "ArTs – Additional Requested Texts" (petición de textos adicionales) en el que se van incorporando textos que los usuarios solicitan. En el momento en el que escribimos este libro, el número de novelas incorporadas es de veintitrés. El objetivo del proyecto *CLIC Dickens* es hacer un portal cada vez más extenso al que la comunidad científica pueda acudir para llevar a cabo análisis estilísticos de textos literarios.

Todos los textos alojados en *CLiC* están anotados según cuatro etiquetas —*quotes*, *non-quotes*, *long suspensions* y *short suspensions*—, lo que ofrece una ventaja desde el punto de vista analítico sobre el resto de *softwares* del mercado en el análisis de esos mismos textos. La etiqueta *quotes* (citas) se aplica a todo el texto que aparece entre comillas (fundamentalmente discurso verbal de los personajes, pero también sus pensamientos o incluso canciones). Por ejemplo:[1]

> (1) "*And on what evidence, Pip*," asked Mr. Jaggers, very coolly, as he paused with his handkerchief half way to his nose, "*does Provis make this claim?*"
>
> "*He does not make it*," said I, "*and has never made it, and has no knowledge or belief that his daughter is in existence.*"
>
> For once, the powerful pocket-handkerchief failed. My reply was so unexpected that Mr. Jaggers put the handkerchief back into his pocket without completing the usual

1 Ejemplos extraídos del manual del usuario de CLiC. Accesible en: https://www.birmingham.ac.uk/Documents/college-artslaw/elal/clic/CLiC-1-6-1-documentation-2017-11-29.pdf (consultado por última vez el 1 de marzo de 2020).

performance, folded his arms, and looked with stern attention at me, though with an immovable face.

(Charles Dickens; *Great Expectations*; capítulo 51)

Por su parte, la etiqueta *non-quotes* (narración) se refiere a todo lo que no es una cita, es decir, a la voz del narrador. Por ejemplo:

(2) "And on what evidence, Pip," *asked Mr. Jaggers, very coolly, as he paused with his handkerchief half way to his nose,* "does Provis make this claim?"

"He does not make it," *said I,* "and has never made it, and has no knowledge or belief that his daughter is in existence."

For once, the powerful pocket-handkerchief failed. My reply was so unexpected that Mr. Jaggers put the handkerchief back into his pocket without completing the usual performance, folded his arms, and looked with stern attention at me, though with an immovable face.

(Charles Dickens; *Great Expectations*; capítulo 51)

Finalmente, las etiquetas *long suspensions* (suspensions largas) y *short suspensions* (suspensiones cortas) se refieren a unas circunstancias concretas dentro de la voz del narrador (*non-quotes*). Las suspensiones son interrupciones del habla de los personajes por parte del narrador. La etiqueta *long suspensions* (suspensions largas), por un lado, se utiliza para anotar interrupciones de cinco o más palabras. Por ejemplo:

(3) "And on what evidence, Pip," *asked Mr. Jaggers, very coolly, as he paused with his handkerchief half way to his nose,* "does Provis make this claim?"

(Charles Dickens; *Great Expectations*; capítulo 51)

La etiqueta *short suspensions* (suspensiones cortas), por otro lado, se utiliza con interrupciones de hasta cuatro palabras.

(4) "He does not make it," *said I,* "and has never made it, and has no knowledge or belief that his daughter is in existence."

(Charles Dickens; *Great Expectations*; capítulo 51)

La razón por la que las novelas alojadas en *CLiC* aparezcan etiquetadas de este modo tiene que ver con que Dickens fue el primer autor cuya obra se analizó de forma metódica con este *software* y las suspensiones son un elemento clave de su estilo (Lambert 1981). Sin embargo, el análisis de estas unidades lingüísticas ha revelado un aspecto significativo en la construcción de los universos ficticios y en la caracterización en el marco del género novelesco en general. Esa es una de las grandes aportaciones de *CLiC*. De hecho, tanto en el capítulo 5 como en el capítulo 6 nos referimos al uso que Galdós hace de las suspensiones en sus novelas.

En cuanto a las herramientas textuales de la aplicación, *CLiC* se articula en torno a cuatro opciones principales: *concordance*, *subsets*, *clusters* y *keywords*. Estas opciones se han desarrollado teniendo en mente la anotación que acabamos de describir. De un lado, *concordance* y *subsets* sirven para localizar palabras o segmentos de texto. La opción *concordance* sirve para hacer concordancias sobre uno o más textos y ver, en una sola lista, todos los ejemplos de la palabra o la construcción que hemos buscado. Cuenta con una opción llamada *KWICGrouper*, que sirve para agrupar los ejemplos según patrones que nos resulten significativos. La opción *subsets*, por su parte, permite localizar, en una sola lista, todos los ejemplos de alguna de las etiquetas mencionadas anteriormente, en una o varias novelas. En la ilustración 3.2, por ejemplo, se muestran nueve de las 597 suspensiones largas (*long suspensions*) de *Little Dorrit*, de Charles Dickens. La opción *subsets* también cuenta, además de con la opción *KWICGrouper*, con un cajón de búsqueda que nos permite filtrar los resultados según los segmentos de texto en los que estemos interesados. En la ilustración 3.2, por ejemplo, se muestra un filtrado según el término *hands* (manos).

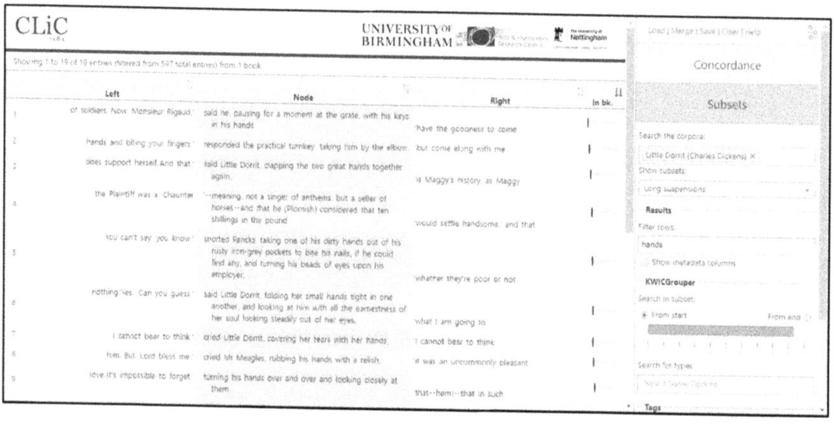

Ilustración 3.2 Captura de pantalla de suspensiones largas localizadas en *Little Dorrit* con *CLiC*

De otro lado, las opciones *clusters* y *keywords* sirven para generar listas de palabras o construcciones frecuentes, aunque sin mostrar el contexto en el que estas aparecen. La opción *clusters* aísla, en una lista, las palabras o construcciones más frecuentes del corpus de textos que seleccionemos. La particularidad de esta opción es que las listas se pueden generar sobre todo el texto o sobre una de las cuatro etiquetas descritas anteriormente (las construcciones más frecuentes de las suspensiones largas, por ejemplo). La opción *keywords*, por último, nos permite comparar la frecuencia de palabras o segmentos de texto en dos corpus y nos muestra aquello que descuella estadísticamente en cada uno de ellos —el algoritmo empleado para definir qué es estadísticamente significativo es la fórmula de extracción de palabras clave propuesta por Rayson y Garside (2002). Como en el caso de la opción *clusters*, las *keywords* se pueden generar sobre todo el texto o sobre una de las cuatro etiquetas descritas anteriormente. En la ilustración 3.3, por ejemplo, se muestran las palabras estadísticamente más significativas en las suspensiones largas en un corpus de novelas de Dickens con respecto a las suspensiones de un corpus de novela decimonónica inglesa.

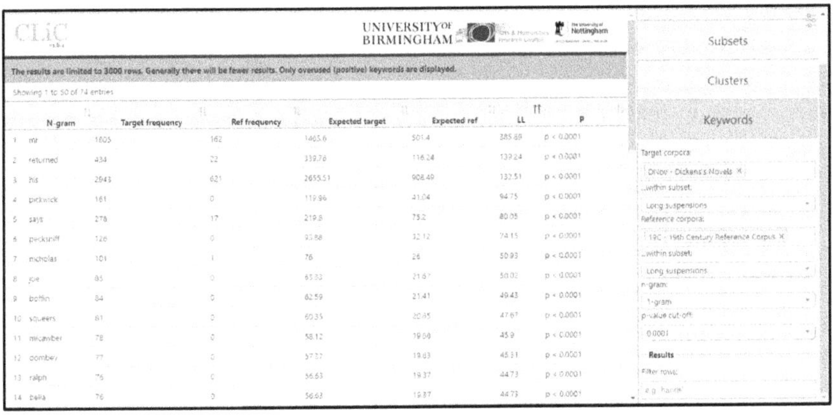

Ilustración 3.3 Captura de pantalla de *keywords* localizadas con *CLiC* en un corpus de novelas de Dickens

Como se puede observar, estas opciones se asemejan a las de cualquier *software* convencional del mercado. Sin embargo, son parte de una aplicación alojada en una página web que tiene varios corpus y que, además, están etiquetados. Así pues, aunque esta herramienta presenta las desventajas propias de este tipo de aplicaciones (la obligación de trabajar con sus textos, por ejemplo), *CLiC* también cuenta, gracias a su etiquetado de los textos, con opciones de análisis exclusivas que no podemos encontrar en otras herramientas. Este hecho demuestra que el desarrollo de la estilística de corpus trae consigo el planteamiento de nuevas preguntas que, para ser respondidas, necesitan herramientas de análisis que no existían previamente. *CLiC* es un ejemplo paradigmático en este sentido. Su éxito queda patente en la cantidad de publicaciones que han utilizado esta aplicación (Taketazu 2015; Falchi 2017; Lugea 2017; Szudarski 2017; Ruano San Segundo 2017b, Giovanelli y Mason 2018; Mullan 2018; Mahlberg *et al.* 2019, entre otras).

3.1.2. Real Academia Española y Biblioteca Virtual Miguel de Cervantes

Desafortunadamente, debido al escaso desarrollo de la estilística de corpus en el mundo hispánico, en el marco de nuestra lengua no existen proyectos similares a *CLiC Dickens*, lo que se materializa en una ausencia absoluta de herramientas que nos permitan llevar a cabo análisis estilísticos sobre corpus de textos en español. Lo más parecido que podemos encontrar son repositorios digitales que nos permiten realizar búsquedas seleccionando textos literarios, como los repositorios de la RAE o el de la Biblioteca Virtual Miguel de Cervantes. Entre los corpus de estudio a disposición del usuario que encontramos en la RAE, por ejemplo, está el Corpus Diacrónico del Español (CORDE). El CORDE es un corpus textual de todas las épocas y lugares en que se habló español, desde los inicios del idioma hasta el año 1974, donde limita con el Corpus de Referencia del Español Actual (CREA), al que ya nos hemos referido en el apartado 2.1.3. El CORDE cuenta con una sencilla interfaz con un cajón de búsqueda que nos permite hacer pesquisas de palabras o construcciones concretas. Teniendo en cuenta que entre las muestras de texto que conforman el CORDE encontramos textos literarios, es posible, si los seleccionamos, que las búsquedas se limiten a estos textos. En la ilustración 3.4, por ejemplo, aparecen algunos de los ejemplos de "manos" en *Zumalacárregui*, de Galdós, pues es una de las novelas que almacenadas en el corpus. Sin embargo, como se puede observar en la ilustración, los ejemplos no aparecen dispuestos en orden alfabético ni atendiendo a ninguna alineación que nosotros hayamos escogido, pues la interfaz no nos ofrece demasiadas posibilidades a la hora de gestionar los resultados. Teniendo en cuenta que el CORDE está "diseñado para extraer información con la cual estudiar las palabras y sus significados, así como la gramática y su uso a través del tiempo" (Real Academia Española), parece claro que su uso con fines de investigación no es demasiado valioso. Su utilidad con textos literarios es, en el mejor de los casos, ilustrativa o descriptiva.

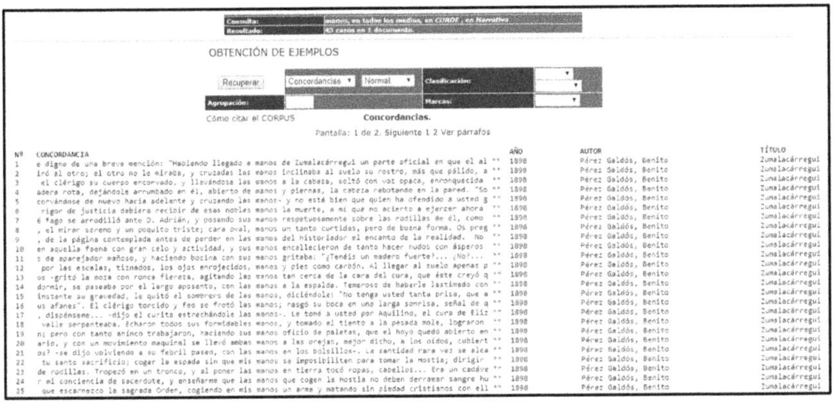

Ilustración 3.4 Captura de pantalla de la búsqueda del término "manos" en el CORDE

La Biblioteca Virtual Miguel de Cervantes, por su parte, sí que parece un poco más adecuada en este sentido, pues es un repositorio digital de textos literarios almacenados y ordenados según épocas, autores, nacionalidades, etc., como ya hemos comentado en el capítulo anterior. Sin embargo, este repositorio cuenta con las mismas limitaciones de uso que los corpus de la RAE, pues el portal solo ofrece un cajón de búsqueda para hacer consultas concretas. De hecho, únicamente se pueden realizar búsquedas sobre un solo texto, ya que el cajón de búsqueda es una opción que aparece al consultar cada novela —y no como opción general que permite seleccionar textos *a priori*. Esta limitación es ilustrativa del propósito de esta herramienta, creada para que los usuarios puedan realizar búsquedas específicas más que con fines de investigación. En la ilustración 3.5 vemos cómo es la interfaz, en la que se muestra una búsqueda del término "manos" en *Doña Perfecta*, de Galdós.

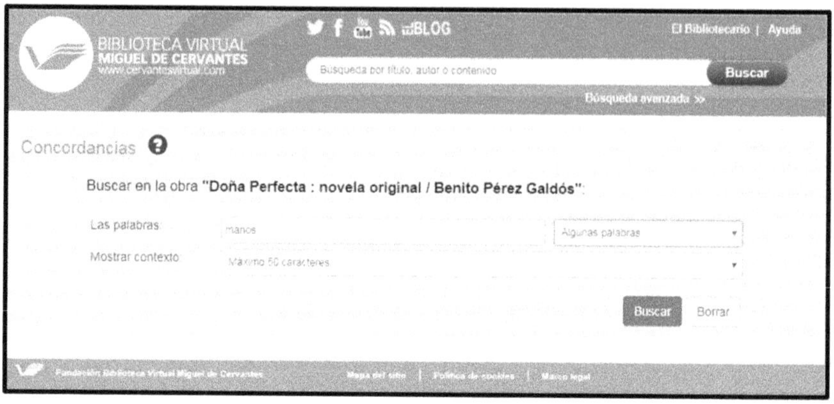

Ilustración 3.5 Captura de pantalla de la interfaz de las concordancias de la Biblioteca Virtual Miguel de Cervantes

Como podemos observar en la ilustración, en esta interfaz encontramos el campo de búsqueda, en el que podemos escribir una o más palabras. A la derecha encontramos una pestaña que nos permite elegir si queremos encontrar apariciones de la frase exacta ("Frase exacta") o simplemente las palabras en posiciones cercanas ("Algunas palabras") y justo debajo otra pestaña que nos permite escoger cuánto contexto deseamos poder ver con cada resultado. Cuando realizamos la búsqueda, los resultados aparecen en una lista de ejemplos como la de la ilustración 3.6, en la que se muestran parte de los resultados obtenidos tras realizar la búsqueda de "manos" en *Doña Perfecta.* Estos resultados no se pueden seleccionar ni tampoco alinear, lo cual sería una gran ventaja porque, como se puede observar en la ilustración, existen patrones (cruzar las manos, por ejemplo) que, potencialmente, pueden desempeñar alguna función estilística. La herramienta de concordancias, sin embargo, tan solo nos permite recuperar en una sola lista los ejemplos del término que hayamos buscado.

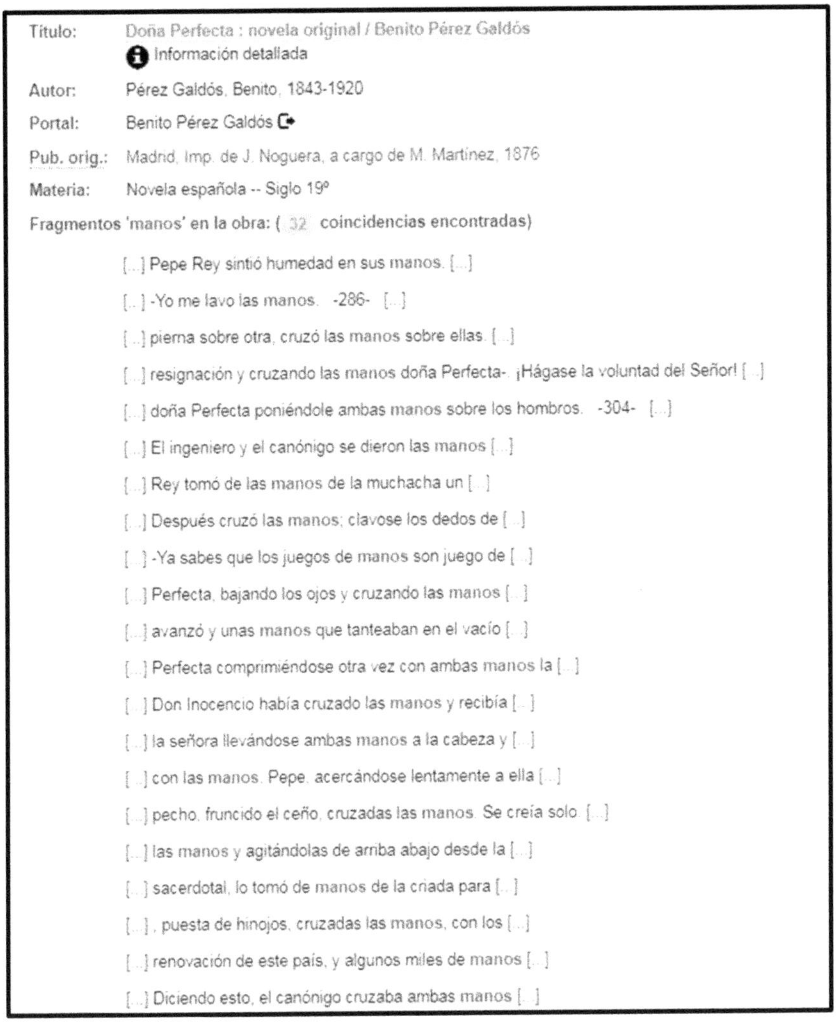

Título: Doña Perfecta : novela original / Benito Pérez Galdós
Información detallada
Autor: Pérez Galdós, Benito, 1843-1920
Portal: Benito Pérez Galdós
Pub. orig.: Madrid, Imp. de J. Noguera, a cargo de M. Martínez, 1876
Materia: Novela española -- Siglo 19º
Fragmentos 'manos' en la obra: (32 coincidencias encontradas)

[...] Pepe Rey sintió humedad en sus manos. [...]
[...] -Yo me lavo las manos. -286- [...]
[...] pierna sobre otra, cruzó las manos sobre ellas. [...]
[...] resignación y cruzando las manos doña Perfecta-. ¡Hágase la voluntad del Señor! [...]
[...] doña Perfecta poniéndole ambas manos sobre los hombros. -304- [...]
[...] El ingeniero y el canónigo se dieron las manos [...]
[...] Rey tomó de las manos de la muchacha un [...]
[...] Después cruzó las manos; clavose los dedos de [...]
[...] -Ya sabes que los juegos de manos son juego de [...]
[...] Perfecta, bajando los ojos y cruzando las manos [...]
[...] avanzó y unas manos que tanteaban en el vacío [...]
[...] Perfecta comprimiéndose otra vez con ambas manos la [...]
[...] Don Inocencio había cruzado las manos y recibía [...]
[...] la señora llevándose ambas manos a la cabeza y [...]
[...] con las manos. Pepe, acercándose lentamente a ella [...]
[...] pecho, fruncido el ceño, cruzadas las manos. Se creía solo. [...]
[...] las manos y agitándolas de arriba abajo desde la [...]
[...] sacerdotal, lo tomó de manos de la criada para [...]
[...], puesta de hinojos, cruzadas las manos, con los [...]
[...] renovación de este país, y algunos miles de manos [...]
[...] Diciendo esto, el canónigo cruzaba ambas manos [...]

Ilustración 3.6 Captura de pantalla de la búsqueda del término "manos" en *Doña Perfecta*

En suma, las aplicaciones integradas en la página web de la RAE o en la Biblioteca Virtual Miguel de Cervantes están pensadas para hacer búsquedas o consultas concretas más que para llevar a cabo investigaciones de tipo literario. Desde luego, para realizar un estudio de estilística de corpus, estas herramientas no son lo suficientemente sofisticadas. Si a eso añadimos la desventaja de que tenemos que adaptarnos a la muestra de textos que el repositorio nos ofrece (en el caso del CORDE) o incluso trabajar de forma aislada con cada texto (en la Biblioteca Virtual Miguel de Cervantes), parece claro las opciones que tenemos a nuestra disposición en el marco de las letras hispánicas son insuficientes. Por ello, para poder realizar un estudio cabal de estilística de corpus con textos literarios en español deberemos acudir a *softwares* especializados, que nos permitan llevar a cabo acciones de mayor complejidad y ser así capaces analizar aspectos del estilo de un autor de forma sistemática. De estas herramientas nos ocupamos a continuación.

3.2. Herramientas independientes

Los *softwares* independientes —aquellos que no se asocian a ningún repositorio digital o corpus de textos concreto— son los más empleados en los estudios de estilística de corpus. Presentan la ventaja fundamental con respecto a las herramientas descritas en el apartado anterior de que permiten procesar cualquier corpus que compilemos. Además, suelen ser más completos, pues están pensados cubrir el espectro metodológico de los estudios de corpus en general. En el caso de los estudios de estilística de corpus, estas herramientas permiten detectar patrones, almacenar resultados y localizar información que no podríamos identificar con técnicas de análisis tradicional.

Existen *softwares* de naturaleza variada, diseñados para satisfacer distintas necesidades. Sin embargo, la mayoría suele compartir una serie de opciones de análisis que constituyen el núcleo de la herramienta en cuestión, como las listas de palabras, las concordancias, las palabras clave o los *clusters*. Los dos más empleados en estudios de estilística de corpus son tal vez *AntConc* (Anthony 2011)[2] y *WordSmith Tools* (Scott 2016b).[3] *AntConc* es gratuito y forma parte de un conjunto de herramientas más amplio relacionadas con los estudios de corpus, como *AntConcGen* (que sirve para diseñar corpus) o *AntFileConverter* (que sirve para transformar archivos

2 *AntConc* puede descargarse, de forma gratuita, a través del siguiente enlace: http://www.antlab.sci.waseda.ac.jp/software.html (consultada por última vez el 1 de marzo de 2020).

3 *WordSmith* puede descargarse a través del siguiente enlace: http://www.lexically.net/wordsmith/ (consultada por última vez el 1 de marzo de 2020).

en documentos de texto plano y poder procesarlos con herramientas de análisis). De todas ellas, *AntConc* es tal vez la más popular. Tiene una interfaz sencilla para el usuario, donde rápidamente se localizan las siete pestañas con las siete funciones principales del programa (*Concordance, Concordance Plot, File View, Clusters/N-Grams, Collocates, Wordlist y Keyword List*), como se puede observar en la ilustración 3.7. Además de estas opciones, la interfaz ofrece más información. En la parte izquierda de la pantalla, por ejemplo, hay una columna en la que se muestran los textos seleccionados con los que estamos trabajando (a modo de ejemplo, en la ilustración aparecen seleccionadas las novelas que componen la primera serie de los *Episodios Nacionales*). En la parte de abajo, además, existe un cuadro de diálogo con distintas opciones para alinear los resultados obtenidos o refinar nuestras búsquedas. Como se puede advertir con un simple vistazo a su interfaz, el nivel de sofisticación de esta herramienta es mucho mayor que el de las integradas en sitios web como el *BNC*, las de los corpus de la RAE o la de la Biblioteca Virtual Miguel de Cervantes comentadas en el apartado anterior.

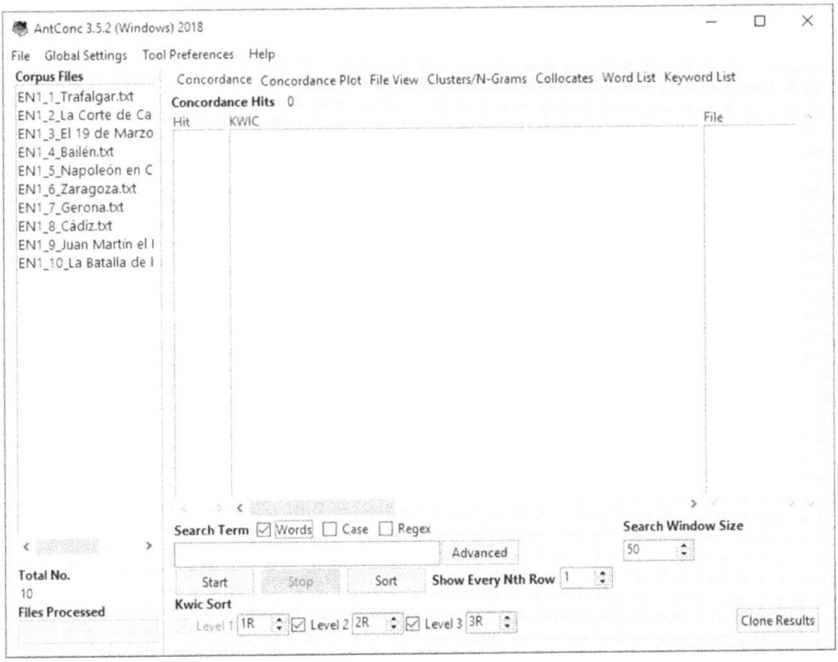

Ilustración 3.7 Captura de pantalla de la interfaz de *AntConc*

WordSmith Tools, por su parte, es un *software* de pago. El hecho de que una herramienta sea o no gratuita no acarrea, en realidad, diferencias significativas desde el punto de vista de las opciones de análisis a disposición del usuario. En general, los investigadores suelen escoger las herramientas dependiendo de sus necesidades y de sus preferencias de uso. En este libro, hemos escogido *WordSmith Tools* para llevar a cabo nuestro análisis. Por eso nos vamos a detener en él y lo vamos a utilizar para explicar las opciones más habituales de análisis de estas herramientas.

3.2.1. WordSmith Tools

WordSmith Tools (en adelante, *WordSmith*) es tal vez la herramienta más empleada en los estudios de estilística de corpus (Archer 2007: 249). Este *software* se comercializó por vez primera en 1996 y a día de hoy cuenta con siete versiones, cada una de las cuales ha ido incorporando las mejoras metodológicas que ha exigido el desarrollo de los estudios de corpus en general. En este libro, utilizamos la sexta versión (Scott 2016b). Para muchos, la popularidad de *WordSmith* se debe a su simplicidad, pues, aunque es cierto que cuenta con diversas opciones y muchas posibilidades para aquellos con un manejo experto del *software*, se construye sobre las tres utilidades principales que dominan las herramientas para procesar corpus: (1) *Concord* (concordancias), (2) *Wordlist* (listas de palabras) y (3) *Keywords* (palabras claves), cuyas funciones principales son generar "(1) concordance lines of specified node words and lemmata, (2) wordlists of data, and (3) keywords of data by comparing its wordlist to that of a larger reference corpus" (Fischer-Starcke 2010: 31). En la ilustración 3.8 se muestra una captura de pantalla de su interfaz. Aunque las concordancias, las listas de palabras o las palabras clave no son naturalmente un invento de *WordSmith*, sí puede decirse que *WordSmith* fue uno de los primeros programas en agruparlas (y desarrollarlas) para emplearlas sistemáticamente en estudios de corpus. Este, de hecho, puede considerarse uno de los mayores logros de *WordSmith*, pues muchas aplicaciones posteriores se construyen sobre esta base de opciones de análisis, como hemos visto en el caso de *CLiC* comentado en el apartado 3.1.1.

A continuación, explicamos cómo utilizar estas tres opciones, recurriendo a ejemplos de CorBPG para ilustrar su funcionamiento. También explicaremos cómo generar *clusters*, pues, aunque no es una de las tres opciones de inicio de *WordSmith*, se trata de una función muy empleada para analizar cuestiones de tipo literario en los estudios de estilística de corpus —y que también empleamos en este libro.[4]

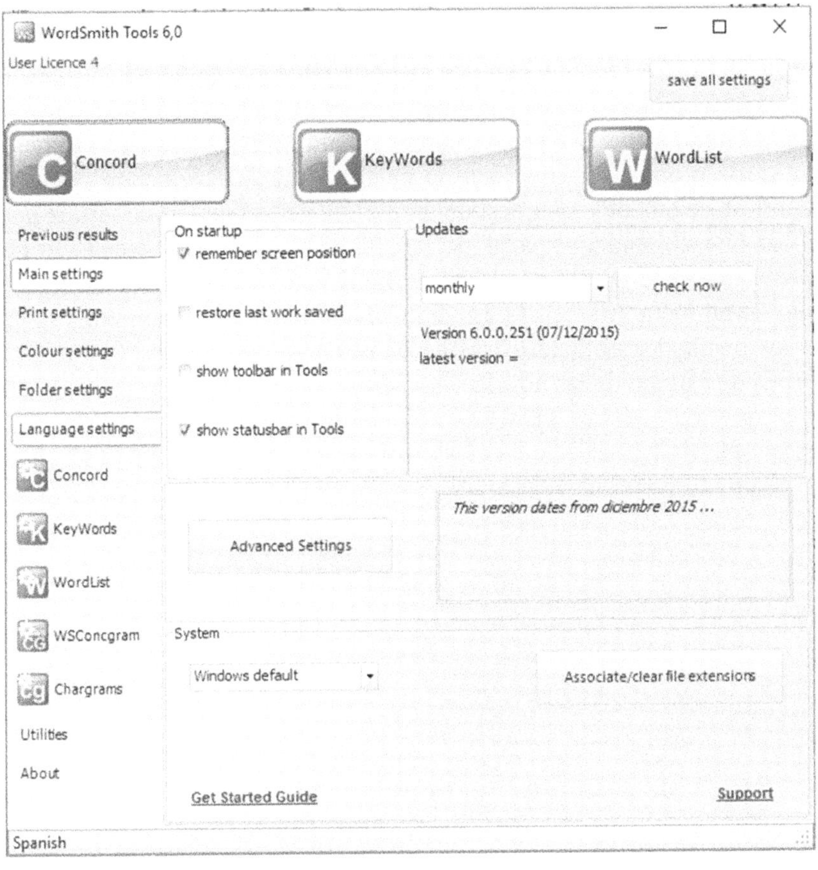

Ilustración 3.8 Interfaz de *WordSmith Tools* versión 6

4 La explicación que sigue pretende familiarizar al lector con las funciones y facilitar la comprensión del análisis que llevamos a cabo en la segunda parte del libro. Para una descripción detallada de las distintas funciones de *WordSmith* y sus pormenores metodológicos, consúltese la guía en español disponible en la página web del programa: http://lexically.net/wordsmith/step_by_step_Spanish7/index.html?introduction.html (consultada por última vez el 1 de marzo de 2020).

3.2.1.1. Listas de palabras

La opción *Wordlist* (lista de palabras) es la más sencilla de entender y también la menos compleja desde el punto de vista de su manejo en la aplicación. Esta función de *WordSmith* sirve para generar, como su nombre indica, listas de palabras. Estas listas, que suelen estar basadas en un corpus de textos (aunque también pueden generarse sobre un solo texto), se muestran alineadas tanto en orden alfabético como por la frecuencia de uso de cada palabra y pueden guardarse para utilizarse en otro momento con otros propósitos. Una lista de palabras puede servir para poner de manifiesto elementos que despuntan por su frecuencia en el corpus pero en los que no somos capaces de reparar con una lectura atenta, lo que puede aportar "complementary evidence to support notions of foregrounding" (Mahlberg 2014: 384). En la ilustración 3.9 se muestra una captura de los resultados obtenidos tras hacer una lista de palabras con nuestro corpus de estudio de las novelas de Galdós.

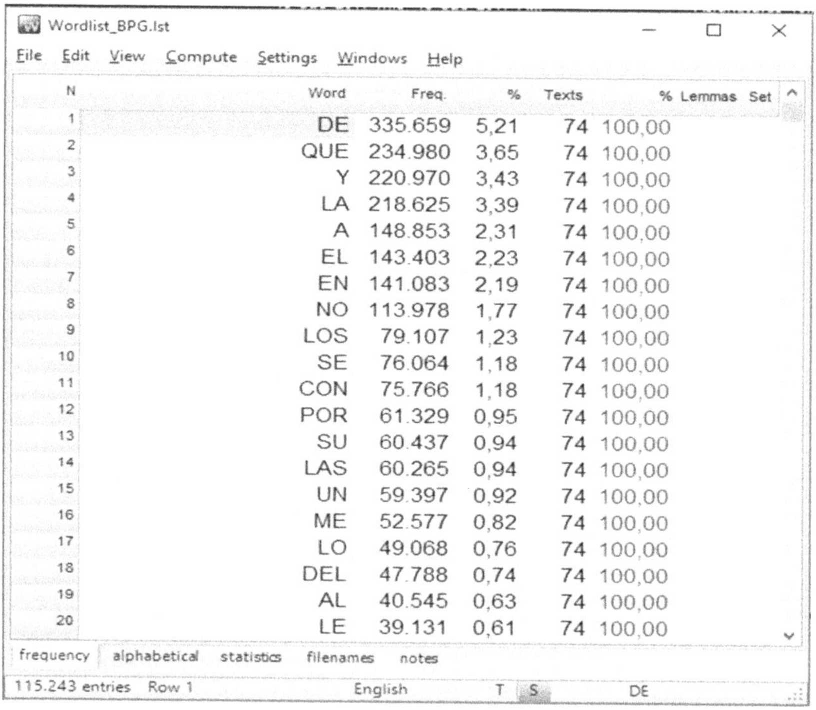

N	Word	Freq.	%	Texts	%	Lemmas	Set
1	DE	335.659	5,21	74	100,00		
2	QUE	234.980	3,65	74	100,00		
3	Y	220.970	3,43	74	100,00		
4	LA	218.625	3,39	74	100,00		
5	A	148.853	2,31	74	100,00		
6	EL	143.403	2,23	74	100,00		
7	EN	141.083	2,19	74	100,00		
8	NO	113.978	1,77	74	100,00		
9	LOS	79.107	1,23	74	100,00		
10	SE	76.064	1,18	74	100,00		
11	CON	75.766	1,18	74	100,00		
12	POR	61.329	0,95	74	100,00		
13	SU	60.437	0,94	74	100,00		
14	LAS	60.265	0,94	74	100,00		
15	UN	59.397	0,92	74	100,00		
16	ME	52.577	0,82	74	100,00		
17	LO	49.068	0,76	74	100,00		
18	DEL	47.788	0,74	74	100,00		
19	AL	40.545	0,63	74	100,00		
20	LE	39.131	0,61	74	100,00		

Ilustración 3.9 Captura de pantalla de lista de palabras de CorBPG

Los casi seis millones y medio de palabras totales de CorBPG (6 443 709 palabras) se dividen en más de ciento quince mil palabras distintas (115 243 palabras), como se puede observar en la parte inferior izquierda de la ilustración. Además de esta información, la lista de palabras ofrece datos variados que pueden resultar elocuentes a la hora de interpretar un corpus de estudio. Sirva como ejemplo la palabra más frecuente: la preposición *de*. Además de la frecuencia absoluta de la palabra en el corpus (335 659 ejemplos), *WordSmith* también nos ofrece información tanto sobre su representatividad medida en tanto por ciento (*de* supone un 5,21% del total del corpus) como sobre la cantidad de textos de nuestro corpus en los que aparece (74 novelas) y qué porcentaje supone este número con respecto al número total de textos que forman nuestro corpus de estudio (el 100% de los textos, pues CorBPG está formado por 74 novelas). *WordSmith* cuenta además con un apartado de estadísticas (pestaña *statistics*, en la parte inferior de la ilustración) en el que se detalla la información sobre los *tokens* (número de palabras totales), los *types* (número de palabras distintas) y la ratio *type-token* (*type-token ratio* o *TTR*) de cada uno de los textos que hayamos incluido en el corpus sobre el que hemos generado la lista de palabras, lo que nos puede ayudar a detectar qué textos tienen una mayor riqueza léxica o simplemente cuáles son los que se desvían de la norma establecida en el corpus de estudio.

Asimismo, cabe destacar que, aunque no suelen ser el eje sobre el que pivotan los análisis de estilística de corpus, una lista de palabras sí que constituye muchas veces el punto de partida sobre el que estos se construyen. En el caso de este libro, por ejemplo, hemos recurrido a esta opción de *WordSmith* para calibrar la presencia de la forma verbal *dijo* tanto en CorBPG como en CorXIX y establecer una comparación en términos de representación del discurso en ambos corpus sobre el verbo de habla por excelencia (véase apartado 4.1). Esta opción de *WordSmith* es también la que nos permite obtener los resultados necesarios para posteriormente generar listas de palabras clave (véase apartado 3.2.1.3) y también *clusters* (véase apartado 3.2.1.4). Además, cualquier palabra de nuestra lista que creamos que merece un análisis detenido puede analizarla con detenimiento, pues es posible realizar una concordancia de cada elemento de la lista pinchando con el botón derecho sobre el elemento en cuestión.

3.2.1.2. Concordancias

La opción *Concord*, por su parte, permite realizar búsquedas de una palabra o una construcción determinada sobre un corpus de estudio previamente seleccionado. Para ello, únicamente hay que introducir la palabra o la construcción que deseamos analizar en el cajón de búsqueda habilitado para ello. Tras procesar los textos que conforman nuestro corpus, *WordSmith* aísla, en una lista, todos los ejemplos localizados. El uso de concordancias es una de las opciones más populares de los estudios de corpus en general (cf. Sinclair 2003). En el campo de la lexicografía, por ejemplo, son un recurso muy popular para mostrar ejemplos con los que ilustrar las distintas acepciones de una palabra (Sinclair 1987). En los estudios de lingüística de corpus, las concordancias suelen llevarse a cabo sobre un grupo de textos para identificar patrones lingüísticos típicos de un registro o del uso de la lengua en general. En los estudios de estilística de corpus, esta opción se utiliza fundamentalmente para examinar el valor estilístico de determinados patrones. En la ilustración 3.10 se muestra una captura de pantalla con algunos de los resultados obtenidos tras realizar la concordancia del sustantivo “manos” en CorBPG.

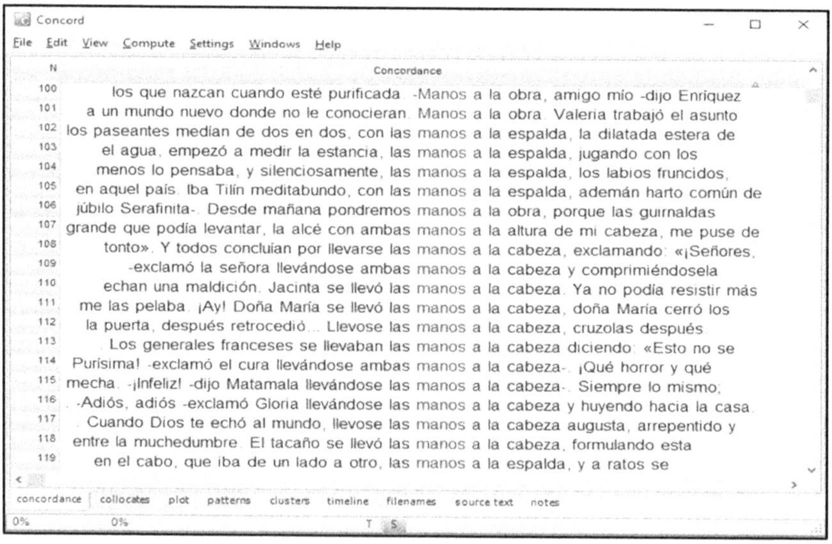

Ilustración 3.10 Captura de pantalla de la concordancia del sustantivo “manos” en CorBPG

Como se puede observar en la ilustración, los ejemplos de la palabra que buscamos aparecen en el centro, resaltados y rodeados del contexto propio de cada ejemplo localizado. Los ejemplos pueden alinearse según este contexto. Los resultados de la ilustración, como se puede apreciar, están alineados alfabéticamente según la primera y la segunda palabra que aparecen a la derecha del término que hemos buscado en nuestra concordancia. Aunque la ilustración solo contiene veinte ejemplos de los 3683 localizados en CorBPG, en ellos se pueden advertir usos característicos del lenguaje gestual que involucra a las manos. Así, las manos se relacionan con otras partes del cuerpo como la espalda o la cabeza y se combinan habitualmente con la forma verbal pronominal *llevarse* (*se llevó las manos a la cabeza*, por ejemplo, en la concordancia 110). El contexto nos permite descubrir que estos casos de lenguaje gestual aparecen con frecuencia en momentos dialógicos y que sirven para reforzar las palabras de los personajes (por ejemplo, *dijo Matamala llevándose las manos a la cabeza* en la concordancia 115 o *exclamó Gloria llevándose las manos a la cabeza* en la concordancia 116). Estos ejemplos ilustran cómo una concordancia puede servir para localizar patrones tanto formales como funcionales en distintos textos de un mismo autor y analizar de manera sistemática aspectos que de otro modo resultaría muy difícil identificar —o al menos analizar de forma metódica.

Además del contexto, las concordancias nos ofrecen el texto fuente en el que se encuentra cada ejemplo localizado, lo que permite, por ejemplo, alinear las concordancias según el texto al que pertenecen y descubrir patrones comunes a textos específicos. Asimismo, si pinchamos dos veces sobre un ejemplo, *WordSmith* nos lleva a la parte de texto fuente en donde se utiliza, lo que nos permite examinar el ejemplo con detenimiento. La opción *Concord* de *WordSmith* cuenta, además, con varias pestañas en la parte inferior de la ventana de muestra de resultados que nos ofrece información que puede resultar igualmente útil a la hora de identificar patrones. Sirvan como ejemplo las pestañas *collocates* y *clusters*. Gracias a la opción *collocates*, por un lado, podemos descubrir, el marco de un radio de cinco palabras a la izquierda y cinco a la derecha, qué términos son los que aparecen con más frecuencia junto a la que hemos buscado (la palabra "cabeza", por ejemplo, aparece hasta 134 veces a la derecha de "manos" y treinta y nueve a la izquierda en CorBPG). La opción *clusters*, por otro lado, revela las construcciones de hasta tres palabras más frecuentes que incluyen el término que hemos buscado en la concordancia (en el caso de CorBPG y la concordancia de "manos", por ejemplo, la construcción "con las manos" es la más numerosa con 248 ejemplos).

Todas estas opciones dentro de la opción *Concord* en *WordSmith*, en suma, nos pueden ayudar a la hora de analizar los miles de ejemplos —3683 en el caso de "manos" en CorBPG— que habitualmente se procesan en estudios de este tipo. Para muchos, de hecho, las concordancias son el recurso que ha permitido a la estilística de corpus alcanzar cotas de especificidad imposibles para la estilística tradicional a la hora de analizar grandes masas de texto sin perder el componente cualitativo que debe dominar un análisis estilístico. Como acertadamente apunta Tognini-Bonelli (2001: 18), una concordancia permite realizar una lectura vertical de los resultados. En el caso del lenguaje gestual y las manos en la narrativa de Galdós, por ejemplo, una concordancia nos permite localizar, mediante esa lectura vertical de los ejemplos localizados en la concordancia, patrones estilísticamente relevantes que contribuyen a crear distintos efectos desde un punto de vista literario. Y eso abre nuevas vías de análisis que la crítica literaria tradicional no ha podido explotar. En este libro, como se verá a lo largo del capítulo 4, nos servimos de concordancias para examinar varios aspectos del estilo de Galdós.

3.2.1.3. Palabras clave

La última de las tres opciones principales de *WordSmith* es *Keywords* (palabras clave). Para entender en qué consiste esta opción debemos saber primero qué son las palabras clave. Una palabra clave es un término empleado en un texto con una frecuencia que resulta estadísticamente significativa en comparación con su frecuencia en un corpus de referencia (Scott y Tribble 2006). La fórmula empleada para definir qué es estadísticamente significativo puede variar, pues existen varias propuestas en los estudios de corpus, como la de Rayson y Garside (2002) empleada en *CLiC* o el test de probabilidad de Dunning (1993), en el que se basa en *WordSmith*. En *WordSmith*, la opción *Keywords* localiza e identifica todas las palabras clave del texto que hayamos seleccionado tras compararlas con un corpus de referencia, que también habremos seleccionado previamente. Para poder llevar a cabo esta comparación, primero debemos crear dos listas de palabras (opción *Wordlist*), de cuya información se sirve la opción *Keywords* para calibrar la representatividad de cada palabra. Los resultados se ordenan, por defecto, según su índice de representatividad (*keyness*), como se puede advertir en la ilustración 3.11, en la que se muestra una captura de pantalla de las veinte palabras con mayor índice de representatividad obtenidas al comparar *Fortunata y Jacinta* con el resto de novelas de CorBPG.

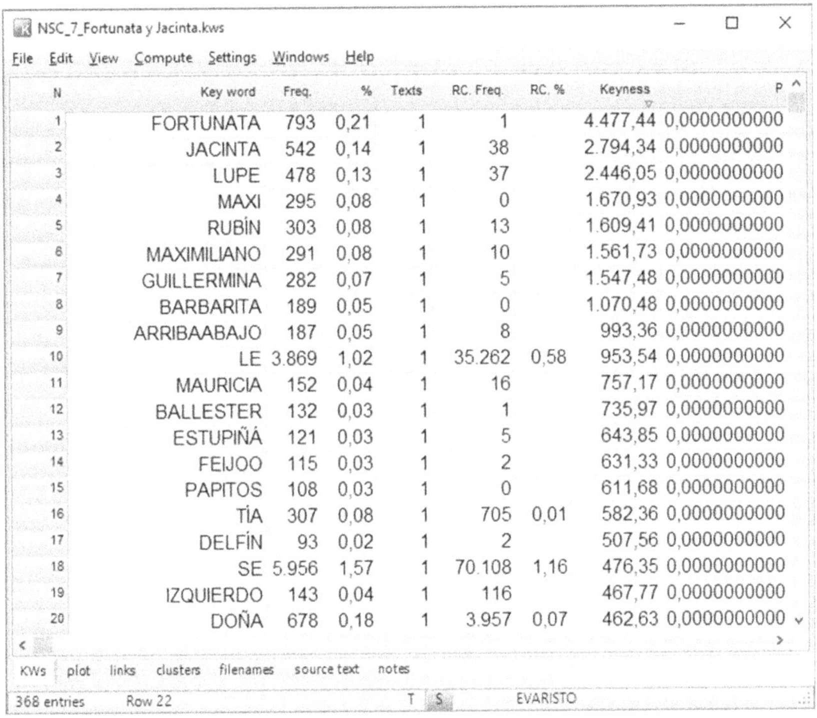

N	Key word	Freq.	%	Texts	RC. Freq.	RC. %	Keyness	P
1	FORTUNATA	793	0,21	1	1		4.477,44	0,0000000000
2	JACINTA	542	0,14	1	38		2.794,34	0,0000000000
3	LUPE	478	0,13	1	37		2.446,05	0,0000000000
4	MAXI	295	0,08	1	0		1.670,93	0,0000000000
5	RUBÍN	303	0,08	1	13		1.609,41	0,0000000000
6	MAXIMILIANO	291	0,08	1	10		1.561,73	0,0000000000
7	GUILLERMINA	282	0,07	1	5		1.547,48	0,0000000000
8	BARBARITA	189	0,05	1	0		1.070,48	0,0000000000
9	ARRIBAABAJO	187	0,05	1	8		993,36	0,0000000000
10	LE	3.869	1,02	1	35.262	0,58	953,54	0,0000000000
11	MAURICIA	152	0,04	1	16		757,17	0,0000000000
12	BALLESTER	132	0,03	1	1		735,97	0,0000000000
13	ESTUPIÑÁ	121	0,03	1	5		643,85	0,0000000000
14	FEIJOO	115	0,03	1	2		631,33	0,0000000000
15	PAPITOS	108	0,03	1	0		611,68	0,0000000000
16	TÍA	307	0,08	1	705	0,01	582,36	0,0000000000
17	DELFÍN	93	0,02	1	2		507,56	0,0000000000
18	SE	5.956	1,57	1	70.108	1,16	476,35	0,0000000000
19	IZQUIERDO	143	0,04	1	116		467,77	0,0000000000
20	DOÑA	678	0,18	1	3.957	0,07	462,63	0,0000000000

Ilustración 3.11 Captura de pantalla de palabras clave en *Fortunata y Jacinta*

El valor de esta aplicación reside en su capacidad para medir la relevancia de un término en un texto sin la mediación del investigador. En los estudios de estilística de corpus, las palabras clave "tend to be proper names or content words that provide an indication of what the text is about" (Mahlberg 2014: 384). Sirvan como ejemplo los resultados que se muestran en la ilustración 3.11. Efectivamente, la mayor parte de los ejemplos son nombres de personajes, protagonistas de la historia y que rara vez coinciden con el nombre de personajes de otras novelas —Maximilano, por ejemplo, aparece 298 veces en *Fortunata y Jacinta* y solo 10 en el resto de novelas de Galdós; en cambio, su hipocorístico Maxi, con 295 ejemplos en la novela, no parece ninguna vez en CorBPG. Aparte de estos datos, una lista de palabras clave también nos puede ofrecer información relevante sobre otros términos que no se corresponden con los nombres de los personajes. Tal es el caso del pronombre *le*, al que Galdós recurre casi el doble en *Fortunata y Jacinta* que en el resto de sus novelas, pues los 3869 ejemplos detectados (frecuencia absoluta) corresponden a un 1,02% total de las palabras de la novela (frecuencia relativa), mientras que los 35 262 localizados en el resto de novelas corresponden a un 0,58%. Esta diferencia se expresa en un índice representatividad en *Fortunata* de 953,54.

Al igual que ocurre con *Wordlist* y *Concord*, la opción *Keywords* también se relaciona con otras aplicaciones de *WordSmith*. Así, si vemos que una palabra tiene un índice de representatividad elevado y la consideramos susceptible de análisis, podemos realizar una concordancia de esta seleccionando la opción *concord* de la pestaña *compute*. De la misma manera, en la parte inferior de la interfaz de la ventana de muestra de los resultados existen distintas pestañas, como la de *clusters*, que nos indica cuáles son los grupos de tres palabras con mayor índice de representatividad en el texto que hayamos escogido. Estas posibilidades pueden resultar muy útiles para formarnos una primera idea del funcionamiento de los términos que más descuellan en un texto concreto e identificar patrones que resulten interesantes de cara a un análisis estilístico.

En este libro no recurrimos a esta opción de *WordSmith* para realizar nuestro estudio de la producción narrativa de Galdós, pues los análisis de palabras clave se suelen llevar a cabo cuando se quiere comparar el contenido de un texto concreto con respecto a un grupo de textos (cf. Nieto Caballero 2020). Y en nuestro caso nos centramos en las novelas de Galdós en general —no únicamente en uno de sus trabajos—, que comparamos con un corpus de novelas decimonónicas. En cualquier caso, para ilustrar el potencial analítico de esta opción en la exégesis del autor canario podemos ahondar un poco más en la idea de la representatividad de *le* en *Fortunanta y Jacinta* que apuntábamos más arriba. Si realizamos una concordancia de *le* vemos que se asocia con verbos de comunicación (*le dijo*, *le respondió*, etc.), como se puede advertir en la ilustración 3.12. De todas las construcciones, *le dijo* es la más habitual, con 238 ejemplos. Esta frecuencia supone un uso más elevado, porcentualmente hablando, que los 1705 usos de *le dijo* que encontramos en el resto de novelas de Galdós, lo que sugiere un hábito estilístico que caracteriza esta novela. Si observamos con detenimiento cómo Galdós utiliza *le dijo* en *Fortunata y Jacinta*, descubrimos que los usos corresponden casi siempre a la figura del narrador y que este, al anunciar las palabras de los personajes, recurre a esta construcción para incorporar matices sobre cómo estos articulan sus palabras. En la ilustración 3.12, por ejemplo, se muestran ejemplos de *le dijo* acompañados por un sintagma preposicional introducido por *con*. Como se puede observar, la información que se nos ofrece tiene que ver con aspectos relacionados con el modo de articulación de las palabras (*le dijo con reposado acento*, concordancia 33), pero sobre todo con matices que revelan la actitud del personaje (*le dijo con mucho cariño*, concordancia 34; *le dijo con bondad*, concordancia 39; *le dijo con profundísima tristeza*, concordancia 36; *le dijo con desabrimiento*, concordancia 49). Estos ejemplos sugieren que Galdós recurre a la voz del narrador para definir aspectos relacionados con la caracterización de los personajes cuando estos hablan. Además de reforzar las intervenciones, estas explicaciones ofrecen al lector el modo en el que interpretar la glosa que introducen. Gracias a un análisis de palabras clave es posible identificar este hábito estilístico en *Fortunata y Jacinta* y calibrar su representatividad; y gracias a opciones integradas en *Keywords* como las concordancias, podemos además analizarlo de manera metódica.

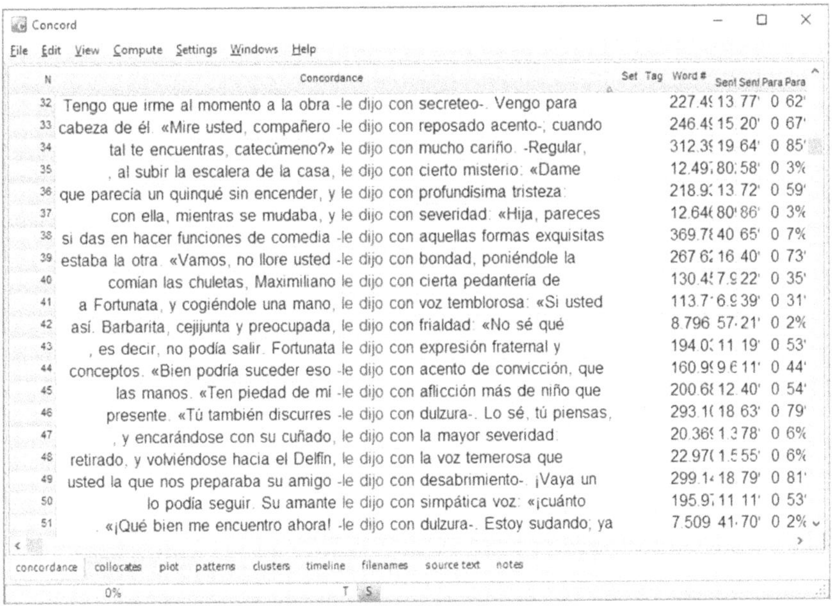

Ilustración 3.12 Captura de pantalla de la concordancia "le dijo" en *Fortunata y Jacinta*

Aunque en este libro no recurramos al análisis de palabras clave, existen multitud de trabajos en los que se puede advertir cómo esta opción constituye una estrategia de análisis habitual en estudios de estilística de corpus, como los de Berber-Sardinha (2000), Culpeper (2002), Scott y Tribble (2006), Toolan (2009), Fischer-Starcke (2009, 2010), Bednarek (2010), Mahlberg y Smith (2010) o Mahlberg y McIntyre (2011), entre otros. En el caso de Galdós, cabe destacar el reciente trabajo de Nieto Caballero (2020), en el que se analizan las palabras claves de *La Fontana de Oro* con respecto al resto de su producción para identificar hábitos en el estilo del Galdós de la primera época.

3.2.1.4. *Clusters*

Un *cluster*, también llamado *n-gram*, se puede definir como una secuencia de dos o más palabras empleada de forma repetida en un corpus de textos (Cheng 2012: 72).[5] Estas secuencias de palabras son examinadas habitualmente en los estudios de estilística de corpus, pues el uso repetido de una misma construcción se materializa en patrones susceptibles de análisis desde un punto de vista literario. En *WordSmith* pueden ser generados de la misma manera que una lista de palabras, una concordancia o las palabras clave mediante la opción homónima *clusters*. Por eso, y porque en este libro desempeñan un papel importante en el capítulo dedicado al análisis del estilo de Galdós, queremos detenernos también en esta opción de análisis.

Desde un punto de vista metodológico, los *clusters* pueden generarse de diversas maneras. Con una concordancia se pueden obtener, por defecto, los *clusters* más frecuentes de hasta tres palabras que se forman con esa palabra, como se ha comentado en el apartado 3.2.1.2. Lo mismo ocurre cuando generamos una lista de palabras clave, como acaba de apuntarse en el apartado anterior. Sin embargo, *WordSmith* también ofrece

5 Un *cluster* no debe confundirse con un sintagma (*phrase*). Aunque a veces estas secuencias de palabras puedan coincidir con un sintagma, los *clusters* no son necesariamente construcciones gramaticalmente correctas desde un punto de vista sintáctico, sino cualquier secuencia de palabras que se repite (Zhang 2014: 53).

la posibilidad de localizar *clusters* automáticamente sin mediación previa. Esto es, los *clusters* pueden generarse desde cero, sin que contengan un término que determine la secuencia de palabras. Esta es la opción más interesante en un estudio de estilística de corpus. Se trata, además, de la que utilizamos en este libro.

Para generar *clusters* en un corpus de textos, debemos primero disponer de un índice de listas de palabras de nuestro corpus. Para ello debemos recurrir a la opción *Wordlist*, que nos permite guardar las listas de palabras que hagamos como una lista de palabras convencional o como un índice de lista de palabras. Si lo hacemos siguiendo esta última opción, seremos capaces, tras generar el índice, de localizar *clusters* según los parámetros que fijemos. En la ilustración 3.13 se muestran los parámetros que *WordSmith* ofrece al usuario para diseñar la búsqueda. Como se puede observar en el cuadro de diálogo, es posible escoger la frecuencia mínima que el *cluster* debe tener para que sea identificado, su tamaño (de entre cuántas y cuántas palabras), si deseamos que el programa tenga en cuenta o no los caracteres numéricos, los signos de puntuación, etc.

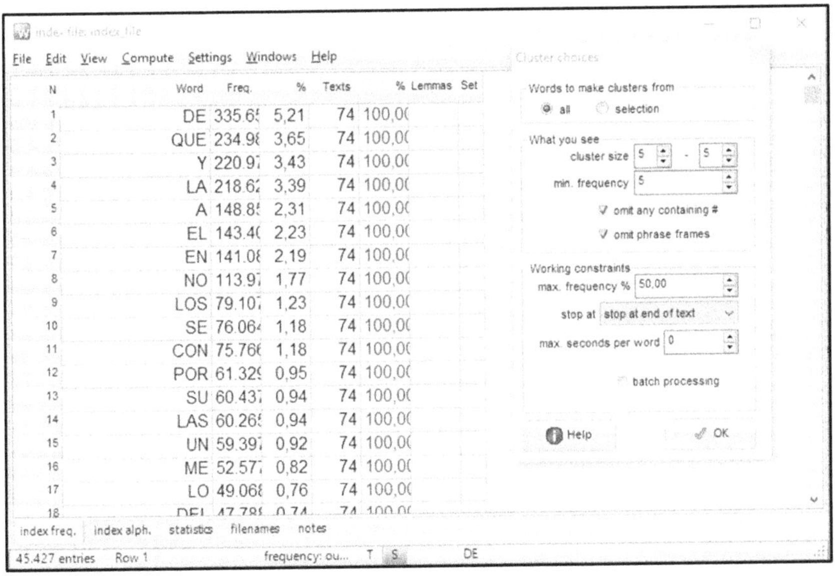

Ilustración 3.13 Cuadro de diálogo para fijar los parámetros de los *clusters* en *WordSmith*

Si fijamos los parámetros que se muestran en la ilustración (de cinco palabras, que aparezcan al mínimo cinco veces, que no se detenga en signos de puntuación), por ejemplo, en CorBPG se localizan un total de 5811 *clusters*. En la ilustración 3.14 se muestran los veinte ejemplos más frecuentes de estas 5811 secuencias. Como se puede observar, aparecen dispuestos por defecto según el número de apariciones. Al lado de cada ejemplo se nos ofrece la frecuencia exacta del *cluster* en el corpus, así como el número de textos en los que aparece (*a un lado y otro*, por ejemplo, aparece 126 veces en cincuenta textos) y el porcentaje que eso representa (estos cincuenta textos suponen un 67,57% de los setenta y cuatro textos que forman CorBPG). Si pinchamos con el botón derecho sobre cualquier ejemplo, además, podemos generar una concordancia que nos permita analizar los ejemplos en su contexto.

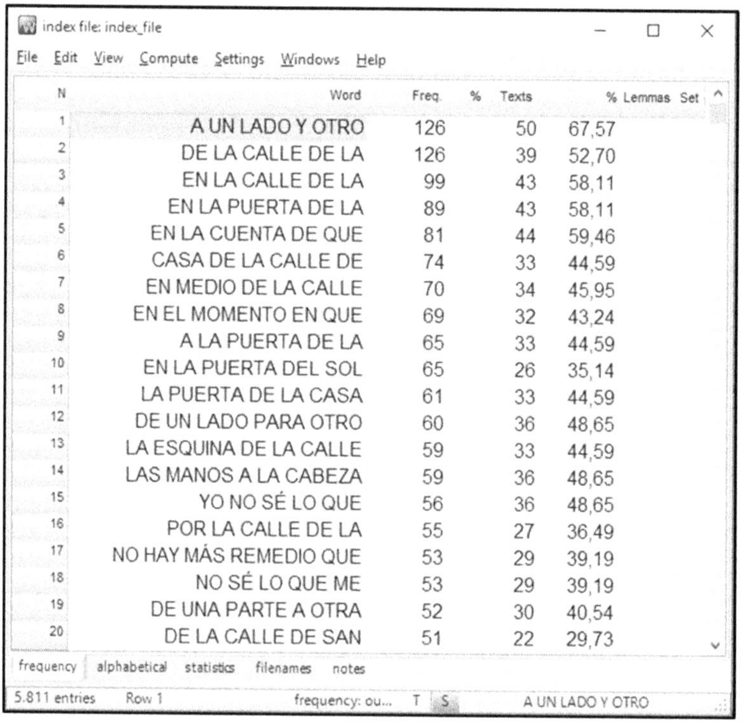

N	Word	Freq.	%	Texts	% Lemmas	Set
1	A UN LADO Y OTRO	126		50	67,57	
2	DE LA CALLE DE LA	126		39	52,70	
3	EN LA CALLE DE LA	99		43	58,11	
4	EN LA PUERTA DE LA	89		43	58,11	
5	EN LA CUENTA DE QUE	81		44	59,46	
6	CASA DE LA CALLE DE	74		33	44,59	
7	EN MEDIO DE LA CALLE	70		34	45,95	
8	EN EL MOMENTO EN QUE	69		32	43,24	
9	A LA PUERTA DE LA	65		33	44,59	
10	EN LA PUERTA DEL SOL	65		26	35,14	
11	LA PUERTA DE LA CASA	61		33	44,59	
12	DE UN LADO PARA OTRO	60		36	48,65	
13	LA ESQUINA DE LA CALLE	59		33	44,59	
14	LAS MANOS A LA CABEZA	59		36	48,65	
15	YO NO SÉ LO QUE	56		36	48,65	
16	POR LA CALLE DE LA	55		27	36,49	
17	NO HAY MÁS REMEDIO QUE	53		29	39,19	
18	NO SÉ LO QUE ME	53		29	39,19	
19	DE UNA PARTE A OTRA	52		30	40,54	
20	DE LA CALLE DE SAN	51		22	29,73	

Ilustración 3.14 Captura de pantalla de los veinte *clusters* más frecuentes de CorBPG

Algunos de estos ejemplos localizados en CorBPG sugieren hábitos estilísticos que pueden desempeñar distintas funciones. Tal es el caso de la definición del espacio en el universo galdosiano. Como se puede observar en la ilustración, la mayoría de los *clusters* tienen que ver con la descripción de los espacios a la que ya nos referimos en el apartado 1.3.1. De los diez primeros, de hecho, ocho son de este tipo: *de un lado a otro*, *en la calle de la*, *de la calle de la*, *en la puerta de la*, *casa de la calle de*, *en medio de la calle*, *a la puerta de la* y *en la Puerta del Sol*. El uso sistemático de las mismas secuencias de palabras para describir espacios —y el hecho mismo de que los *clusters* más numerosos tengan que ver con este aspecto— no solo encaja con el dominio del espacio visual y el movimiento del que suele hablar la crítica (cf. Arroyo Díez 2011) sino que revela un hábito del estilo del autor canario empleado para modelar sus universos ficticios (Nieto Caballero 2019c). Como se podrá comprobar en el capítulo 5, en este libro también recurrimos a la opción *clusters* de *WordSmith* para construir nuestro análisis sobre la influencia de Dickens en la narrativa de Galdós a través de la identificación de patrones léxico-gramaticales concretos.

3.3. Anotación de un corpus

Las herramientas que venimos describiendo a lo largo de este capítulo sirven para llevar a cabo análisis que nos permiten profundizar en aspectos estilísticos que no pueden ser examinados, por norma general, con una lectura atenta de los textos. Sin embargo, es cierto que "for some questions that are relevant to literary stylistics there are no ready-made tools that can easily be employed" (Mahlberg 2014: 385). Cuando esto es así, con frecuencia se suele recurrir a corpus anotados o etiquetados. La anotación o el etiquetado de un corpus "is the practice of adding interpretative linguistic information to a corpus" (Leech 2005: 17). Algunos académicos se han posicionado en contra de esta práctica, pues consideran que la anotación puede adulterar el corpus debido al reflejo de las preferencias de los investigadores en el etiquetado o incluso por errores en el proceso de anotación (cf. Sinclair 2005). Por el contrario, otros académicos se muestran a favor del etiquetado de textos, pues consideran que otorga un valor añadido al corpus (Leech 2005). A pesar de que no es una práctica que usemos en este libro por cuestiones que se detallan más abajo, consideramos que cualquier etiquetado, llevado a cabo de forma consistente, puede enriquecer un corpus y potenciar su análisis. Se trata, además, de un aspecto de uso extendido en los estudios de estilística de corpus, por lo que merece que le dediquemos un apartado dentro de este capítulo.

En los estudios de corpus en general existen varios tipos de anotación o etiquetado. El más habitual es tal vez el etiquetado morfológico, en el que a cada palabra de nuestro corpus se le asigna una etiqueta según su condición de sustantivo, verbo, adjetivo, etc. Otros tipos de etiquetado son el fonético, el semántico, el pragmático, el discursivo, el léxico o el estilístico (cf. Leech 2005). El etiquetado fonético, por ejemplo, consiste en añadir etiquetas con información sobre la pronunciación de las palabras, el semántico en añadir etiquetas que ayuden a agrupar las palabras del corpus según campos semánticos, y el estilístico suele dedicarse a distinguir tipos de estrategia de representación del discurso. Como cabe imaginar, este último tipo es el más habitual en los estudios estilística de corpus. Es, por ejemplo, el que se utiliza en el trabajo de Semino y Short (2004) al que ya nos referimos en el apartado 1.4. En cualquier caso, todas las opciones que acabamos de detallar son solo algunas de las variantes más empleadas, pues en realidad un corpus puede etiquetarse con el tipo de información que se quiera, según el tipo de análisis que quiera llevarse a cabo. Sirva como ejemplo el etiquetado de los textos del proyecto *CLiC Dickens* mencionado en el apartado 3.1.1, diseñado específicamente para localizar y analizar suspensiones en novelas.

Sea cual sea el tipo contenido de nuestras etiquetas, sin embargo, sí que debemos distinguir entre dos tipos de anotación según el modo de incorporarla a nuestro corpus: la anotación o el etiquetado automático y la anotación o el etiquetado manual. La anotación o el etiquetado automático es, por cuestiones obvias de sistematicidad, la opción más extendida. Para llevarla a cabo se suele recurrir, si el tipo de etiquetado que queremos aplicar a nuestro corpus lo permite, a *softwares* especializados. Uno de los más conocidos es *Wmatrix* (Rayson 2003, 2008, 2009),[6] desarrollado en la Universidad de Lancaster, en Reino Unido. Además de opciones

6 Esta herramienta se encuentra disponible en http://ucrel.lancs.ac.uk/wmatrix/ (consultada por última vez el 1 de marzo de 2020).

de análisis estándar como las que acabamos de describir en el apartado anterior (listas de palabras, concordancias, etc.), la herramienta *Wmatrix* cuenta con enlaces a herramientas de anotación como *USAS* (*UCREL Semantic Analysis System*) y *CLAWS* (*Constituent Likelihood Automatic Word-tagging System*). Cualquier usuario puede subir un archivo de texto y, mediante la opción *tag wizard*, realizar un etiquetado automático del texto. El etiquetado que se puede hacer utilizando *Wmatrix* es de dos tipos: semántico (*semantic tagging*) y morfológico (*part-of-speech tagging*), llevados a cabo por *CLAWS* y *USAS* respectivamente. En la ilustración 3.15 se muestra una captura de la interfaz de la pantalla de inicio del programa. *Wmatrix* ha sido empleado en varios estudios de estilística de corpus, como en los de Culpeper (2009), Bousfield (2010) o McIntyre (2010), entre otros.

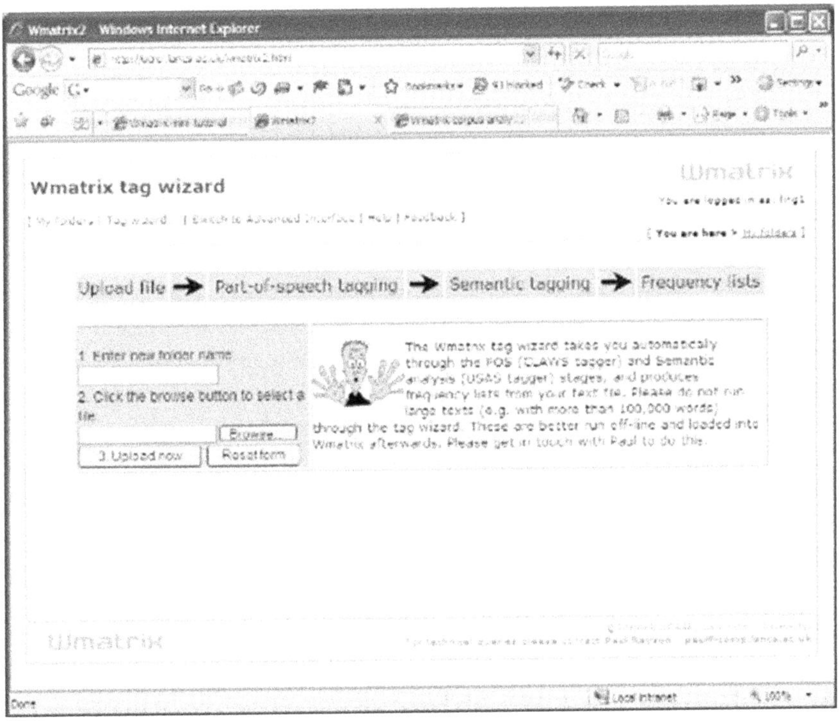

Ilustración 3.15 Interfaz de *Wmatrix*

Por su parte, la anotación o el etiquetado manual se emplea cuando no es posible recurrir al etiquetado automático —fundamentalmente porque el etiquetado que se quiere hacer requiere una lectura comprensiva de los textos. Este es el caso de Semino y Short (2004) que hemos comentado más arriba, pues no existe ningún algoritmo que permita identificar las estrategias de representación del discurso de las que ellos se ocupan en su análisis. El etiquetado manual suele descartarse por dos razones. La primera, y tal vez la de mayor peso, es que, al requerir una lectura atenta de los textos, no puede llevarse a cabo sobre corpus muy extensos —el corpus anotado empleado por Semino y Short (2004), por ejemplo, tiene alrededor de 260 000 palabras, una cantidad de texto muy inferior a los casi 6,5 millones de palabras de CorBPG que aquí analizamos. El segundo motivo tiene que ver con el carácter artesanal del etiquetado, "which risks being slow and prone to error" (Leech 2005: 29).

Tanto en el etiquetado automático como en el manual deben cumplir obligatoriamente dos principios: tienen que ser separables del texto original y han de estar debidamente documentados. Sobre el primer principio conviene mencionar que, al añadirse como una información extra, esta no debe formar parte de la masa de texto que procesamos, de tal suerte que en cualquier momento podamos procesar nuestro corpus de estudio con una herramienta sin que ello afecte a los resultados que obtengamos (número de palabras totales del corpus, por ejemplo). Huelga decir, además, que la anotación ed un corpus "should never result in any loss of information about the original corpus data" (Leech 2005: 22). Documentar el etiquetado debidamente, por su parte, es importante para justificar las decisiones que hemos tomado y explicar los pasos que hemos seguido ante nuestros pares. En concreto, debe detallarse (i) cuándo, dónde, cómo y por quién ha sido anotado el corpus, (ii) qué tipo de anotación se ha utilizado (automática, manual, etc.), (iii) qué convenciones se han seguido y (iv) cómo de fiable creemos que es (cf. Leech 2005). Cuando recurrimos a la anotación automática con *softwares* especializados, estos dos principios se dan por supuestos, pues las etiquetas se añaden sobre nuestro texto (es decir, están separadas del corpus) y la información relevante sobre el etiquetado y cómo se lleva a cabo se explica convenientemente en la guía de la herramienta. Es en la anotación manual cuando debemos prestar más atención a estos aspectos.

Por último, en un punto intermedio entre la anotación automática llevada a cabo con programas específicos y la anotación manual, existe un tercer tipo de anotación en el que también debemos detenernos. Se trata de aquellos casos en los que el investigador diseña manualmente su propia anotación, que luego automatiza gracias a un lenguaje de programación. Se trata de un tipo de etiquetado empleado habitualmente en los estudios de estilística de corpus con textos anotados para analizar aspectos que un *software* de etiquetado no es capaz de localizar. A modo ilustrativo, podemos mencionar el ejemplo de las novelas del proyecto *CLiC Dickens*. Como ya hemos comentado en el apartado en el apartado 3.1.1, este etiquetado se diseñó principalmente para analizar el valor de las suspensiones en la producción del autor victoriano. Este corpus ha sido empleado en varios estudios (Taketazu 2015; Falchi 2017; Lugea 2017; Szudarski 2017; Ruano San Segundo 2017b, Giovanelli y Mason 2018; Mullan 2018; entre otras) y su etiquetado se explica en distintos trabajos, como Mahlberg y Smith (2012), Mahberg, Smith y Preston (2013) o Mahlberg, Sotckwell, de Joode, Smith y O'Donnell (2016). En la ilustración 3.16 se muestra un ejemplo.

```
<p pid="24" id="BH.c4.p24" type="speech">
        <s sid="52" id="BH.c4.s52">
                <qs/>
                        "I am very glad indeed,"
                <qe/>
                        <sls/>
                                said Mrs. Jellyby in an agreeable voice,
                        <sle/>
                <qs/>
                        "to have the pleasure of receiving you.
        </s>
        <s sid="53" id="BH.c4.s53">
                        I have a great respect for Mr. Jarndyce, and no one in
                        whom he is interested can be an object of indifference
                        to me."
                <qe/>
        </s>
</p>
```

Ilustración 3.16 Ejemplo de corpus anotado extraído de Mahlberg, Smith y Preston (2013)

Este etiquetado sigue el lenguaje de etiquetado extensible XML, uno de los lenguajes de etiquetado por excelencia. La automatización del etiquetado se lleva a cabo con el lenguaje de programación Python. El etiquetado contiene distintos tipos de información "such as the title of the novel, chapter and number of paragraph or sentence (BH.c4.p24 indicates

Bleak House, Chapter 4, paragraph 24, or BH.c4.s52 stands for *Bleak House,* Chapter 4, sentence 52)" (Mahlberg, Smith y Preston 2013: 38). Además de estos datos, el etiquetado contiene la información sobre los cuatros aspectos comentados en el apartado 3.1.1 sobre los que se construye *CLiC*: citas, narración, suspensiones largas y suspensiones cortas.[7] En la ilustración 3.16, por ejemplo, vemos dos ejemplos de cita (*"I am very glad indeed,"* y *"to have the pleasure of receiving you. I have freat respect for Mr. Jarndyce, and no one in whom he is interested can be an object of indifference to me."*) y una suspensión larga (*said Mrs. Jellyby in an agreeable voice*). Como se puede advertir en la ilustración, el inicio de una cita lo marca la etiqueta *<qs/>* (*quotation start*), mientras que el final lo marca la etiqueta *<qe/>* (*quotation ending*); en el caso de las suspensiones largas, el inicio y el final lo marcan las etiquetas *<sls/>* (*long suspension start*) y *<sle/>* (*long suspension ending*), respectivamente. Este etiquetado permite, por ejemplo, identificar y aislar todas las suspensiones de una o varias novelas, lo que hace posible analizar de forma metódica su valor literario.

En español, desafortunadamente, no existen trabajos de estilística de corpus con muestras de texto etiquetadas. En este libro también hemos optado por descartar la opción de etiquetar nuestro corpus, pues el apartado analítico de este libro se construye principalmente en torno a la proyección del discurso de los personajes por parte de los narradores de las novelas y el tipo de etiquetado que este tipo de análisis requeriría, como hemos explicado más arriba con el caso de Semino y Short (2004) como ejemplo, tendría que hacerse de forma manual. Teniendo en cuenta la extensión de CorBPG (c. 6,5 millones de palabras), llevar a cabo un etiquetado manual del corpus resulta inviable. Esto no quiere decir, en modo alguno, que no apreciemos el valor de un posible etiquetado de CorBPG. De hecho, consideramos que sería muy valioso etiquetar el estilo directo de las novelas siguiendo el modelo del proyecto *CLiC Dickens* que acaba de comentarse. Esta sería una buena forma de estudiar el uso que Galdós hace de esta estrategia de representación del discurso en comparación con Dickens, lo que nos permitiría explorar desde otra perspectiva las similitudes estilísticas entre ambos autores que aquí se analizan en el capítulo 5. Para nuestros propósitos generales de análisis, sin embargo, un corpus sin etiquetas resulta suficiente.

---

7 Para una descripción pormenorizada sobre el proceso de etiquetado y las fases en la automatización del proceso, véase Mahlberg y Smith (2012: 54–55).

Parte II: Práctica

En esta segunda parte del libro presentamos distintos análisis sobre la figura de Benito Pérez Galdós en los que llevamos a la práctica cuestiones que se han desgranado en los capítulos anteriores. Por una cuestión de consistencia y para crear un hilo conductor que nos guíe a lo largo de todo este bloque práctico, los análisis que ofrecemos a continuación se articulan en torno a un aspecto común: la proyección del discurso. En ellos nos ocupamos de tres dimensiones bien diferenciadas entre sí. En primer lugar, presentamos un análisis estilístico de su producción narrativa (capítulo 4). En segundo lugar, realizamos un estudio de intertextualidad en el que exploramos la influencia que Charles Dickens ejerció en su estilo (capítulo 5). Por último, también presentamos un análisis traductológico de su versión de *Pickwick Papers*, de Dickens, única traducción que Galdós llevó a cabo (capítulo 6).[1] El capítulo 4, el más extenso por cuestiones obvias, se puede dividir a su vez en tres grandes apartados. Por un lado, presentamos un estudio de la proyección del discurso de los personajes del universo galdosiano por parte de los narradores de las distintas novelas desde una perspectiva general, centrándonos en patrones léxico-gramaticales que revelan la existencia de bloques textuales que contribuyen a la construcción del universo ficticio que el autor nos presenta y también de funciones textuales locales que contribuyen a la caracterización de sus personajes (apartado 4.1). Por otro lado, nos ocupamos del modo en el que los narradores de sus novelas informan de los silencios que rodean la representación del discurso de los personajes. Como se podrá comprobar, los silencios aparecen frecuentemente narrados de manera retrospectiva, lo que acarrea una serie de implicaciones estilísticas que han pasado desapercibidas para la

1 El contenido de los capítulos que se presentan a continuación ha sido expuesto por los autores en distintos congresos científicos: Nieto Caballero (2016a, 2016b, 2017a, 2017b, 2017d), Nieto Caballero y Ruano San Segundo (2016) y Ruano San Segundo (2014a, 2014b, 2014c, 2014d, 2014f). Más tarde, este contenido se publicó en distintos artículos científicos. Aunque no se trata de una reproducción de tales publicaciones, parte del contenido y los ejemplos que se analizan en los capítulos que se presentan a continuación han sido publicados en tales artículos, tanto de Nieto Caballero (2018, 2019a, 2019d, 2019e) como de Ruano San Segundo (2015).

crítica tradicional (apartado 4.2). Finalmente, analizaremos la presencia de la forma verbal *dijo* a lo largo de la narrativa de Galdós, que nos ayudará a investigar la frecuencia de uso de diferentes estrategias de representación del discurso en distintos estadios de la trayectoria de Galdós y nos permitirá distinguir dos fases bien diferenciadas en su estilo. En este análisis se abordarán algunas de las opciones ejercidas sistemáticamente por el autor en el uso *dijo*, que definen claramente su estilo y contribuyen a trazar una evolución en su trayectoria (apartado 4.3).

En el capítulo 5, dedicado a la intertextualidad, analizamos la influencia que Charles Dickens ejerció en el estilo de Benito Pérez Galdós. Para ello, hemos tomado como referencia el lenguaje gestual que acompaña a la proyección del discurso de los personajes. De forma más concreta, se han analizado aquellos *clusters* empleados de forma recurrente por ambos autores que contienen referencias a alguna de las siguientes partes del cuerpo: los ojos, la cabeza, las manos o los hombros. Como se podrá comprobar, Dickens y Galdós utilizan construcciones similares —tanto en términos formales como funcionales— para construir sus universos ficticios al tiempo que introducen el discurso de sus personajes, lo que ayudará a demostrar la influencia del primero sobre el segundo desde un punto de vista estilístico

En el capítulo 6, finalmente, nos ocupamos del Galdós traductor, tal vez la faceta menos conocida del autor canario. En concreto, presentamos un análisis de su única traducción (*Pickwick Papers*, precisamente de Charles Dickens), centrándonos en cómo traslada al español los verbos de habla que el autor victoriano emplea en el original para proyectar las voces de los personajes. Estos verbos son un elemento lingüístico con un valor literario destacado en la producción del autor inglés, de los que se sirve para caracterizar a los personajes a través de sus voces (Ruano San Segundo 2016). Con un enfoque de estilística de corpus podremos ver hasta qué punto Galdós se percata de este valor y si los conserva en su traslado al español de la obra.

Los corpus utilizados en los distintos análisis ya han sido desgranados en la primera parte del libro, por lo que nos iremos refiriendo a ellos según la nomenclatura previamente explicada. Del mismo modo, intentaremos no detenernos demasiado en cuestiones de tipo metodológico, para centrarnos en cuestiones puramente analíticas. Solo en aquellos momentos en los que el procedimiento exija una explicación pormenorizada dedicaremos un apartado a detallar la metodología empleada. Sin embargo, procuraremos no detenernos a explicar cómo hemos hecho listas de palabras o concordancias, pues son aspectos de los que ya nos hemos ocupado en el capítulo 3 en el apartado dedicado a *WordSmith*, *software* que hemos empleado en todos los análisis.

El objetivo de esta segunda parte del libro es, como no podía ser de otra manera, el de ilustrar, con ejemplos concretos, el potencial de los estudios de estilística de corpus en el análisis de autores en nuestra lengua y trasladar a la práctica toda la teoría que hemos desgranado en la primera mitad del libro. Para acercar esta aplicación práctica lo máximo posible al lector, cada uno de los tres capítulos de esta segunda parte se cierra, además, con un apartado de consideraciones finales donde se plantean posibles ideas para futuros estudios que adopten un enfoque de estilística de corpus similar al que nosotros presentamos, de tal suerte que el lector pueda extraer tales sugerencias para poner en práctica sus propios estudios de estilística de corpus con otros autores (o con el propio Galdós, naturalmente).

Capítulo 4. Análisis estilístico de la producción narrativa de Galdós

El análisis que se presenta en este primer capítulo se centra en patrones léxico-gramaticales identificados con *WordSmith Tools 6* (Scott 2016b) relacionados con la proyección del discurso de los personajes del universo galdosiano por parte de los narradores de las distintas novelas. Con él pretendemos demostrar cómo el procesamiento de textos literarios con un *software* de concordancias puede revelar patrones tanto formales como funcionales que, debido a la falta de herramientas adecuadas, no han podido ser identificados con anterioridad —o al menos no han podido ser analizados de forma metódica. Como acabamos de apuntar, este primer capítulo se divide en tres grandes bloques. En el apartado 4.1 ofrecemos una comparación general entre Galdós (CorBPG) y la novela realista española (CorXIX). Además de para calibrar la preponderancia de la representación del discurso en la obra de Galdós, esta comparación nos servirá para identificar bloques textuales típicamente galdosianos que contribuyen a la construcción del universo ficticio que el autor nos presenta y también funciones textuales locales que contribuyen a la caracterización de sus personajes. En el apartado 4.2, ajustaremos nuestro foco de interés para centrarnos en la narración de las pausas por parte de los narradores de las distintas novelas, un aspecto mucho más concreto, pero igualmente significativo desde un punto de vista estilístico por su consistencia formal (y funcional). Para ello utilizaremos un enfoque metodológico diferente: la identificación de *clusters*. En el apartado 4.3, finalmente, planteamos una tercera vía de análisis con la que poder investigar la evolución estilística de Galdós a través de la frecuencia y el uso de distintas estrategias de representación del discurso.

4.1. La proyección del discurso en la narrativa de Galdós

Los patrones léxico-gramaticales en los que nos centramos en este primer apartado contienen la forma verbal *dijo*, verbo de habla por excelencia en el género novelesco. La razón para que esto sea así estriba en la presencia destacada de esta forma en la obra del autor canario con respecto al resto de la novela realista española, según los corpus de estudio (CorBPG) y de referencia (CorXIX) descritos en el capítulo 2. La diferencia en la frecuencia de uso de *dijo* se muestra en la ilustración 4.1, en la que aparecen dos capturas de pantalla, una con la lista de palabras extraída de CorBPG y otra con la lista de palabras extraída de CorXIX.

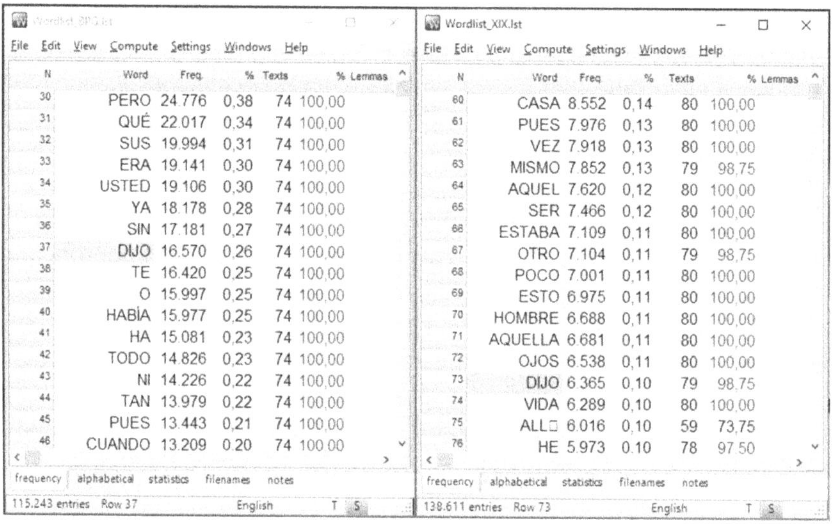

File Edit View Compute Settings Windows Help

N	Word	Freq.	%	Texts	% Lemmas
30	PERO	24.776	0,38	74	100,00
31	QUÉ	22.017	0,34	74	100,00
32	SUS	19.994	0,31	74	100,00
33	ERA	19.141	0,30	74	100,00
34	USTED	19.106	0,30	74	100,00
35	YA	18.178	0,28	74	100,00
36	SIN	17.181	0,27	74	100,00
37	DIJO	16.570	0,26	74	100,00
38	TE	16.420	0,25	74	100,00
39	O	15.997	0,25	74	100,00
40	HABÍA	15.977	0,25	74	100,00
41	HA	15.081	0,23	74	100,00
42	TODO	14.826	0,23	74	100,00
43	NI	14.226	0,22	74	100,00
44	TAN	13.979	0,22	74	100,00
45	PUES	13.443	0,21	74	100,00
46	CUANDO	13.209	0.20	74	100.00

frequency alphabetical statistics filenames notes

115.243 entries Row 37 English T S

Wordlist_XIX.lst

File Edit View Compute Settings Windows Help

N	Word	Freq.	%	Texts	% Lemmas
60	CASA	8.552	0,14	80	100,00
61	PUES	7.976	0,13	80	100,00
62	VEZ	7.918	0,13	80	100,00
63	MISMO	7.852	0,13	79	98,75
64	AQUEL	7.620	0,12	80	100,00
65	SER	7.466	0,12	80	100,00
66	ESTABA	7.109	0,11	80	100,00
67	OTRO	7.104	0,11	79	98,75
68	POCO	7.001	0,11	80	100,00
69	ESTO	6.975	0,11	80	100,00
70	HOMBRE	6.688	0,11	80	100,00
71	AQUELLA	6.681	0,11	80	100,00
72	OJOS	6.538	0,11	80	100,00
73	DIJO	6.365	0,10	79	98,75
74	VIDA	6.289	0,10	80	100,00
75	ALL□	6.016	0,10	59	73,75
76	HE	5.973	0.10	78	97.50

frequency alphabetical statistics filenames notes

138.611 entries Row 73 English T S

Ilustración 4.1 Frecuencia "dijo" en CorBPG y CorXIX

Como se puede advertir en la ilustración, Galdós utiliza la forma *dijo* más del doble (0,26%) que el resto de autores realistas en general (0,10%). La mayoría de los ejemplos de *dijo* localizados en ambos corpus corresponden con la estrategia de representación del discurso de estilo directo, la más común en el género novelesco debido a su carácter mimético (Semino y Short 2004: 97). El uso destacado por parte de Galdós sugiere que esta estrategia puede desempeñar una función estilística significativa en su obra. Y aquí debemos considerar dos aspectos: el habla de los personajes y su proyección por parte de los narradores. El habla de los personajes, por un lado, ha sido ampliamente analizada por la crítica como herramienta de caracterización empleada por Galdós para construir a sus personajes. El ejemplo más claro quizá sea el de las muletillas, que sirven para identificar al personaje en el transcurso de la historia. Tal es el caso de "en toda la extensión de la palabra" propia de Doña Lupe, en *Fortunata y Jacinta*, que se muestra en el ejemplo (1). Aunque un enfoque de corpus no sea necesario para identificar estos segmentos de texto —su valor reside precisamente en que son fácilmente reconocibles por el lector, que establece una asociación entre la muletilla y el personaje—, el hecho de que el procesamiento del corpus galdosiano apunte en esta dirección resulta interesante, pues, como señala Stubbs, "even if quantification only confirms what we already know, this is no bad thing [...], since this gives confidence that the method can be relied on" (Stubbs 2005: 6). Y en este caso no solo nos vale para "confirm findings from many years of traditional study" (Stubbs 2005: 6), sino para para calibrarlos con exactitud: el verbo de habla por antonomasia para la representación del discurso se utiliza más del doble en la producción de Galdós que en la novela realista en general, un dato que hasta ahora no había sido cuantificado.

(1) —Así me gusta. Esto se llama ser filósofo *en toda la extensión de la palabra*, y elevarse sobre las miserias humanas —dijo la viuda con emoción verdadera o falsa—. No vuelvas a acordarte más del santo de su nombre...

(*Fortunata y Jacinta*, tomo 4, capítulo 5)

La proyección del discurso por parte de los narradores, por otro lado, también puede materializarse en patrones significativos desde un punto de vista estilístico, aunque estos tradicionalmente hayan pasado desapercibidos en el plano literario por resultar menos llamativos para el lector. Es aquí donde se combina la parte cuantitativa con la cualitativa propia de los estudios de estilística de corpus, y donde podemos demostrar la validez de este tipo de enfoques para realizar análisis sistemáticos sobre aspectos concretos en el estilo de un autor. Una concordancia de *dijo* en CorBPG, por ejemplo, identifica todos los ejemplos en una sola lista, lo que permite una lectura vertical de estos (Tognini-Bonelli 2001: 18). Esta lectura vertical hace posible, a su vez, identificar patrones recurrentes que no han sido analizados de forma metódica con anterioridad. En la ilustración 4.2, por ejemplo, se muestra una captura de pantalla con treinta de los 16 570 ejemplos de *dijo* localizados en CorBPG, correspondientes a la proyección del discurso de Morton, en *Gloria*:

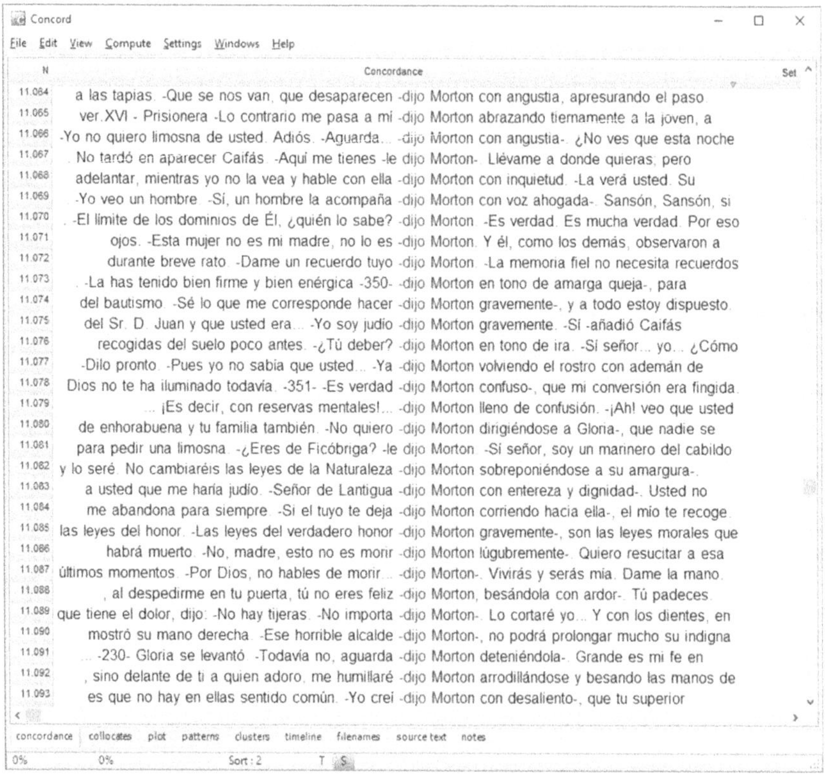

Ilustración 4.2 Captura de pantalla de la concordancia "dijo" en CorBPG (*dijo Morton*)

Como se puede observar, todos los ejemplos mostrados en la ilustración corresponden al estilo directo. En ellos se advierten con claridad los usos que Galdós hace de la forma verbal *dijo*. En concreto, el autor canario recurre fundamentalmente a sintagmas preposicionales (concordancias 11.064, 11.066, 11.068, 11.076 y 11.093, entre otras), sintagmas adverbiales (concordancias 11.074, 11.075, 11.085 y 11.086), sintagmas adjetivales (concordancias 11.078 y 11.079) y oraciones subordinadas adverbiales (concordancias 11.065, 11.077 y 11.082) para acompañar —y completar— a la forma verbal. Analizadas con detenimiento, estas estructuras formales desempeñan, además, funciones específicas. En ellas, por ejemplo, aparece sistemáticamente información relacionada con el lenguaje gestual de los personajes (concordancias 11.065, 11.084 y 11.092), con el modo de articulación de su discurso (concordancias 11.069 y 11.076) o con su actitud (concordancias 11.078 y 11.083). Estos patrones no son necesariamente exclusivos de Galdós, sino propios de la literatura realista decimonónica. Sin embargo, aislarlos en la producción del autor canario permite analizarlos en su obra y descubrir rasgos de su estilo que hasta ahora no han sido explorados en profundidad. En concreto, a continuación se analizan dos aspectos bien diferenciados: la construcción del universo ficticio galdosiano mediante el uso de bloques textuales y la proyección de rasgos caracterizadores de los personajes en el transcurso de la historia. El análisis de estos dos aspectos servirá para ilustrar cómo un enfoque de corpus permite revelar estilemas en la obra del autor canario que tradicionalmente han pasado desapercibidos para la crítica.

4.1.1. Bloques textuales y construcción del universo ficticio

En el género novelesco, el lenguaje gestual aparece frecuentemente unido a la representación del discurso verbal, sobre todo en estilo directo (Korte 1997: 94 y ss.). Esta combinación facilita la construcción del universo ficticio que se presenta al lector a través de la alternancia de la voz del narrador y el discurso de los personajes. En el caso de la obra de Galdós, los patrones léxico-gramaticales que contienen la forma dijo identificados en CorBPG parecen sugerir hábitos estilísticos en su modo de construir el universo ficticio que nos presenta. Sirvan como ejemplo los casos de la forma *dijo* acompañados por oraciones subordinadas adverbiales. Las proposiciones subordinadas adverbiales suelen hacer referencia a descripciones de movimiento, como la fórmula *dijo abrazándo(le)(se)(me)*, de la que se han localizado seis usos en el corpus, mostrados en los ejemplos (2) a (7):

(2) —Somos huérfanas *—le dijo, abrazándose las dos estrechamente—*; somos huérfanas, Dios no ha querido que entremos en casa con nuestro padre.

(*De Oñate a la granja*, capítulo 28)

(3) —Hola, traviatito —*me dijo abrazándome*—. ¿Manda usted algo para París?

(*Lo prohibido*, tomo 2, capítulo 18)

(4) —La revelación de tu secreto —*le dijo abrazándole con ternura*—, ha modificado un poco mi juicio. Quizá logres convencerme. ¿Por qué no aplazas tu determinación?

(*Gloria*, capítulo 28)

(5) —¡Qué poco amable es este señor! —*dijo abrazándole*—. Bueno, guarda el secretito, hombre, y dispensa. Ten cuidado no te roben esa preciosidad. Eso, eso es, o somos reservados o no. Yo me quedo lo mismo que estaba. No creas que tengo gran interés en saberlo. ¿Qué me meto yo en el bolsillo con saber un nombre más?

(*Fortunata y Jacinta*, tomo 1, capítulo 5)

(6) —Pues sí, señora Doña Francisca —*le dijo abrazándola*—. ¿Creía usted que habiéndome salido ese novio tan hechicero y tan saleroso, le había de dejar yo en necesidad, sin darle para el pelo?

(*Misericordia*, capítulo 19)

(7) —Eso que tienes no es nada —*dijo abrazando a su hijo*—: un simple rasguño. Tú no estás acostumbrado a sentir heridas; eres una dama, Rafael. ¡Oh!, si cuando la guerra del Rosellón hubieras estado en edad de ir allá conmigo, habrías visto lo bueno. Aquéllas sí eran heridas. Ya sabes que una bala me entró por el antebrazo, subió hacia el hombro, dio la vuelta por toda la espalda, y vino a salir por la cintura. ¡Oh, qué herida tan singular!, pero a los tres días estaba sano, mandando la artillería en el ataque de Bellegarde.

(*Trafalgar*, capítulo 15)

Desde un punto de vista formal, estos seis ejemplos comparten rasgos que revelan una suerte de estilema en la representación del discurso de los personajes: no solo se trata de una proposición proyectora[1] que contiene una oración subordinada adverbial que completa la representación del discurso del personaje, sino que, tratándose de una descripción de

1 Siguiendo la nomenclatura propia de la gramática sistémica funcional, en este trabajo se utilizan los conceptos de proposición proyectora y proposición proyectada (Halliday 2004: 445) para referirse a la voz del narrador y a las palabras de los personajes respectivamente.

movimiento, la proposición proyectora se coloca interrumpiendo la proposición proyectada, partiendo esta en dos. Este tipo de proposición proyectora que interrumpe el parlamento del personaje en la estrategia de estilo directo se denomina suspensión (*suspension*), y puede definirse como "a protracted interruption by the narrator of a character's speech" (Lambert 1981: 6). Un vistazo a los ejemplos localizados tanto en CorBPG como en CorXIX revela que esta estructura en la representación del discurso verbal bajo la estrategia de estilo directo no es la más habitual en el género novelesco en el siglo XIX. Colocar la proposición precediendo a las palabras del personaje o tras ellas es mucho más habitual. Sin embargo, no es una estructura que disuene formalmente y, en el caso concreto de Galdós, comporta una opción común que parece esconder un eco dickensiano en su estilo. Efectivamente, el uso suspendido de las proposiciones proyectoras es un rasgo típico del novelista victoriano (Lambert 1981; Newsom 2000: 556; Mahlberg y Smith 2012; Mahlberg, Smith y Preston 2013). Como se sabe, Dickens fue una de las principales influencias literarias de Galdós (véase apartad 5.1). A la luz de la cantidad de ejemplos localizados en Galdós, esta construcción parece revelar un hábito dickensiano que Galdós hace suyo, empleándolo con unos fines estilísticos similares a los del novelista victoriano. En el caso concreto de ejemplos como los que acaban de mostrarse, el uso de suspensiones que incluyen lenguaje gestual que describe movimiento parece tener que ver con la intención de ofrecer un efecto de sincronía entre las palabras del personaje y su movimiento, pues "suspensions can create an impression of simultaneity between the speech and the contextual information described by the narrator, which in turn can suggest similarities to the simultaneous occurrence of speech and body language in real life" (Mahlberg, Smith y Preston 2013: 40). La suspensión da sensación, en el acto de lectura, de que el abrazo se produce a la vez que las palabras —que no es sino lo que ocurre en la historia. Naturalmente, la forma del gerundio también contribuye a ello, pero es la interrupción en la secuencia de eventos narrados la que, debido al carácter lineal del texto, acentúa el efecto de simultaneidad. El hecho de que los seis ejemplos estén suspendidos parece sugerir que la relación entre el patrón léxico-gramatical y su estructura no es casual, sino una opción ejercida por Galdós, a imagen de Dickens, con un fin estilístico concreto. Esto encaja con su dominio del espacio visual y el movimiento, con el que "se prefigura el ritmo cinematográfico" de muchas de sus obras (Arroyo

Díez 2011: 366), si bien este aspecto no ha sido analizado de sistemática por la crítica especializada. Sobre la influencia dickensiana y el uso de suspensiones volveremos a incidir en el apartado 4.3.

4.1.2. Funciones textuales locales: caracterización

Por otro lado, las proposiciones proyectoras también pueden desempeñar funciones textuales locales (*local textual functions*) (Mahlberg 2007a: 195) en novelas concretas. Un ejemplo puede ser el de la caracterización de los personajes, uno de los aspectos por los que Galdós goza de mayor reconocimiento. Como afirma Culpeper en su modelo sobre la caracterización en textos literarios, "the way one speaks can trigger information about [...] personality", pues "(t)here is a strong relationship between certain voices and certain personality types" (Culpeper 2001: 15). Esto es, no solo es importante lo que un personaje dice, sino cómo lo dice. Una voz estruendosa y de decibelios, por ejemplo, puede servir para perfilar el carácter diabólico de un villano, mientras que una voz más apagada o con propensión al sollozo y al suspiro puede servir para proyectar debilidad (Ruano San Segundo 2017d). En el caso de verbos neutrales en textos de ficción, como el ejemplo de *decir* que aquí se utiliza como punto de partida en el análisis, los narradores suelen "gloss utterances with the reporting verb 'say' plus either an adverb, an adjective, or a prepositional clause which will mark either manner or attitude" (Caldas-Coulthard 1988: 167), tal y como ocurre en las novelas de Galdós. Este tipo de información puede, naturalmente, ser importante en términos de caracterización a través de la evaluación (Hunston y Thomson 2000) del acto de habla que se representa. Gracias a un enfoque de corpus, las valoraciones del narrador sobre los actos de habla de un personaje determinado pueden analizarse sistemáticamente. En la obra de Galdós existen numerosos casos con un valor literario destacado. El caso de Clara en *La Fontana de Oro* es un buen ejemplo. En la ilustración 4.3 se muestran todos los usos de *dijo* que se asocian con este personaje.

Ilustración 4.3 Captura de pantalla de la concordancia "dijo" en CorBPG (*dijo Clara*)

Si leemos estos ejemplos verticalmente, observamos que el modo en que Clara dice las cosas tiene un denominador común: su temor, uno de sus rasgos idiosincrásicos que mejor la definen. Sirvan las cuatro primeras concordancias como ejemplo. En dos ocasiones pronuncia sus palabras alarmada, en otra ocasión asustada y en otra aterrada, como se puede observar en los ejemplos (8) a (11):

(8) —¡Oh!, y ahora puede venir —*dijo Clara alarmada*—. Márchese usted, por Dios. Yo no le conozco, ni me importa todo eso que me ha dicho. Si él llega...

(*La Fontana de Oro*, capítulo 13)

(9) —¿Qué? —*dijo Clara alarmada.*

(*La Fontana de Oro*, capítulo 8)

(10) —No, señor —*dijo Clara asustada del giro que tomaban las preguntas del clérigo.*

(*La Fontana de Oro*, capítulo 38)

(11) —¡Oh!, no, señor; no puedo descansar —*dijo Clara, aterrada ante la idea de que la llevaran a una sacristía.*

(*La Fontana de Oro*, capítulo 38)

Además, sus actos de habla también destacan por estar articulados con mucho miedo (concordancia 14.183), con temor (concordancia 14.184), con melancolía (concordancia 14.185), deshaciéndose en lágrimas (concordancia 14.189), perdiendo la serenidad (concordancia 14.197), retrocediendo con espanto (concordancia 14.203), sin poder contener una triste franqueza (concordancia 14.206), sollozando (concordancia 14.207), temblando (concordancia 14.208 y 14.209) o temerosa (concordancia 14.210). Es cierto que, por sí solas, cada una de las proposiciones proyectoras que sirven para introducir el discurso de Clara parece simplemente contextualizar el acto de habla, describiendo la situación en la que se inserta a través de una explicación de los detalles que la definen. En conjunto, sin embargo, la información que sistemáticamente recibimos como lectores contribuye a la caracterización del personaje. De forma más precisa, la evaluación del personaje a través las proposiciones proyectoras que introducen su discurso crea una suerte de "cumulative effect" (Montoro 2012: 89) que sirve para completar (o mejor dicho, reforzar) la caracterización de Clara en el transcurso de la historia, pues, como se puede observar en la ilustración 4.4, donde se muestra la distribución de los ejemplos de *dijo Clara* localizados en *La Fontana de Oro*, estas proposiciones aparecen dispuestas a lo largo de la novela, y no en un lugar concreto del texto.

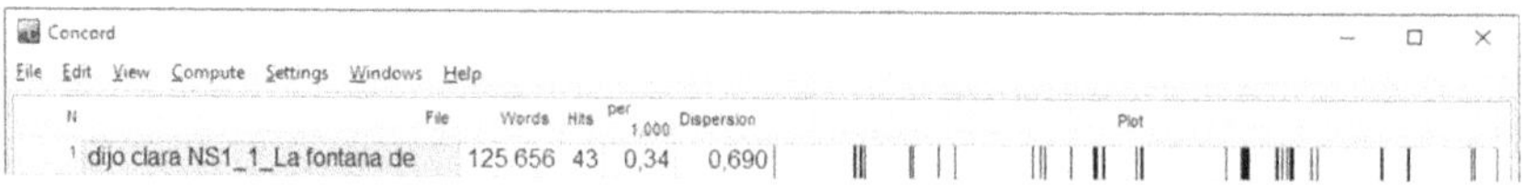

Ilustración 4.4 Distribución de "dijo" Clara en *La Fontana de Oro*

Esta disposición, así como su valor caracterizador, entronca directamente con enfoques propios de la estilística cognitiva (West 2016) y con teorías sobre la percepción de los personajes de ficción, como el "mind-modelling" (Stockwell 2009).[2] Debido sobre todo a "the attention readers devote to psychological states of the *main characters*" (el énfasis es mío) (Hakemulder 2016: 196), la repetición en el transcurso de la historia de la información sobre el carácter de Clara proporcionada en sus intervenciones puede ayudar a definir la imagen que Galdós proyecta de ella durante la historia y que, como lectores, nos formamos en el acto de lectura de la novela. Naturalmente, se trata de un análisis complejo, que habría que realizar en combinación con otros aspectos que van más allá del plano textual. En cualquier caso, la sistematicidad con la que este tipo de información caracterizadora sobre los personajes se encuentra en las proposiciones proyectoras en la obra de Galdós descubre un estilema del autor canario, que abre nuevas vías de análisis dentro de sus celebradas técnicas de caracterización.

Tanto los bloques textuales y su relevancia en la construcción del universo ficticio que el autor nos presenta como las funciones textuales en términos de caracterización que acaban de ser descritas, en definitiva, ilustran a la perfección cómo una metodología de corpus puede ayudarnos a describir y analizar de forma sistemática aspectos que tradicionalmente no han podido ser analizados por la crítica especializada debido a la falta de herramientas adecuadas. Como hemos visto, con un *software* de concordancias podemos no solo calibrar el uso que Galdós hace de la forma verbal *dijo* con respecto a un corpus de referencia formado por ochenta novelas de ocho autores realistas, sino que puede resultar de gran ayuda para analizar de forma metódica la estrecha relación que existe entre aspectos formales y el estilo del autor canario. Así, las proposiciones proyectoras no solo son empleadas para introducir el discurso de los personajes, sino que se utilizan para construir el universo ficticio que se nos presenta y también para caracterizar a los personajes en el transcurso de la historia.

---

2 En términos generales (esto es, más allá del ámbito literario que aquí nos ocupa), el *mind-modelling* puede definirse como el "process by which we perceive and understand minds other than our own" (Harrison 2017: 30).

4.2. La narración de los silencios

Además de para calibrar (y analizar) aspectos de corte más general como la frecuencia de la representación del discurso en CorBPG y CorXIX, con una metodología de estilística de corpus también podemos alcanzar un alto grado de concreción en lo que al objeto de análisis se refiere. La (mucho menos habitual) narración de los silencios que rodean a la propia representación del discurso de los personajes es un buen ejemplo. Como sostiene Caldas-Coulthard (1987: 164) en su análisis sobre la representación del discurso en el género narrativo, "if silence is reported, then it is because it is super-significant". En el caso concreto de Galdós, los silencios se caracterizan por encontrarse frecuentemente narrados de forma retrospectiva, lo que comporta una serie de implicaciones estilísticas que tampoco han sido analizadas con anterioridad por la crítica especializada. Como se verá a continuación, esta forma de narrar los silencios no solo no se encuentra presente en el resto de la novela decimonónica realista española, sino que desempeña funciones literarias concretas. Además, la narración retrospectiva de los silencios revela un eco dickensiano en la obra de Galdós desapercibido hasta ahora, lo que contribuirá a reforzar la influencia que el novelista victoriano ejerció en el estilo del autor canario que acaba de ser comentada y que se explora en profundidad en el siguiente capítulo.

4.2.1. La narración del silencio en el género novelesco

Para analizar el valor de los silencios en la obra de Galdós debemos tener en cuenta que la narración del silencio en el género novelesco es por definición significativa (Caldas-Coulthard 1987: 164), pues supone una llamada de atención al lector sobre un aspecto que, si no se menciona, no existe. Dicho de otro modo, la narración del silencio es una opción ejercida deliberadamente por el narrador, y como tal, comporta una serie de implicaciones. Estas pueden ser de mayor o menor envergadura. En el caso de Galdós, existiendo un patrón recurrente como el que hemos identificado (*dijo después de una pausa*; véase apartado 4.2.2), no parece extraño que las implicaciones sean significativas desde un punto de vista estilístico. Para comprenderlas, debemos insistir en la idea de que la interacción en los textos novelescos no es real, sino simulada (cf. Hoey 2013). Esto es, además de los agentes que toman parte en el intercambio, existe un participante externo (el narrador) que, de forma más o menos llamativa, está "in absolute control of turn-taking mechanisms" (Caldas-Coulthard 1984: 89) y es quien dispone los silencios en momentos concretos. Si tenemos en cuenta que ya en la interacción real el silencio acarrea conflictos y plantea un problema para los participantes de una conversación,[3] no es difícil imaginar que recurrir al silencio en la representación de un intercambio simulado puede tener como objetivo plantear conflictos similares. Caldas-Coulthard (1988: 82) lo expresa de forma certera cuando asegura que la función "of reported silence [...] is very similar to what happens in real interaction —the signalling of conflict or a momentary breakdown in the communication". Es cierto que, normalmente, cuando el narrador de una novela informa de una pausa en un intercambio entre dos personajes, "the reader is left with the problem of inferring the significance of the silence in the conversation" (Caldas-Coulthard 1988: 82). Sin embargo, en el caso de Galdós, teniendo en cuenta la sistematicidad con la que recurre a la misma construcción (y sobre todo que esta no se encuentra presente en la novela realista en general), en el modo de narrar los silencios parece existir un valor literario que se repite. Para analizarlo, naturalmente, debemos identificar los ejemplos.

4.2.2. Localización de ejemplos en CorBPG y CorXIX

Para localizar los ejemplos, hemos generado *clusters* que contengan la palabra *dijo* tanto en CorBPG como en CorXIX. Como se comentaba en el apartado 3.2.1.4, los *clusters* son grupos de palabras de una longitud determinada generados automáticamente por un *software* de concordancias —en nuestro caso, *WordSmith Tools*. El hecho de que no se seleccionen de forma premeditada refuerza su relevancia estilística. Para obtener una relación de ejemplos lo más significativa posible, hemos seleccionado aquellos *clusters* con una longitud mínima de cinco palabras y una frecuencia de al menos cinco apariciones en cada corpus. Los resultados obtenidos se muestran en la tabla 4.1.

3 En la vida real, la organización conversacional (cf. Levinson 1983) se cimienta sobre unos presupuestos que el silencio y las pausas vienen a atacar. En efecto, existe una tolerancia baja al silencio por parte de los hablantes, que recurren sistemáticamente a estrategias para paliar la sensación de falta de comunicación que este provoca, como preguntas para comprobar que el interpelado ha comprendido lo dicho, la repetición de la intervención en cuestión, etc. (Coulthard 1985: 63).

Tabla 4.1 *Clusters* identificados en CorBPG y CorXIX

	CorBPG			*CorXIX*		
N	***Cluster***	**Frec.**	**Palabras**	***Cluster***	**Frec.**	**Palabras**
1	A MÍ Y ME DIJO	15	5	Y LE DIJO CON VOZ	9	5
2	DIJO DESPUÉS DE UNA PAUSA	11	5	LE DIJO EN VOZ BAJA	7	5
3	TODO SEA POR DIOS DIJO	10	5	LE DIJO EL PRÍNCIPE	7	5
4	EL CUAL ME DIJO QUE	8	5	Y LE DIJO AL OÍDO	6	5
5	ME DIJO EN VOZ BAJA	8	5	Y DIJO EN VOZ BAJA	6	5
6	BIEN DIJO EL QUE DIJO	8	5	COMO EL OTRO QUE DIJO	6	5
7	DIJO LA DE SAN SALOMÓ	7	5	Y LE DIJO EN VOZ	5	5
8	NO ME DIJO UNA PALABRA	7	5	Y COMO LO DIJO LO	5	5
9	A ÉL Y LE DIJO	6	5	DIJO AL FIN LA CONDESA	5	5
10	DIJO OTRO DE LOS PRESENTES	6	5	CON QUE DIJO ESTAS PALABRAS	5	5
11	POR AMOR DE DIOS DIJO	6	5	LA MANO Y LE DIJO	5	5
12	HACIA MÍ Y ME DIJO	6	5	Y AL FIN DIJO CON	5	5
13	POCO A POCO DIJO EL	6	5	SU AMIGO Y LE DIJO	5	5
14	LO PRIMERO QUE ME DIJO	6	5			
15	DIJO EL QUE DIJO QUE	6	5			
16	A REÍR Y ME DIJO	6	5			
17	BIEN DIJO EL QUE DIJO QUE	6	6			
18	DIJO EN VOZ BAJA Y	6	5			
19	Y ME DIJO LO QUE	5	5			
20	SR DE ARACELI ME DIJO	5	5			
21	ME DIJO QUE IBA A	5	5			
22	POR LO QUE ME DIJO	5	5			

	CorBPG			*CorXIX*
23	SU AMIGO Y LE DIJO	5	5	
24	SABES LO QUE ME DIJO	5	5	
25	DIJO GIL DE LA CUADRA	5	5	
26	EL CUAL LE DIJO QUE	5	5	
27	DIJO DESPUÉS DE UNA LARGA	5	5	
28	DE MI ALMA DIJO EL	5	5	
29	DIJO A SU AMIGO QUE	5	5	
30	LE DIJO EN EL TONO	5	5	
31	A VER A VER DIJO	5	5	
32	GIL DE LA CUADRA DIJO	5	5	
33	ESO NO PUEDE SER DIJO	5	5	
34	FUE LO ÚNICO QUE DIJO	5	5	

Uno de los *clusters* más llamativos de los treinta y cuatro generados en CorBPG es *dijo después de una pausa*, pues no solo se trata de una construcción que no aparece (ni como tal ni con ninguna variante) en la relación de *clusters* generados en CorXIX, sino que además es el segundo más numeroso localizado en la obra del autor canario, con once apariciones. Efectivamente, más que con la proyección de discurso, *dijo después de una pausa* tiene que ver con la narración de un silencio. El hecho de que el segundo *cluster* más numeroso que contiene la palara *dijo* tenga que ver con la narración de los silencios sugiere un valor estilístico en la forma de informar de las pausas que rodean el discurso de los personajes en la obra de Galdós.

En primer lugar, la narración sistemática del silencio sirve para reforzar la habilidad que habitualmente se suele atribuir a Galdós a la hora de representar el discurso verbal de los personajes que pueblan sus novelas. En efecto, una representación certera del discurso verbal no solo tiene que ver con la plasmación de variedades dialectales o idiolectos que doten de realismo las hablas de los personajes, sino con hacer que estas se asemejen lo máximo posible al habla real —algo que se aplica con más rigor si cabe al movimiento realista propio de la novela española decimonónica (Sobejano 1988; Senabre 1998: 9–20). Para ello es necesario referirse a efectos como el titubeo, las interrupciones, las repeticiones, los cambios de tema, el uso de muletillas o los silencios que caracterizan cualquier diálogo real (Tusón 2002; 2015). En el caso de Galdós, varios de estos aspectos ya han sido analizados por la crítica especializada debido a su valor literario (Hall 1970; Gilman 1973; Lassaleta 1974; Russell 1982; Román Román 1993: 15–26; Senabre 1998: 133–151). El ejemplo más claro quizá sea el de las muletillas, empleadas como recurso caracterizador para identificar a algunos personajes en el transcurso de la historia, como comentábamos en el apartado 4.1. Los silencios, sin embargo, no se han abordado de forma metódica en la exégesis galdosiana. Gracias a un enfoque de corpus como el que aquí se plantea es posible calibrar su uso e identificar patrones recurrentes a lo largo de la producción del autor que revelan un valor estilístico hasta ahora desatendido. Este valor se analiza a continuación.

4.2.3. Análisis de la narración retrospectiva de las pausas en CorBPG

En los ejemplos (12) a (22) se muestran, en primer lugar, los once ejemplos localizados de *dijo después de una pausa* en CorBPG. Como se puede advertir, no se trata de una construcción que se circunscriba a una sola novela (i.e. una función textual local), sino que aparece a lo largo de distintas obras.

(12) —¿Qué tal? *—dijo después de una pausa, comiéndosela con los ojos—*. ¿Has tomado alimento? ¿Cómo estamos de fuerzas?

(*Tormento*, capítulo 39)

(13) —Sin el conocimiento práctico del terreno *—dijo después de una pausa—*, no se puede ser buen militar. Y según mis noticias, que ha corrido tanto por estos vericuetos, debe de conocer hombres tanto o más que a los ríos y montañas… […]

(*Zumalacárregui*, capítulo 9)

(14) —Mi General *—dijo después de una pausa—*, permítame que le felicite por sus triunfos, que la historia ha de consignar. Permítame exponer con sinceridad una idea que tengo aquí… Será temeridad que yo la exprese, será tal vez descortesía… […]

(*Zumalacárregui*, capítulo 29)

(15) —Caballero *—dijo después de una pausa la desconocida dama—*, ruego a usted que se digne indicarme el alojamiento de mi hijo.

(*Gloria*, capítulo 23)

(16) —Parece que Dios me ha traído aquí *—dijo después de una pausa silenciosa y solemne—*, para impedir que roben a mi hijo.

(*Gloria*, capítulo 32)

(17) —No… *—dijo después de una pausa, en el tono gozoso del que hace un descubrimiento útil—*. Es que yo solicité del Ayuntamiento que llamase calle de la Emancipación Social a la de Coloreros; pero no accedió y sigue llamándose calle de Coloreros. Allí vivo, pues.

(*El terror de 1824*, capítulo 2)

(18) —Ya se ve *—dijo después de una pausa, durante la cual observaba los dibujos de la alfombra—*. Con hombres como Villamil las dificultades se multiplican. Al buen alcalde se le antojan sus dedos huéspedes, y como en todas las ocasiones difíciles se asesora de Ceballos…

(*Memoria de un cortesano de 1815*, capítulo 21)

(19) —Me han asegurado *-dijo después de una pausa—*, que ese D. Pedro Velarde iba a comer todos los días en casa de Murat. ¿Es que simpatizaba con los franceses?

(*Bailén*, capítulo 21)

(20) —¿Creías tú otra cosa? *—dijo después de una pausa, en que observaba en el rostro de Fidela los efectos del testarazo.*

(*Torquemada en la cruz*, capítulo 4)

(21) —Yo no veo sino guerra *—dijo después de una pausa, durante la cual miraba delante de sí, como se mira a un espejo.*

(*Un voluntario realista*, capítulo 4)

(22) —Me has traspasado el corazón *—dijo después de una pausa, con voz muy queda y dolorida.*

(*7 de julio*, capítulo 17)

Desde un punto de vista narrativo, el uso de *dijo después de una pausa* identificado en el corpus de Galdós comporta una narración retrospectiva del silencio: como lectores, se nos informa de las palabras del personaje y luego de que estas tienen lugar tras una pausa. Este es un rasgo que domina la producción de Charles Dickens y caracteriza su estilo, lo que sugiere un nuevo eco dickensiano en la obra de Galdós. En las novelas del autor victoriano, como ocurre en los ejemplos identificados en la producción de Galdós, a la hora de informar de los silencios "the order of presentation departs from the order of the narrated activities" (Mahlberg y Smith 2012: 62). Además, estas pausas suelen aparecer en suspensiones (*suspensions*), un rasgo característico de su estilo en el marco de la representación del discurso de los personajes (Newsom 2000: 556). Así pues, no se representa todo el acto de habla antes de informar de la pausa que tuvo lugar antes de este, sino que el acto de habla se introduce parcialmente, para interrumpirlo e informar de la pausa que en realidad tuvo lugar antes de su pronunciación, y luego continuar con el resto del acto de habla. Esto también ocurre en la mayoría de los ejemplos identificados en la obra de Galdós, como se puede observar en los ejemplos (12) a (19). En cuanto a su función desde un punto de vista literario, "Dickens used retrospective pauses in suspensions to make the reader experience the tension of the situation" (Lambert 1981: 68). Los casos identificados en CorBPG también parecen apuntar en esta dirección. Sirva como botón de muestra el ejemplo (19). La interrupción del acto de habla de Santorcaz tras "Me han asegurado" crea, precisamente a través de una pausa en la representación de sus palabras, un momento de tensión antes de que se nos informe de sus reservas sobre el comportamiento de D. Pedro Velarde. Este grado de tensión es sin duda mayor que si el silencio que precede a sus palabras se narrara siguiendo el orden en el que en realidad tienen lugar los eventos, es decir, sin esa pausa dramática (*después una pausa, dijo: "me han asegurado que ese Don Pedro Velarde [...]"*, por ejemplo). Parece claro, a la luz de las similitudes tanto en términos formales como funcionales, que existe una concomitancia entre Dickens y Galdós que hasta ahora ha pasado desapercibida, lo que refuerza una influencia que, si bien fuera de toda duda, habitualmente no se sustenta sobre una base lo suficientemente sólida desde una perspectiva puramente estilística.

Este componente dickensiano de *dijo después de una pausa*, unido al hecho de que no aparezca entre los ejemplos identificados en CorXIX, sugiere que la narración retrospectiva de los silencios es un rasgo típicamente galdosiano en el marco de la novela realista española. Este hecho se refuerza, además, si tenemos en cuenta otro *cluster* similar generado también en CorBPG: *dijo después de una larga* (véase tabla 4.1). Cuatro de los cinco ejemplos localizados se refieren también a pausas narradas retrospectivamente (*dijo después de una larga pausa*). Como se puede observar en el ejemplo (23), estos casos son similares tanto en términos estructurales como funcionales a los que acaban de ser comentados: se encuentran suspendidos y contribuyen a crear una suerte de tensión en torno a la información que contiene el acto de habla que se interrumpe (esta tensión es, si cabe, mayor debido a la mención de la longitud de la pausa).

(23) —No me será muy difícil creer —*dijo después de una larga pausa*— que no estoy delante de un ladrón, bandolero, o asesino. Bien veo por su lenguaje que no pertenece usted a esa pobre clase plebeya de la cual salen todos los malvados [...]. (*Un voluntario realista*, capítulo 20)

Esta narración retrospectiva de los silencios, así como sus implicaciones estilísticas —el matiz de tensión que añade a la narración o el propio eco dickensiano que su uso sistemático evoca—, revela un aspecto de la narrativa de Galdós que tradicionalmente ha pasado desapercibido en la exégesis del autor canario. Tal vez por su dispersión en la vastísima producción narrativa del autor —más de setenta novelas y casi seis millones y medio de palabras—, la identificación de este patrón estructural, así como la determinación de su relevancia estilística en comparación con la novela realista en general, resulta una tarea imposible únicamente con una lectura atenta de las obras. Gracias a un enfoque de corpus como el que aquí se ha adoptado, sin embargo, es posible calibrarlo con precisión.

4.3. Evolución en el uso de estrategias de representación del discurso

Finalmente, las metodologías de corpus también nos pueden ayudar a cuantificar aspectos a lo largo de la producción literaria de un autor, lo que puede resultar de gran utilidad para analizar su evolución literaria. En este último apartado presentamos una opción metodológica para analizar la evolución estilística de Galdós utilizando como punto de partida las estrategias de representación del discurso para dar voz a los personajes que pueblan sus novelas. Por continuar con la línea marcada en los apartados anteriores, el análisis gira nuevamente en torno a la forma verbal *dijo*. Como se podrá comprobar, el análisis sistemático con un *software* de concordancias del uso que Galdós hace de esta forma verbal puede revelar aspectos estilísticos relevantes en la obra del autor canario sobre la frecuencia de uso de distintas estrategias de representación del discurso en distintos estadios de su trayectoria, lo que permite distinguir dos fases bien diferenciadas en su estilo. Para ilustrar este cambio de paradigma, se han analizado algunas de las opciones ejercidas sistemáticamente por el autor en el uso *dijo*, que definen su estilo y contribuyen a trazar una evolución literaria en su trayectoria.

4.3.1. La evolución de Galdós

Es bien sabido que con el paso del tiempo Galdós evolucionó hacia un estilo cada vez más psicológico, en donde el plano mental de sus personajes cobra mayor importancia. Desde un punto de vista estilístico, esto se materializa en el uso de nuevas técnicas narrativas para dar voz a sus personajes, como el monólogo interior o el estilo indirecto libre (cf. Gullón 1960; Pedraza Jiménez y Rodríguez Cáceres 1983: 795; Andreu 1989). Con estas estrategias de representación del discurso no solo se minimiza la figura del narrador —de importancia cardinal en sus primeras obras, como se comenta más adelante—, sino que se "consigue una vía de ingreso hacia la interioridad del personaje" (Vargas Llosa 1975: 239), uno de los pilares del Naturalismo, el movimiento que reemplazaría al Realismo y que para muchos Galdós fue abrazando a medida que se sucedieron sus novelas (Benítez 1992: 260). Normalmente, los autores a los que se suele citar como ejemplo de virtuosismo en el uso del estilo indirecto libre son de primera mitad del XX, como Henry James, Alain Proust o James Joyce. En la literatura española también encontramos a novelistas como Luis Martín-Santos o Miguel Delibes. Antes de ellos, no obstante, ya estuvo la figura de Galdós, a quien se puede considerar un precursor de lo que se más tarde se convertiría en tendencia. Sin embargo, el estilo de Galdós dominado por el monólogo interior y el estilo indirecto libre, como se intenta ilustrar en este análisis mediante el uso de herramientas de corpus, no es idiosincrásico de toda su obra, sino el resultado de una evolución literaria a medida que se suceden sus trabajos. En el ejemplo (24) se muestra un fragmento perteneciente a *La desheredada*, publicada en 1881. Como se comenta en el apartado 4.3.2.1, esta novela marcará un punto de inflexión en el estilo del autor. De hecho, es considerada por parte de la crítica como una de las primeras novelas naturalistas españolas (cf. Sotelo 2013: 52). El fragmento corresponde al inicio de la novela. Precisamente por la técnica del monólogo interior que en él se advierte —y que está presente en varios puntos de la obra—, Clarín se referiría a esta novela como un ejemplo del "subterráneo hablar de la conciencia" (en Gutiérrez Carbajo 2013: 263). Además de monólogos interiores y estilo indirecto libre, en *La desheredada* Galdós también utiliza diferentes técnicas narrativas innovadoras, como el multiperspectivismo, la segunda persona narrativa o la inclusión de capítulos enteros dialogados. Estos recursos forman parte de un nuevo estilo, articulado en gran medida en torno al estudio psicológico de los personajes de las novelas.

(24) ... ¿Se han reunido todos los ministros?... ¿Puede empezar el Consejo?... ¡El coche, el coche, o no llegaré a tiempo al Senado!... Esta vida es intolerable... ¡Y el país, ese bendito monstruo con cabeza de barbarie y cola de ingratitud, no sabe apreciar nuestra abnegación, paga nuestros sacrificios con injurias, y se regocija de vernos humillados! Pero ya te arreglaré yo, país de las monas. ¿Cómo te llamas? Te llamas *Envidiópolis*, la ciudad sin alturas; y como eres puro suelo, simpatizas con todo lo que cae... ¿Cuánto va? Diez millones, veinticuatro millones, ciento sesenta y siete millones, doscientas treinta y tres mil cuatrocientas doce pesetas con setenta y cinco céntimos...; esa es la cantidad. Ya no te me olvidarás, pícara; ya te pillé, ya no te me escapas, ¡oh cantidad temblorosa, escurridiza, inaprehensible, como una gota de mercurio! Aquí te tengo dentro del puño, y para que no vuelvas a marcharte, jugando, al caos del olvido, te pongo en esta gaveta de mi cerebro, donde dice: *Subvención personal*... Permítame Su Señoría que me admire de la despreocupación con que Su Señoría y los amigos de Su Señoría confiesan haber infringido la Constitución... No me importan los murmullos. Mandaré despejar las tribunas... ¡A votar, a votar! ¿Votos a mí? ¿Queréis saber con qué poderes gobierno? Ahí los tenéis: se cargan por la culata. He aquí mis votos: me los ha fabricado Krupp... Pero ¿qué ruido es este? ¿Quién corretea en mi cerebro? ¡Eh!, ¿quién anda arriba?... Ya, ya; es la gota de mercurio, que se ha salido de su gaveta...

(*La desheredada*, capítulo 1)

Sin embargo, este Galdós, cada vez más presente en la fase tardía, poco tiene que ver en realidad con el de la época inicial desde un punto de vista estilístico. En sus comienzos, la representación del discurso verbal prima sobre la representación del discurso mental, y en lugar de estrategias caracterizadas por el uso de frases cortas, ideas espontáneas y discurso poco organizado, como ocurre con el monólogo interior o el estilo indirecto libre, Galdós emplea un "estilo directo y conciso" (Andreu 1989: 61). Sirva como botón de muestra el ejemplo (25), extraído de su ópera prima *La Fontana de Oro*:

(25) —¿Se atreve usted a negarlo?— dijo Paz, dando algunos pasos hacia ella con el resplandor de la ira en los ojos.

—Yo... no —dijo Clara, retrocediendo con espanto—. Sí... sí lo niego -después añadió, haciendo un esfuerzo por calmarse y calmar a su juez-: Óigame usted, señora: yo le contaré la verdad; le diré lo que ha sido. Yo soy inocente; yo no he permitido...

—¡Jesús, Jesús! Yo no sirvo para estas cosas —clamó Salomé volviendo el rostro—. No puedo, no puedo oír esto.

—¿Qué usted no ha permitido...? ¿Todavía tiene atrevimiento para negarlo?

—Yo... yo no niego —contestó la huérfana muy consternada—. Pero yo, ¿qué culpa tengo de que ese hombre...?

—¿También le quiere usted disculpar a él? Esto nos faltaba que ver. No puede haber perdón para tanta alevosía. ¡Pagar de este modo el asilo que le hemos dado sin merecerlo! Pero bien dije yo que de usted no podíamos sacar cosa buena.

—Señoras —dijo Clara deshaciéndose en lágrimas—, yo les juro a ustedes por Dios y por todos los santos, que por mí no ha entrado ningún hombre; que yo no soy culpable de todo eso que ustedes dicen. Yo se lo juro por Dios y por la Virgen.

(*La Fontana de Oro*, capítulo 35)

Este ejemplo ilustra a la perfección el Galdós de la época inicial a la hora de proyectar el discurso de sus personajes. Mediante el uso de estilo directo, el habla de sus figuras aparece intercalada con la voz del narrador, que contribuye frecuentemente a puntualizar aspectos relacionados con el plano psicológico de los personajes (*contestó la huérfana muy consternada*, por ejemplo). Naturalmente, existen abundantes ejemplos de estilo directo en la fase tardía de su producción, del mismo modo que en novelas de su primera época también encontramos ejemplos de estilo indirecto libre como el mostrado en (24). Sin embargo, es cierto que existe una dinámica clara a medida que se suceden las novelas. Y esta comporta una serie de implicaciones estilísticas más allá del ámbito psicológico y la condición del autor canario de precursor del estilo indirecto libre que en ocasiones se le atribuye. En concreto, el patrón estructural del estilo directo que se advierte en el diálogo del ejemplo (25) es empleado por Galdós, sobre todo en la época inicial, como un recurso narratológico para lograr efectos que van más allá de la representación del discurso, como son la construcción del universo ficticio o la caracterización de los personajes a través del protagonismo de la voz del narrador. Este es el Galdós del que nos ocupamos a continuación, pues es quizá el que menos atención ha recibido desde un punto de vista puramente estilístico. Nuestro objetivo es ser capazes de medir, a través de la frecuencia en el uso de la forma verbal *dijo*, la presencia de ejemplos como los que se advierten en (25) a lo largo de la producción de Galdós, lo que permitirá ofrecer un mapa del cambio en el estilo de Galdós en lo que a la representación del discurso se refiere y ayudará a ilustrar la evolución desde el plano realista al naturalista que la crítica suele comentar en el marco del estilo del autor.

4.3.2. Análisis

Como se ha comentado más arriba, este análisis de la evolución de Galdós en términos de estrategias de representación del discurso se centra en la forma verbal *dijo*. Además de por una cuestión de consistencia metodológica, la razón para que esto sea así estriba en la presencia destacada de esta forma en la obra del autor canario con respecto al resto de la novela realista española, comentada ya al inicio del capítulo. El uso destacado por parte de Galdós desempeña una función estilística significativa en su obra, como la construcción de los universos ficticios o la caracterización de los personajes comentadas en el apartado 4.1. Como comentábamos en ese apartado, la mayoría de los ejemplos de *dijo* localizados en el corpus galdosiano corresponden con la estrategia de representación del discurso de estilo directo. Sin embargo, la distribución de los 16 570 ejemplos de dijo en CorBPG no es ni mucho menos equitativa a lo largo del corpus. Como se muestra a continuación, la distribución irregular del verbo de habla por excelencia permite identificar —y calibrar— un cambio de paradigma en la representación del discurso de los personajes galdosianos a medida que se suceden las novelas, que revela a su vez aspectos estilísticos susceptibles de análisis que entroncan con la evolución literaria mencionada en el apartado 4.3.1. A continuación se muestra la distribución de la forma *dijo* en el corpus, para posteriormente analizar sus funciones y valorar la comentada evolución en términos estilísticos que se advierte en la producción narrativa del autor canario.

4.3.2.1. Fase inicial y época de madurez

El procesamiento del corpus con *WordSmith Tools* permite medir la representatividad de *dijo* en cada una de las setenta y cuatro novelas, lo que revela la mencionada irregularidad en la distribución de la forma verbal a lo largo de la obra de Galdós. Esta se advierte con claridad en gráfico 4.1, en la que se muestra la frecuencia porcentual de *dijo* en cada una de las setenta y cuatro novelas, que aparecen dispuestas en orden cronológico según su fecha de publicación. Como se puede observar, en sus primeros años, el autor canario hace un uso sustancialmente mayor del verbo de habla, que se atenúa sustancialmente a medida que suceden las novelas.

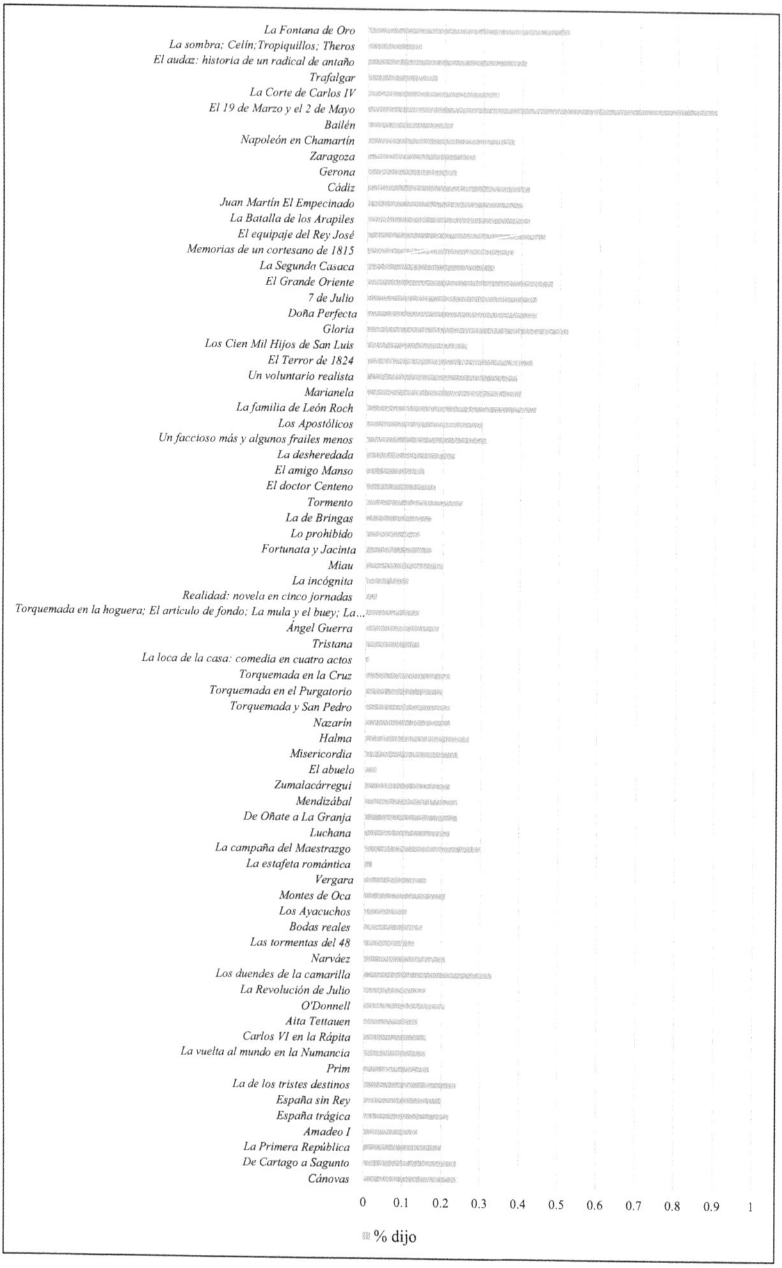

Gráfico 4.1 Frecuencia de "dijo" en CorBPG por cada cien palabras de texto

La información proporcionada en la ilustración resulta muy elocuente, pues no solo apunta la tendencia a la baja por parte de Galdós en el uso de *dijo*, sino que además revela una suerte de cambio de paradigma en el uso que el autor hace de la representación del discurso verbal en un momento concreto de su trayectoria. Como se puede advertir, en el primer tercio de su producción (aproximadamente) existe un uso destacado de *dijo*. Hacia *La desheredada*, sin embargo, la frecuencia en el uso que Galdós hace del verbo de habla decrece, para mantenerse estable —con destacadas excepciones— hasta el final de su producción. Resulta interesante que *La desheredada* sea la primera novela de la serie contemporánea (véase apéndice 1). Esta novela fue publicada en 1881. A partir de entonces, Galdós publicaría no solo el resto de novelas de la serie contemporánea, sino también todos los títulos que conforman la tercera, la cuarta y la quinta serie de los *Episodios Nacionales*. Previas a 1881 son, por otro lado, las novelas de la primera época y la primera y la segunda serie de los *Episodios Nacionales*. Esta suerte de punto de inflexión que marca el año 1881 con *La desheredada* se refuerza si calculamos la frecuencia de *dijo* en las novelas publicadas antes y después de 1881. Esta información aparece resumida en la tabla 4.2, en la que se muestra, en tantos por ciento, la frecuencia media del uso que Galdós hace la forma verbal en ambos estadios de su producción.

Tabla 4.2 Frecuencia de "dijo" en las novelas de Galdós publicadas antes y después de 1888

Período de tiempo	*Series*	*Frecuencia % dijo*
1878 – 1881	Novelas serie primera época	0,37
	Episodios Nacionales. Primera serie	
	Episodios Nacionales. Segunda serie	
1881–1905	Novelas de serie contemporánea	0,19
	Episodios Nacionales. Tercera serie	
	Episodios Nacionales. Cuarta serie	
	Episodios Nacionales. Quinta serie	

En virtud de la información proporcionada en esta tabla podemos distinguir una fase inicial en la producción de Galdós bien diferenciada del resto de su trayectoria, al menos en lo que a representación del discurso verbal se refiere. En esta fase inicial el autor utiliza la forma *dijo*, de media, aproximadamente el doble (0,37%) que en el resto de sus obras (0,19%).

El hecho de que la distinción entre ambos estadios de la producción del autor canario la marque *La desheredada* no parece ser fruto de la casualidad. Como se comentaba en el apartado 4.3.1, esta novela se caracteriza por un cambio de paradigma en la técnica narrativa de Galdós, siendo considerada incluso por muchos la primera novela naturalista. Como se ha comentado a raíz del ejemplo (24), el autor recurre a técnicas narrativas como el monólogo interior, el estilo indirecto libre, el multiperspectivismo, la segunda persona en la voz del narrador o la inclusión de capítulos enteros dialogados. Este estilo, articulado en gran medida en torno al plano psicológico de los personajes, supone un cambio con respecto a la etapa inicial y se traduce en una pérdida de protagonismo de la voz del narrador, empleado de forma destacada por Galdós en sus comienzos para dar voz a sus personajes, como se mostraba en el ejemplo (25). Gracias a una metodología de corpus, este cambio de paradigma puede calibrarse con un alto grado de precisión, como se acaba de observar. Esta metodología, además, permite analizar sistemáticamente la figura del narrador en momentos dialógicos, lo que revela rasgos estilísticos típicos del Galdós de la primera época que van aparejados al uso prominente de la figura del narrador para dar voz a sus personajes, como se muestra a continuación. En concreto, examinaremos el uso de bloques textuales relacionados con la construcción de los universos ficticios.

4.3.2.2. Estilo directo y construcción del universo ficticio

En el género novelesco, la voz del narrador en la estrategia de estilo directo no solo se emplea para introducir el discurso de los personajes, sino que puede desempeñar funciones relevantes desde un punto de vista estilístico. En el caso de los ejemplos localizados en el corpus a raíz del uso que Galdós hace de la forma verbal *dijo*, el narrador galdosiano, al introducir el discurso de los personajes que pueblan la historia, ofrece frecuentemente información que contribuye a construir el universo ficticio que el autor nos presenta, como se ha mostrado en el apartado 4.1 con el ejemplo de la fórmula *dijo abrazándo(le)(se)(me)* en CorBPG. La preponderancia del estilo directo en la primera época se materializa, sin embargo, en un rasgo idiosincrásico del autor en su fase temprana a la hora de armar ese universo ficticio todavía más inmediato. De hecho, es fácil encontrar novelas en las que la construcción "*dijo* + nombre del personaje" ofrece ejemplos claros de cómo Galdós emplea el estilo directo, además de para reproducir el discurso de una figura concreta, para definir la escena en la que habita. Tómese el caso de *Gloria* como ejemplo, publicada en 1876. Galdós recurre hasta en ochenta y tres ocasiones a la fórmula *dijo Gloria* para introducir las palabras de la protagonista en estilo directo a través de la figura del narrador, como se puede observar en la ilustración 4.5, en la que se muestra una captura de pantalla con veinte de esos ochenta y tres ejemplos.

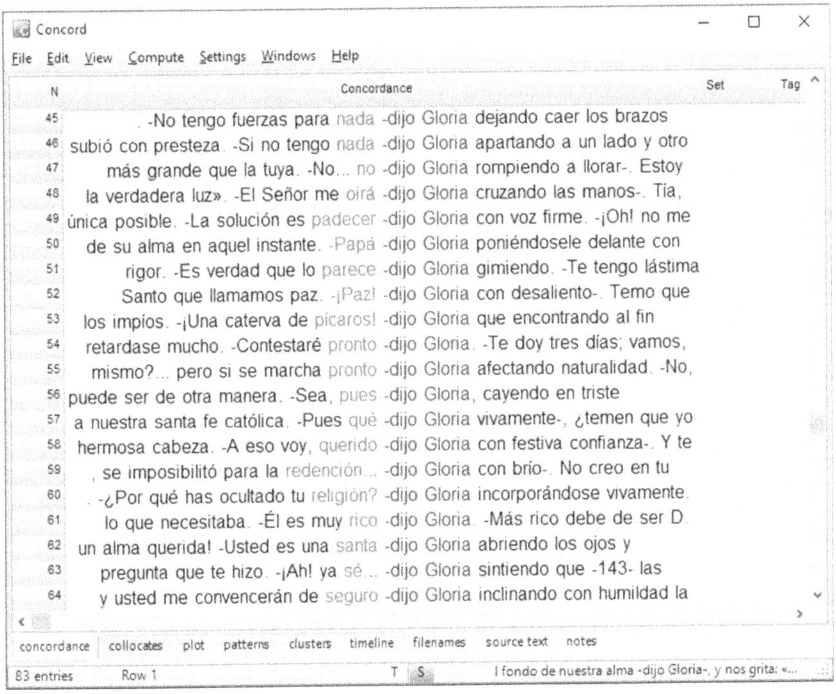

Ilustración 4.5 Captura de pantalla con veinte ejemplos de la concordancia "dijo Gloria"

En esos ochenta y tres ejemplos, encontramos varios en los que el narrador, además de introducir el discurso de Gloria, incorpora información relevante acerca de elementos sobre los que se construye la historia. Esta información es fundamentalmente de dos tipos. Por un lado, junto a la representación del habla del personaje, el narrador suele describir el lenguaje gestual de este, lo que contribuye a modelar al personaje en el plano textual. Así, en sus intervenciones, como se puede advertir en los ejemplos (26) a (31) vemos a Gloria sentándose y levantándose, cruzando los brazos o poniéndolos en cruz, tomando la mano de su amigo o acariciando a unos chicos. El hecho de ofrecer esta información al tiempo que se introduce el habla del personaje crea una sensación se simultaneidad entre habla y movimiento que potencia el carácter animado del personaje, lo que dota de realismo a la figura de Gloria en el marco del universo ficticio que Galdós nos plantea[4].

(26) —Yo, yo sola —*dijo Gloria sentándose también*—, soy la culpable. Hace tiempo, desde que le conocí, dime a cavilar en estas cosas noche y día. No podía apartarlas de mi pensamiento y, según mi entender, discurría acertadamente sobre ellas. Me parecía que mis argumentos no tenían réplica, y me vanagloriaba de ellos pronunciándolos en mis diálogos oscuros conmigo misma. (*Gloria*, capítulo 30)

(27) —¿Por qué has ocultado tu religión? —*dijo Gloria incorporándose vivamente*. (*Gloria*, capítulo 37)

(28) —El Señor me oirá —*dijo Gloria cruzando las manos*—. Tía, querida tía, mi alma se llena repentinamente de fe; en mí ha entrado una luz prodigiosa; siento como una gran lluvia… Soy otra… Suena dentro de mí una voz como el trueno… Me parece que Dios me dice: Sí, sí, sí. (*Gloria*, capítulo 21)

(29) —¡Crucificarme! ¿No lo estoy ya? —*dijo Gloria extendiendo los brazos en cruz*. (*Gloria*, capítulo 15)

(30) —Un favor te pido, segura de que me lo has de conceder —*dijo Gloria, tomando la mano de su amigo*. (*Gloria*, capítulo 32)

(31) —Por Dios, José, me estás asustando —*dijo Gloria acariciando a los chicos que se habían echado a llorar viendo llorar al padre*—. Si es verdad lo que dices, eres un hombre de muy mala conducta. (*Gloria*, capítulo 15)

Por otro lado, la información también tiene que ver frecuentemente con elementos de la escena. Tales son los casos de los ejemplos (32) y (33), en los que se introducen en la historia el taller de Caifás y una piedra que hay al lado de una casa, sobre la que se sienta Gloria. Este tipo de ejemplos encajan en el domino del espacio visual y el movimiento referido normalmente por la crítica al que hacíamos referencia en el apartado 4.1.1. En su etapa inicial, Galdós aborda muchas de las cuestiones relacionadas con el espacio visual precisamente en momentos dialógicos. En ocasiones, además, dado que la voz del narrador se utiliza en primera instancia para reproducir el discurso de un personaje, la información se le ofrece al lector

4 Para un análisis detenido del papel del lenguaje gestual en el marco de la construcción de los personajes de ficción, y de cómo este se relaciona con la voz del narrador, véase Korte (1997).

a través de la mirada del propio personaje. Esto es lo que ocurre en los ejemplos (34) y (35), en donde descubrimos, a través de los ojos de Gloria, la distancia entre dos personajes o los lugares para tomar asiento en una habitación. Utilizar la mirada de un personaje para que, como lectores, configuremos la escena que se nos presenta resulta común en el género novelesco en general (cf. Korte 1997: 57). En el caso de Galdós y sus primeras novelas, además, se advierte una relación directa entre este aspecto y la representación del discurso de los personajes por parte del narrador.

(32) —¡Qué espantoso temporal! *—dijo Gloria entrando en el taller de Caifás*. (*Gloria*, capítulo 15)
(33) —Esas risotadas y esas cabriolas *—dijo Gloria sentándose en una piedra que junto a la casa había—*, no sientan bien en la persona de un desgraciado que acaba de sufrir tan terribles golpes. (*Gloria*, capítulo 25)
(34) —¡Oh! ¡qué bien estoy aquí! *—dijo Gloria mirando a los ojos de su amigo a distancia de pocos dedos—*. ¡Mi hijo! ¡tú!… lo que más amo en el mundo. (*Gloria*, capítulo 32)
(35) —No, esperaré a que pase el agua. De casa vendrán por mí *—dijo Gloria, buscando con los ojos un sitio donde sentarse*. (*Gloria*, capítulo 15)

Como se puede advertir a través de este muestreo de ejemplos extraídos de *Gloria*, la voz protagonista del narrador en la fase inicial de la trayectoria de Galdós se traduce en una marcada relación entre la proyección del habla de los personajes y aspectos relacionados con la construcción del universo ficticio. Esta relación, materializada en bloques textuales que acompañan a la fórmula "*dijo* + nombre del personaje", se convierte en un rasgo idiosincrásico del estilo de Galdós en su primera época, para atenuarse gradualmente a medida que la representación del discurso verbal a través de la forma *dijo* va perdiendo presencia en la producción del autor en favor de otras estrategias de representación del discurso, como el monólogo interior o el estilo indirecto libre. Naturalmente, este descenso no equivale necesariamente a una disminución en las intervenciones de los personajes en la historia —*El abuelo*, sin ir más lejos, es una novela narrada al modo de una obra de teatro, en donde el discurso de los personajes ocupa la gran mayoría del texto—, sino a un cambio de paradigma en las opciones ejercidas para representar el discurso de estos. Este cambio se ve reflejado en el descenso paulatino de técnicas narrativas como el estilo directo, cuyo uso acarrea implicaciones estilísticas claras, como acaba de comprobarse. De nuevo, gracias a una metodología de corpus, estas implicaciones pueden analizarse sistemáticamente a lo largo de la trayectoria del autor.

4.4. Consideraciones finales

En este capítulo hemos trasladado a la práctica algunos de los presupuestos teóricos desgranados en la primera parte del libro para analizar distintos aspectos del estilo de Galdós en el marco de su producción narrativa. El análisis ha girado en torno a la proyección del discurso verbal de los personajes del universo galdosiano por parte de los narradores de las distintas novelas, tomando como punto de partida la forma verbal *dijo*, verbo de habla por excelencia en la representación del discurso en el género novelesco. El propósito del capítulo ha sido doble. Por un lado, hemos intentado demostrar el potencial de este tipo de enfoques en los estudios literarios de obras en español, y abrir así nuevas vías de análisis que hasta ahora no han sido exploradas en esta lengua. Gracias a este enfoque, por otro lado, hemos podido analizar el estilo de Galdós desde una perspectiva novedosa, lo que ha permitido explorar un aspecto de su obra que, debido a la falta de herramientas adecuadas, no ha podido ser identificado con anterioridad ni analizado de forma metódica. En concreto nos hemos centrado en tres aspectos fundamentales. En el apartado 4.1, en primer lugar, hemos comparado el uso que Galdós hace de la forma verbal *dijo* con respecto a un corpus de referencia formado por ochenta novelas de ocho autores realistas, que ha servido para calibrar la preponderancia de la representación del discurso en la obra de Galdós con respecto a la novela realista en general. Esta comparación ha servido como punto de partida del análisis, en el que se han abordado las implicaciones estilísticas de las proposiciones proyectoras en la narrativa del autor canario. Como se ha podido comprobar, en el estilo de Galdós se advierte una relación estrecha entre aspectos estructurales y el propio estilo del autor. Así, las proposiciones proyectoras no solo son empleadas para introducir el discurso de los personajes, sino que se utilizan para construir el universo ficticio que se nos presenta o para caracterizar a los personajes en el transcurso de la historia.

En el apartado 4.2, el estudio se ha centrado en la narración de las pausas por parte de los narradores de las distintas novelas. Como hemos visto, la narración retrospectiva de los silencios que caracteriza la producción de Galdós acarrea una serie de implicaciones que, en cierto modo, contribuyen a definir su estilo. Así, este modo tan particular de informar de los silencios no solo crea determinados efectos literarios —tensión, por ejemplo— sino que revela un eco dickensiano que encaja a la perfección en la consabida influencia que el novelista victoriano ejerció en el estilo del autor canario y que analizamos en el siguiente capítulo. El análisis se ha articulado en torno a *clusters* que contienen la forma verbal *dijo*, que ha revelado patrones tanto formales como funcionales que han pasado desapercibidos para la crítica tradicional. Esta es, precisamente, una de las mayores ventajas de los enfoques de corpus como el que aquí se ha empleado, pues permiten identificar segmentos de texto estilísticamente significativos en los que no reparamos como lectores (ni como críticos), si bien contribuyen igualmente a crear los efectos que percibimos en el acto de lectura.

En el apartado 4.3, finalmente, hemos intentado calibrar la evolución estilística de Galdós mencionada por la crítica a través del análisis de la frecuencia y el uso de *dijo* como núcleo de las distintas estrategias de representación del discurso. Los resultados obtenidos han revelado un marcado uso de la forma *dijo* en las primeras novelas como parte de la estrategia de estilo directo, que ha permitido establecer una división clara entre la fase inicial y la de madurez. El uso destacado de *dijo* en la primera etapa refuerza el protagonismo de la voz del narrador al que suele hacer referencia la crítica especializada en los inicios de Galdós. Este uso decrece con el paso del tiempo y, a partir de *La desheredada*, se advierte un uso sustancialmente menor que encaja con la utilización de nuevas técnicas narrativas (el estilo indirecto libre, el monólogo interior, etc.) empleadas por Galdós para indagar en el plano psicológico de sus personajes —no en vano *La Desheredada* es para muchos la primera novela naturalista. El hecho de que nuestro análisis arroje resultados que coinciden con la crítica refuerza la validez de este tipo de enfoques, pues sirve para "confirm findings from many years of traditional study" (Stubbs 2005: 6), además de calibrarlos con mayor precisión y analizarlos de forma metódica. En concreto, el análisis del uso que Galdós hace de *dijo* no solo sirve para ilustrar este cambio de paradigma, sino que revela opciones ejercidas sistemáticamente por el autor en la primera época que definen claramente el estilo de su fase inicial. Así, el uso destacado de *dijo* se materializa en un sincretismo en la reproducción del discurso y la construcción del universo ficticio que nos presenta a través de la voz del narrador, que decrece a medida que se suceden las novelas. El análisis revela una evolución en el estilo del autor canario, que ha sido posible definir y calibrar gracias a herramientas propias de la lingüística de corpus.

En definitiva, en este capítulo hemos mostrado como la identificación de los aspectos en la obra de Galdós, así como su análisis sistemático, ha sido posible gracias a una metodología de corpus. Estas metodologías, naturalmente, pueden extenderse al análisis de otros aspectos del estilo del autor canario. Por citar un ejemplo estrechamente relacionado con el marco analítico de este capítulo, en lugar de la proyección del discurso verbal de los personajes (*dijo*), se podrían emplear metodologías similares para explorar el uso que el autor hace del discurso mental de estos (*pensó*). Este análisis podría servir para profundizar en el estudio del plano mental de sus personajes al que nos hemos referido a lo largo del apartado 4.3, pues los enfoques de corpus también se emplean habitualmente para indagar en este aspecto desde un punto de vista estilístico. (véanse Stockwell y Mahlberg 2015; Ruano San Segundo 2018a).

Además de con cuestiones relacionadas con el estilo o la evolución de un autor como las que hemos presentado a lo largo de este capítulo, una metodología de corpus también nos puede servir para estudiar concomitancias estilísticas entre dos autores. A continuación explicamos cómo podemos analizarlas utilizando la producción narrativa de Charles Dickens y la del propio Galdós.

Capítulo 5. Intertextualidad: concomitancias estilísticas en Dickens y Galdós

En este capítulo analizamos la influencia que Charles Dickens ejerció en el estilo de Benito Pérez Galdós, a la que ya hemos hecho referencia de forma tangencial en el análisis de bloques textuales del apartado 4.1.1 y en la narración retrospectiva de los silencios descrita en el apartado 4.2.3. Para ello, nos centraremos en el lenguaje gestual de los personajes, un sistema autónomo en la construcción del universo ficticio en el género novelesco en general (Korte 1997: 4) y uno de los rasgos distintivos del estilo de Dickens en particular (Mahlberg 2013: 100–127). El análisis sigue la estela del capítulo anterior de la proyección del discurso, pues, como se podrá comprobar, el lenguaje gestual aparece unido a la proyección del discurso verbal en estilo directo en ambos autores de forma casi indisoluble. En concreto, el capítulo gira en torno a segmentos de texto de al menos cinco palabras empleados de forma sistemática por ambos novelistas que hacen referencia alguna de las siguientes partes del cuerpo: los ojos, la cabeza, las manos o los hombros. Sirvan los ejemplos (1) y (2) como botón de muestra:

(1) *'It happens very fortunately, Varden,' said his wife,* with her handkerchief to her eyes, *'that in case any more disturbances should happen.'*

(*Barnaby Rudge*, capítulo 51)

(2) La despedida fue tiernísima. María Cristina tan pronto se llevaba *el pañuelo a los ojos*, como saludaba a la multitud agitándolo, sin poder decir más palabra que adiós, adiós…

(*Montes de Oca*, capítulo 9)

Como se detallará en el apartado 5.3.1, tanto *her handkerchief to her eyes* como *el pañuelo a los ojos* no solo son construcciones similares utilizadas de forma recurrente por Dickens y Galdós respectivamente, sino que además desempeñan una función estilística similar en la producción de ambos autores: las dos se asocian al habla de personajes femeninos y, además, son empleadas en momentos dialógicos para reforzar la tristeza de estos. La amplia variedad de ejemplos localizados en las novelas de ambos escritores, así como las similitudes estilísticas tanto formales como funcionales en el uso que tanto Dickens como Galdós hacen de ellos, revelan un eco dickensiano en el estilo del autor canario que servirá para reforzar la consabida influencia que sobre él ejerció Charles Dickens. En este capítulo, pues, pretendemos demostrar cómo mediante un enfoque de estilística de corpus podemos también explorar aspectos sobre intertextualidad que no han podido ser identificados con anterioridad, lo que permitirá descubrir resonancias que tradicionalmente se han basado en referencias de carácter impresionista.

5.1. La influencia de Dickens en Galdós

Es de sobra conocida la influencia que grandes literatos como Cervantes (Goldman 1971; Benítez 1990), Balzac (Lacosta 1968; Ollero 1973) y el propio Dickens (Levy 1927; McGovern 2000; Tambling 2013) ejercieron sobre Galdós. Así lo reconoció el autor canario, quien en *Memorias de un desmemoriado*, por ejemplo, aseguraba que consideraba "a Carlos Dickens como mi maestro más amado. En mi aprendizaje literario, cuando no había salido yo de mi mocedad petulante, apenas devorada *La Comedia humana* de Balzac, me apliqué con loco afán a la copiosa obra de Dickens" (Pérez Galdós 1980: 1693). En ese aprendizaje literario se sitúa precisamente su traducción de *Pickwick Papers* para el diario madrileño *La Nación*, que sirvió no solo de homenaje al autor victoriano, sino también para absorber el estilo de uno de sus referentes (Wright 1979: 24). Tradujo el *Pickwick* en 1868, cuando apenas tenía veinticuatro años y mientras se encontraba inmerso en la redacción de su primera novela, *La Fontana de Oro*, publicada un par de años más tarde. Tal vez por ello en *La Fontana* se advierten ecos dickensianos fácilmente reconocibles, como las descripciones minuciosas de la apariencia física de los personajes, la postura jocosa del narrador en determinados momentos de la historia o su animadversión a los opresores.

El de *La Fontana de Oro* es solo un ejemplo paradigmático de los numerosos rastros del autor inglés en la obra de Galdós en los que se sustenta la influencia apuntada por la crítica. Conviene destacar, sin embargo, que esta influencia se basa sobre todo en referencias impresionistas más que en análisis de tipo estilístico. Dicho de otro modo, aunque la influencia de Dickens en Galdós es un hecho incontrovertible y nadie duda de que la prosa dickensiana permeó su estilo, no existen estudios sistemáticos de tipo estilístico que analicen tal influjo. Por el contrario, la crítica apenas suele hacerse eco de aspectos muy llamativos del estilo dickensiano que gozan de réplica en la obra de Galdós, como el uso los nombres simbólicos y las muletillas que emplean algunos personajes para caracterizarlos. En el caso de los nombres, pueden señalarse, a modo de ejemplo, casos como Doña Perfecta o Don Inocencio en *Doña Perfecta*, similares a Charity Pecksniff, Mercy Pecksniff o Mr. Wolf en *Martin Chuzzlewit*. En cuanto a las muletillas, por otro lado, pueden mencionarse *en toda la extensión de la palabra*, de Doña Lupe (*Fortunata y Jacinta*), o *y ole morena* y *y digo más*, de Villaamil (*Miau*), con una función caracterizadora similar a la de *not to put too fine a point upon it*, de Mr. Snagsby (*Bleak House*) o *I'll eat my head*, de Mr. Grimwig (*Oliver Twist*). Asimismo, la crítica suele acompañar estos aspectos con analogías de contenido para reforzar la influencia de Dickens en el estilo del autor canario. Estas analogías suelen ser fundamentalmente de dos tipos: de situaciones en las historias de Galdós que se asemejan a otras de las novelas de Dickens y, sobre todo, de personajes similares a los que pueblan el universo dickensiano. En el caso de las primeras, puede señalarse la escuela de don Pedro Polo en *El doctor Centeno*, caracterizada por unos métodos feroces que evocan a los de las escuelas que nos plantea Dickens en algunas de sus novelas, como Dotheboys Hall en *Nicholas Nickleby*, regida por Squeers con una brutalidad despiadada, o Salem House en *David Copperfield*, administrada por Mr. Creakle con métodos igualmente crueles. En cuanto a los personajes, los ecos dickensianos son de muy diversa índole. En ocasiones, tienen que ver con la apariencia física, como el caso de Marianela (*Marianela*), cuya diminuta estatura se asemeja a la de Amy Dorrit (*Little Dorrit*) o la pequeña Nell (*The Old Curiosity Shop*), lo que contribuye a presentarlas como figuras indefensas (McGovern 2000: 139). Otras veces, el paralelismo se advierte en las relaciones que se establecen con otros personajes de la novela, como en el caso de los usureros Pepet (*La loca de la casa*) y Daniel Quilp (*The Old Curiosity Shop*), cuya imagen se ve reforzada por la contraposición que los autores hacen de ellos en relación a las figuras angelicales de Victoria y la pequeña Nell respectivamente. Por último, las similitudes más llamativas se advierten en aquellos personajes galdosianos que parecen un calco de alguna figura del autor victoriano. Tal es el caso, por ejemplo, de Torquemada en la tetralogía de las novelas de Torquemada, muy similar a Paul Dombey en *Dombey and Son*: ambos están casados con mujeres hermosas de familias acomodadas, ignoran a sus hijas a pesar del amor que estas muestran por sus padres, la acumulación de riquezas es el fin último de ambos y son dueños de una fortuna de la que finalmente pierden el control.

Todos estos ejemplos, sin duda, ilustran la influencia que Dickens ejerció sobre Galdós, si bien es cierto, como se decía más arriba, que se trata de referencias de tipo impresionista más que de similitudes estilísticas como tal. Así pues, el hecho de que comúnmente se haya aceptado la influencia de Dickens en el estilo de Galdós basándose en una compilación de referencias dickensianas como las que acaban de detallarse no solo justifica, sino parece demandar una aproximación sistemática al estilo de ambos autores. Un enfoque de estilística de corpus como el que proponemos en este capítulo nos puede ayudar a calibrar en qué medida el estilo de Dickens influyó en el de Galdós más allá del uso de nombres simbólicos y el empleo de muletillas por parte de sus personajes comentados más arriba, lo que servirá para reforzar una influencia que, si bien fuera de toda duda, no se ha sustentado sobre una base lo suficientemente sólida desde una perspectiva puramente estilística.

5.2. Localización de ejemplos en CorBPG y CorCD

Para llevar a cabo nuestro análisis, hemos seleccionado la obra narrativa de Galdós (CorBPG) y la hemos comparado con las catorce novelas completas de Dickens (CorCD), con una extensión de casi cuatro millones de palabras, como ya apuntamos en el apartado 2.3.1. Para procesar los textos que conforman ambos corpus se ha empleado nuevamente el *software* de concordancias *WordSmith Tools 6* (Scott 2016b).

El análisis gira en torno a grupos de palabras (*clusters*) utilizados de forma recurrente por ambos autores en los que se haga referencia a alguna de las siguientes partes del cuerpo: los ojos, la cabeza, las manos o los hombros. Naturalmente, ni estas partes del cuerpo ni los ejemplos que se han analizado han sido escogidos de forma arbitraria. En el caso de las partes del cuerpo, por un lado, se han seleccionado estas cuatro por su relevancia estilística en la obra del autor inglés.[1] Dado su valor en las novelas de Dickens, estas partes del cuerpo resultan pertinentes como elemento de comparación que permita calibrar la influencia del autor victoriano en Galdós desde un punto de vista estilístico a través del lenguaje gestual. Por otro lado, los ejemplos que contienen alguna de estas cuatro partes del cuerpo que se han analizado han sido generados de forma automática con *WordSmith Tools* mediante la opción *clusters*. El hecho de que los ejemplos no hayan sido seleccionados de forma premeditada contribuye, sin duda, a reforzar la validez de las conclusiones que extraídas. Para garantizar la relevancia de los ejemplos analizados, se han seleccionado aquellos grupos de palabras que, además de hacer referencia a al menos una de las cuatro partes del cuerpo que se han mencionado, tengan una longitud mínima de cinco palabras y una frecuencia de al menos diez apariciones en cada corpus.

En cuanto a la localización de los *clusters*, como se ha explicado en el apartado 3.2.1.4, estos se generan sobre una lista de palabras (*index*) creada previamente con los textos que conforman cada corpus.[2] Al ser generados automáticamente, *WordSmith* no solo identifica aquellos que contengan alguna de las cuatro partes del cuerpo que aquí se analizan, sino todos los grupos de palabras que se encuentren dentro de los parámetros establecidos. En la ilustración 5.1, por ejemplo, se muestran los veinte *clusters* más numerosos en CorBPG con una longitud mínima de cinco palabras.

1 Para un análisis de la función de estas partes del cuerpo en las novelas de Dickens, véase Mahlberg (2013), el estudio más completo sobre el uso del lenguaje gestual en la producción del novelista británico.

2 Para una información más detallada acerca de cómo generar *clusters* con *WordSmith Tools*, véase Scott (2016a).

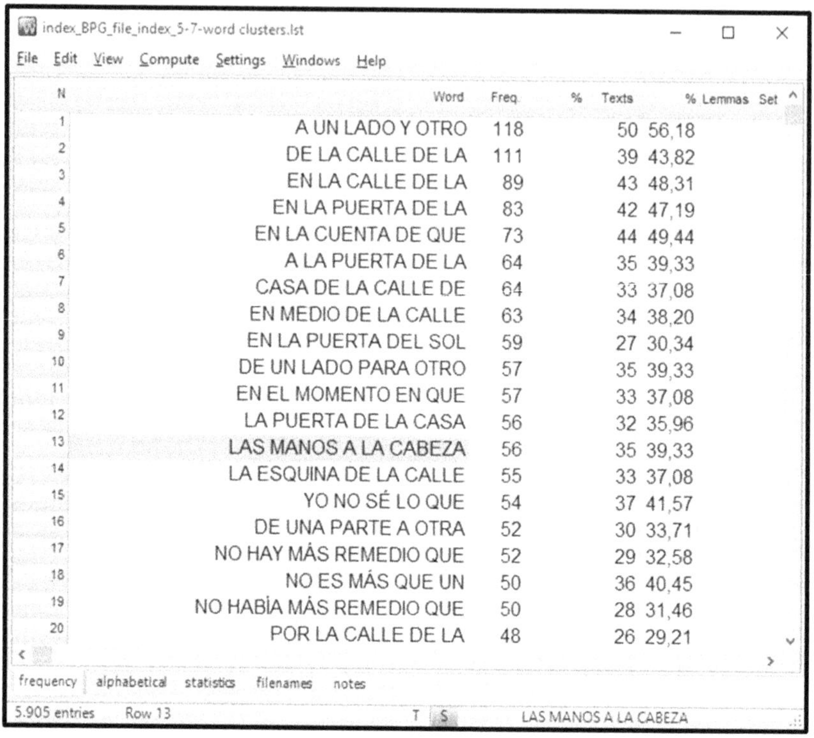
index_BPG_file_index_5-7-word clusters.lst

File Edit View Compute Settings Windows Help

N	Word	Freq.	%	Texts	%	Lemmas	Set
1	A UN LADO Y OTRO	118		50	56,18		
2	DE LA CALLE DE LA	111		39	43,82		
3	EN LA CALLE DE LA	89		43	48,31		
4	EN LA PUERTA DE LA	83		42	47,19		
5	EN LA CUENTA DE QUE	73		44	49,44		
6	A LA PUERTA DE LA	64		35	39,33		
7	CASA DE LA CALLE DE	64		33	37,08		
8	EN MEDIO DE LA CALLE	63		34	38,20		
9	EN LA PUERTA DEL SOL	59		27	30,34		
10	DE UN LADO PARA OTRO	57		35	39,33		
11	EN EL MOMENTO EN QUE	57		33	37,08		
12	LA PUERTA DE LA CASA	56		32	35,96		
13	LAS MANOS A LA CABEZA	56		35	39,33		
14	LA ESQUINA DE LA CALLE	55		33	37,08		
15	YO NO SÉ LO QUE	54		37	41,57		
16	DE UNA PARTE A OTRA	52		30	33,71		
17	NO HAY MÁS REMEDIO QUE	52		29	32,58		
18	NO ES MÁS QUE UN	50		36	40,45		
19	NO HABÍA MÁS REMEDIO QUE	50		28	31,46		
20	POR LA CALLE DE LA	48		26	29,21		

frequency alphabetical statistics filenames notes

5.905 entries Row 13 T S LAS MANOS A LA CABEZA

Ilustración 5.1 Captura de pantalla de los veinte clusters más frecuentes de CorBPG

Sobre la lista de *clusters* que se genera con cada uno de los dos corpus de estudio, es necesaria una búsqueda para localizar aquellos ejemplos que contengan alguna de las cuatro partes del cuerpo que se han comentado —la opción *Wordlist* permite hacer pesquisas concretas a través de una caja de búsqueda. En la ilustración 5.1, por ejemplo, vemos que *las manos a la cabeza* es, con cincuenta y seis apariciones, el *cluster* más recurrente en la producción de Galdós que contiene alguna de las partes del cuerpo que aquí se analizan. A continuación se muestran los resultados que se han obtenido con cada uno de los corpus, que constituyen el material con el que se ha llevado a cabo el análisis.

5.2.1. Resultados

Los resultados han sido clasificados según las cuatro partes del cuerpo que acaban de comentarse. En este sentido, conviene señalar que aquellos *clusters* que contienen referencias a dos partes del cuerpo (*las manos a la cabeza*, por ejemplo) han sido clasificados según la parte del cuerpo que parece definir mejor el movimiento que expresan. Así, el mencionado ejemplo de *las manos a la cabeza* ha sido incluido dentro del grupo de *clusters* que contienen la palabra "cabeza". Esta decisión, que por lo demás no acarrea ninguna implicación que pudiera influir en el análisis que aquí se lleva a cabo, se ha tomado para evitar duplicidades en los ejemplos que se muestran a continuación.

En primer lugar, en la tabla 5.1 se muestran los ejemplos localizados en ambos corpus que contienen la palabra "ojo(s)" y *eye(s)*:

Tabla 5.1 *Clusters* que contienen la palabra "ojo(s)" o *eye(s)*

CorBPG	*Frec.*	*CorCD*	*Frec.*
con los ojos fijos en	22	*his eyes fixed on the*	17
echando lumbre por los ojos	21	*with his eyes fixed on*	16
abrir y cerrar de ojos	17	*with his eyes on the*	13
con lágrimas en los ojos	17	*his eyes with his hand*	12
el pañuelo a los ojos	17	*in the eyes of the*	12
en un abrir y cerrar de ojos	17	*with his eyes fixed on the*	12
la mano por los ojos	17	*her handkerchief to her eyes*	11
los ojos fijos en el	17	*raising his eyes to the*	11
un abrir y cerrar de ojos	17	*with tears in his eyes*	11
un ojo de la cara	17		
la mano a los ojos	16		
las niñas de sus ojos	14		
los ojos en el suelo	14		
los ojos en toda la	13		
los ojos llenos de lágrimas	12		
no quitaba los ojos de	12		
ojos fijos en el suelo	12		
a las niñas de sus ojos	11		
con los ojos fijos en el	11		
con los ojos llenos de	11		
los ojos en toda la noche	11		
los ojos fijos en el suelo	11		
ojos en toda la noche	11		
a los ojos de la	10		

Los ejemplos identificados en ambos corpus con la palabra "mano(s)" y *hand(s)*, en segundo lugar, se muestran en la tabla 5.2:

Tabla 5.2 *Clusters* que contienen la palabra "mano(s)" o *hand(s)*

CorBPG	*Frec.*	*CorCD*	*Frec.*
la palma de la mano	44	*his hands in his pockets*	77
con las manos en la	43	*with his hands in his*	51
las manos en los bolsillos	37	*with his hands in his pockets*	46
las palmas de las manos	32	*hands in his pockets and*	36
llevándose las manos a la	29	*his hands in his pockets and*	36
con las manos en los	27	*with his hands to his*	27
con las manos en los bolsillos	26	*with his hands in his pockets and*	21
de la mano de Dios	24	*laying his hand upon his*	20
poniéndole la mano en el	22	*his hands into his pockets*	17
de manos a boca con	21	*with his hands behind him*	17
en la palma de la mano	19	*his head upon his hand*	16
la mano en el pecho	19	*his hand to his forehead*	15
la mano por la frente	19	*the back of his hand*	14
se llevó las manos a	18	*the palm of his hand*	14
puso la mano en el	17	*hands into his pockets and*	13
con las manos a la	16	*his hands into his pockets and*	13
el cielo con las manos	16	*his hat in his hand*	13
le puso la mano en	15	*laid his hand upon his*	13
yo me lavo las manos	15	*laid his hand upon the*	13
llevó las manos a la	14	*his hand as if he*	12
se llevó las manos a la	14	*his hand in his pocket*	12
la mano por la cara	13	*his hand upon the lock*	12
la mano en el bolsillo	12	*put his hand to his*	12
pasó la mano por la	12	*hands in his pockets and his*	11
poniéndole la mano en la	12	*he laid his hand upon*	11
con la palma de la mano	11	*his hands in his pockets and his*	11
dejado de la mano de	11	*put his hands in his*	11
dejados de la mano de	11	*the palms of his hands*	11
dejados de la mano de Dios	11	*with his hand upon the*	11
en las palmas de las manos	11	*her hands before her face*	10
la cara y las manos	11	*him by the hand and*	10
nos tenga de su mano	11	*his face with his hands*	10
dejado de la mano de Dios	10	*his hands as if he*	10
Dios nos tenga de su mano	10	*put his hands in his pockets*	10
el rostro con las manos	10	*putting his hands in his*	10
el tío mano de mortero	10	*putting his hands in his pockets*	10
la mano por el lomo	10	*with his hand to his forehead*	10
le puso la mano en el	10		
se llevó la mano a	10		

En la tabla 5.3, en tercer lugar, aparecen los ejemplos localizados en CorCD y CorBPG que contienen la palabra "cabeza" y *head*:

Tabla 5.3 *Clusters* que contienen la palabra "cabeza" o *head*

CorBPG	*Frec.*	*CorCD*	*Frec.*
las manos a la cabeza	56	*his head on one side*	30
las manos en la cabeza	39	*at the head of the*	27
con las manos en la cabeza	35	*head on one side and*	19
llevándose las manos a la cabeza	28	*the crown of his head*	17
la cabeza sobre el pecho	19	*his head as if he*	16
la cabeza la idea de	18	*his head upon his hand*	16
metido en la cabeza que	18	*her head on one side*	14
ha metido en la cabeza	17	*with his head on one*	14
la cabeza entre las manos	14	*with his head on one side*	14
ha metido en la cabeza que	13	*from head to foot and*	13
la calle de la cabeza	13	*head from side to side*	13
los trastos a la cabeza	13	*his head on one side and*	13
llevó las manos a la cabeza	12	*his head out of the*	13
manos a la cabeza y	12	*the back of his head*	13
que sí con la cabeza	12	*trembling from head to foot*	13
se llevó las manos a la cabeza	12	*head with an air of*	12
la cabeza en señal de	11	*his head against the wall*	12
cabeza la idea de que	10	*a shake of the head*	11
caer la cabeza sobre el	10	*from head to foot with*	11
ha puesto en la cabeza	10	*as he shook his head*	10
la mano por la cabeza	10	*he shook his head and*	10
las manos a la cabeza y	10	*him from head to foot*	10
más remedio que bajar la cabeza	10	*his head from side to*	10
me quita de la cabeza	10	*his head from side to side*	10
nadie me quita de la cabeza	10	*it came into my head*	10
remedio que bajar la cabeza	10	*shaking his head with a*	10
		shook his head and said	10

Por último, los ejemplos que contienen la palabra "hombro(s)" y *shoulder(s)* aparecen detallados en la tabla 5.4:

Tabla 5.4 *Clusters* que contienen la palabra "hombro(s)" o *shoulder(s)*

CorBPG	*Frec.*	*CorCD*	*Frec.*
la mano en el hombro	46	*hand upon his shoulder and*	11
poniéndole la mano en el hombro	17	*her hand upon his shoulder*	11
puso la mano en el hombro	13	*clapping him on the shoulder*	10
le puso la mano en el hombro	10	*his hand upon his shoulder*	10

De los resultados que se acaban de mostrar cabe destacar, en primer lugar, la amplia variedad de usos de lenguaje gestual empleados por ambos autores, si bien es cierto que algunos de los *clusters* que *WordSmith* genera son en realidad distintas realizaciones textuales de una misma acción. Tómese como ejemplo el caso de *his hands in his pockets*, *with his hands in his pockets*, *his hands in his pockets and*, *with his hands in his pockets and*, *hands in his pockets and his*, *his hands in his pockets and his*, *put his hands in his pockets* y *putting his hands in his pockets* en la tabla 5.2. Todos comparten *hands in his pockets*, siendo ejemplos prácticamente idénticos de la realización textual de una misma acción. Si bien podrían haberse eliminado aquellos ejemplos que comportaran repeticiones de la misma secuencia gestual, se ha optado por mantener todos los resultados por una cuestión de transparencia metodológica. Asimismo, conviene incidir en que existen algunos casos que no hacen referencia a ejemplos de lenguaje gestual. Estos casos tienen que ver con un uso figurado de la parte del cuerpo correspondiente (*la niña de sus ojos* en la tabla 5.1, por ejemplo) o con ejemplos que en realidad corresponden al discurso de los personajes (*it came into my head* en la tabla 5.3 o *Dios nos tenga de su mano* en a tabla 5.2, entre otros). Tales ejemplos, sin embargo, apenas comportan unos pocos casos aislados. Así, la mayoría de construcciones son empleadas por ambos autores para construir sus universos ficticios a través de la voz del narrador. Muchas de ellas, además, son similares en CorCD y CorBPG. En tales casos, como se podrá ver a continuación, parece advertirse una clara reproducción del estilo dickensiano por parte de Galdós que va más allá del uso de la misma construcción.

5.3. Análisis

El análisis se ha dividido en cuatro bloques, uno por cada parte del cuerpo incluida en el estudio. En cada bloque comparamos los resultados obtenidos en ambos corpus y abalizamos ejemplos concretos que servirán para ilustrar las concomitancias estilísticas entre Dickens y Galdós en lo que al uso del lenguaje gestual se refiere.

5.3.1. Ojos

Como sostiene Korte (1997: 57), las miradas constituyen un componente fundamental del lenguaje gestual en el género novelesco. Estas han sido analizadas en la novela victoriana (Busse 2010) y, también desde una perspectiva de corpus, en el estilo dickensiano (véase Mahlberg 2013: 114–117). Precisamente en el análisis de las miradas en la producción de Dickens se suele jacer hincapié, como no podía ser de otra manera, en el *cluster* más recurrente: *his eyes fixed on the*. Esta construcción es, precisamente, también la más numerosa en las novelas de Galdós: *con los ojos fijos en*. En el uso que los autores hacen de estas construcciones, además, se advierte un valor parecido. Como señala Mahlberg (2013: 116), la fijación de la mirada de un personaje es empleada por Dickens para reforzar la actitud de este, como se puede observar en (3). En la producción de Galdós, como se puede comprobar en (4), la construcción *con los ojos fijos en* desempeña una función similar.

(3) *Herbert said of himself, with* his eyes fixed on the *fire, that he thought he must have committed a felony and forgotten the details of it, he felt so dejected and guilty.*

(*Great Expectations*, capítulo 36)

(4) La Nela no decía nada. Después de mostrar exaltada alegría, meditaba *con los ojos fijos en* el suelo.

(*Marianela*, capítulo 8)

Sin embargo, la concomitancia estilística que existe entre ambos autores en el uso de *clusters* que contienen la palabra *eye(s)* u "ojo(s)" va más allá de este ejemplo. Como se puede observar en la tabla 5.1, aparte de *his eyes fixed on the* y de *con los ojos fijos en*, en ambos corpus se han localizado varios ejemplos casi idénticos. Tal es el caso de *his eyes with his hand* y *la mano a los ojos*, *with tears in his eyes* y *con lágrimas en los ojos* o *her handkerchief to her eyes* y *el pañuelo a los ojos*. Tanto *with tears in his eyes* y *con lágrimas en los ojos*, por un lado, como *her handkerchief to her eyes* y *el pañuelo a los ojos*, por otro, resultan casos especialmente interesantes, pues en ellos se advierte un uso sorprendentemente similar por parte de ambos novelistas. *With tears in his eyes* y *con lágrimas en los ojos*, por una parte, son empleados por Dickens y Galdós para expresar la tristeza de personajes de sexo masculino. En el caso de Dickens, la asociación del *cluster* a personajes masculinos está clara, pues el adjetivo *his* así lo revela. Sirvan como botón de muestra los ejemplos (5) y (6).

(5) *'Good gracious, Misses Brown, no!' returned the Grinder,* with tears in his eyes. *'Was there ever such a—!'*

(*Dombey and Son*, capítulo 52)

(6) *'And if we were no better off than anybody else, what would become of our sense of gratitude; which,' said Mr Pecksniff* with tears in his eyes, *as he shook his fist at a beggar who wanted to get up behind, 'is one of the holiest feelings of our common nature.'*

(*Martin Chuzzlewit*, capítulo 8)

En el caso de Galdós, de los diecisiete ejemplos localizados de *con lágrimas en los ojos*, hasta catorce se asocian a la tristeza de hombres. En (7) y (8) se muestran dos de estos catorce ejemplos.

(7) '¿Sabes lo que me ofrecen por mi resellamiento?' —añadió Bravo casi *con lágrimas en los ojos*—. 'Pues la secretaría de un Gobierno de provincia, o un destino en Cuba, a elegir.'

(*España trágica*, capítulo 22)

(8) '¡Oh! Pasaron aquellos tiempos de gloria' —exclamó D. Patricio *con lágrimas en los ojos* y declamando con cierto énfasis que no cuadraba mal a su hueca voz y alta figura.

(*El terror de 1824*, capítulo 1)

Esta similitud en el uso de *with tears in his eyes* y *con lágrimas en los ojos* no acaba aquí, pues Dickens y Galdós también hacen un uso parecido de ellos desde un punto de vista formal. Así, como se puede advertir en los ejemplos que acaban de mostrarse, ambos autores tienden a emplear estos *clusters* en momentos dialógicos. Esto es, las intervenciones de los personajes, que revelan la tristeza de estos, se ven reforzadas por el lenguaje gestual, que sirve para ilustrar sus sentimientos. Esta es una idiosincrasia dickensiana, empleada por el autor victoriano para lograr efectos de autenticidad a través de la simultaneidad del habla de los personajes y la comunicación no verbal (Mahlberg, Smith y Preston 2013: 40). A la luz de los ejemplos localizados en la producción de Galdós, parece claro que el autor canario pudo imitar esta estrategia para realzar la tristeza de varios de sus personajes masculinos en sus novelas.

Por otra parte, en la utilización de *her handkerchief to her eyes* y *el pañuelo a los ojos* se observa un uso similar al de *with tears in his eyes* y *con lágrimas en los ojos*, pues *her handkerchief to her eyes* es empleado por Dickens en exclusiva con personajes femeninos y *el pañuelo a los ojos* es empleado por Galdós también mayormente con mujeres. En el caso de Dickens, la asociación de *her handkerchief to her eyes* con mujeres resulta nuevamente clara, pues *her* revela el sexo femenino de los personajes con los que se asocia, como se puede advertir en los ejemplos (9) y (10).

(9) *'I fear he was,' said Mrs Nickleby, with* her handkerchief to her eyes. *'If it hadn't been for me, I don't know what would have become of him.'*

(*Nicholas Nickleby*, capítulo 10)

(10) *'Oh Kit!' said his mother, with* her handkerchief to her eyes, *'what have you done! I never can go there again—never!'*

(*The Old Curiosity Shop*, capítulo 41)

En el caso de Galdós, aunque algunos ejemplos se emplean refiriéndose a hombres, más del sesenta por ciento (once de los diecisiete ejemplos localizados), como se decía, son empleados con mujeres. Sirvan como botón de muestra los ejemplos (11) y (12).

(11) Presentacioncita se sintió conmovida, y llevándose *el pañuelo a los ojos*, dijo:
—Está preso.

(*Memoria de un cortesano de 1815*, capítulo 9)

(12) Irene se llevó *el pañuelo a los ojos*, y con voz de ahogo me dijo: 'Sabe usted… más que Dios…'

(*El amigo Manso*, capítulo 41)

Desde luego, resulta muy elocuente que tanto Dickens como Galdós no solo establezcan una distinción entre personajes de distinto sexo para describir la tristeza, sino que, además, ambos recurran a construcciones similares para proyectar la de hombres por un lado y la de mujeres por otro. Asimismo, en el caso de *her handkerchief to her eyes* y *el pañuelo a los ojos* cabe destacar nuevamente su empleo en momentos conversacionales, tal y como se puede observar en los ejemplos (9) a (12). Al igual que el de los hombres, el discurso de las mujeres del universo galdosiano en momentos de tristeza se ve reforzado, en un estilo que podríamos denominar dickensiano, por un lenguaje gestual muy específico que contribuye a reforzar la desazón de estas a través del pañuelo que se llevan a los ojos cuando hablan.

En definitiva, las miradas de los personajes de las novelas de Dickens y Galdós parecen revelar un eco dickensiano en el estilo del autor canario hasta ahora desapercibido. Así, no solo en la actitud que deja entrever la fijación de las miradas de los personajes (verbalizada a través de construcciones que resultan ser las más numerosas en ambos corpus), sino también en la suerte de dicotomía que los dos novelistas establecen a la hora de proyectar la tristeza de hombres y mujeres, se advierte un paralelismo en el estilo de ambos autores que refuerza la influencia del autor victoriano en Galdós desde un punto de vista estilístico.

5.3.2. Manos

En los *clusters* localizados con las palabras "mano(s)" y *hand(s)*, en segundo lugar, también se han identificado paralelismos dignos de análisis. Como se puede observar en la tabla 5.2, se trata de la parte del cuerpo con la que se han generado más *clusters* en ambos corpus. Como en el caso de aquellos que contienen la palabra *eye(s)* u "ojo(s)" que acaban de analizarse, también existen ejemplos muy parecidos en ambos corpus. Tal es el caso de *the palm of his hands* y *la palma de la mano*, *his hand to his forehead* y *la mano por la cara*, *his face with his hand* y *el rostro con las manos* o *his hands in his pockets* y *las manos en los bolsillos*. Esta última pareja, debido sobre todo a la sistematicidad de *his hands in his pockets* en CorCD, resulta especialmente interesante. Como se puede advertir en la tabla 5.2, *his hands in his pockets* es el *cluster* más numeroso de todos los que se han generado en el corpus de Dickens, con setenta y siete apariciones. Esta construcción constituye un rasgo característico del estilo del autor victoriano (Mahlberg 2013: 65). Dickens la emplea en cada una de sus catorce novelas para describir la posición de los hombres —y no la de mujeres— dentro de la escena.

Al contrario que los *clusters* analizados anteriormente, este no describe una sola actitud, sino que actúa como un bloque textual al que Dickens recurre de forma habitual otorgándole distintos significados. Normalmente, los ejemplos suelen reforzar el carácter pensativo de los personajes con los que se asocia, como se puede advertir en (13). Sin embargo, esta construcción también se emplea cuando un personaje irrumpe en la escena y el narrador lo describe minuciosamente, como en el ejemplo (14):

(13) *'Ah!' He began to walk about the room with* his hands in his pockets, *showing that he had been thinking as much.*

(*Bleak House*, capítulo 50)

(14) *Before Mr. Bounderby could reply, a young man appeared at the door, and introducing himself with the words, 'By your leaves, gentlemen!' walked in with* his hands in his pockets. *His face, close-shaven, thin, and sallow, was shaded by a great quantity of dark hair, brushed into a roll all round his head, and parted up the centre.*

(*Hard Times*, libro 1, capítulo 6)

Estos usos de *his hands in his pockets* gozan nuevamente de réplica en la obra de Galdós, que emplea *las manos en los bolsillos* de una forma similar: efectivamente, son los hombres y no las mujeres quienes aparecen presentados en esta pose y, también como en Dickens, se trata de un bloque textual empleado por el autor para modelar su universo ficticio. Además, resulta sorprendente que, como el autor inglés, Galdós lo utilice con fines similares. Así, *las manos en los bolsillos* también ayudar a reforzar el estado meditabundo de un personaje o para introducir a este antes de describirlo de forma detallada, como se puede observar en los ejemplos (15) y (16), respectivamente.

(15) Ambos le miraron. Miquis se paseaba a lo largo de la sala, con *las manos en los bolsillos*, arrastrando sus miradas por el suelo.

(*El doctor Centeno*, capítulo 3)

(16) Delante de la miserable casilla que le servía de alojamiento solía pasearse D. Francisco por las tardes con *las manos en los bolsillos* de su capote, y pisando fuerte para que entraran en calor las entumecidas piernas. Era hombre de cuarenta y dos años, recio y avellanado, de semblante rudo, en que se pintaba una gran energía, y todo su aspecto revelaba al guerreador castellano, más ágil que forzudo.

(*Los Cien Mil Hijos de San Luis*, capítulo 8)

Este paralelismo se ve reforzado si tenemos en cuenta que ambos autores, además, emplean *his hands in his pockets* y *las manos en los bolsillos* con los verbos *walk* y "pasear" respectivamente, tal y como se puede observar en los ejemplos que acaban de detallarse. Así, a los personajes no solo se les describe con las manos en los bolsillos en ambos casos, sino que además caminan, lo que ayuda a proyectar efectos como el mencionado carácter reflexivo. Este componente de dinamismo que llevan aparejados, unido al hecho de que se empleen para dar cuenta de los mismos aspectos y que sean los hombres y no las mujeres con quienes se asocian, hacen de *his hands in his pockets* y *las manos en los bolsillos* otro ejemplo más en el que se advierte un eco dickensiano en la producción de Galdós en lo que al lenguaje gestual se refiere.

5.3.3. Cabeza

En el caso de los *clusters* generados en CorBPG y CorCD con las palabras "cabeza" y *head* respectivamente, en tercer lugar, también se advierten concomitancias estilísticas dignas de mención. Cabe destacar que la cabeza desempeña un papel importante en la producción de Galdós como recurso de caracterización por sí misma. Así lo demuestran ejemplos como *que sí con la cabeza*. De los doce usos localizados en el corpus (ver tabla 5.3), seis se asocian a un mismo personaje: Fortunata (*Fortunata y Jacinta*). El uso repetido de esta construcción con Fortunata —se emplea con este personaje tantas veces como con el resto de figuras de la totalidad de sus novelas— sirve para reforzar el carácter sumiso de la joven, tal y como se puede advertir en los ejemplos (17) y (18).

(17) Fortunata dijo *que sí con la cabeza*, y el dogal que en el cuello sentía empezó a aflojarse.

(*Fortunata y Jacinta*, parte 3, capítulo 6)

(18) Fortunata dijo *que sí con la cabeza*, y sus miradas daban a entender que aquel perdón era de los fáciles, porque el amor andaba de por medio.

(*Fortunata y Jacinta*, parte 4, capítulo 6)

Sin embargo, más allá del valor estilístico de este *cluster* como recurso de caracterización, en el corpus de Galdós también se advierte un componente dickensiano digno de reseña. Como se puede observar en la tabla 5.3, ambos autores emplean de forma recurrente una construcción similar: *his head upon his hand* y *la cabeza entre las manos*. Tanto Dickens como Galdós la utilizan fundamentalmente para ilustrar la tristeza de sus personajes. Sirvan como ejemplo, en primer lugar, los usos que se muestran en (19) y (20), extraídos de CorCD.

(19) *I was so confounded by the alteration in him, that at first I could only observe him in silence, as he stood leaning* his head upon his hand, *and looking gloomily down at the fire.*

(*David Copperfield*, capítulo 22)

(20) *He appeared so miserable, sitting with* his head upon his hand, *and I appeared so unwelcome, that I was going to offer an apology when Mr. Bucket took the matter on himself.*

(*Bleak House*, capítulo 59)

Como se puede observar, Dickens construye el carácter desdichado de sus personajes, entre otros aspectos, a través de este gesto tan particular, que es replicado por Galdós en sus novelas, como se puede advertir en los ejemplos (21) y (22).

(21) Junto a ella, y sentada en el suelo, con *la cabeza entre las manos* y apoyada en el lecho, estaba Inés. Su llanto tranquilo era el natural desahogo de un dolor resignado, propio de quien acostumbraba a relacionar las penas y las alegrías con la voluntad de arriba.

(*La Corte de Carlos IV*, capítulo 28)

(22) Nomdedeu, sin atreverse a contradecirla habíase sentado junto a ella, y con *la cabeza entre las manos* lloraba como un chiquillo.

(*Gerona*, capítulo 5)

Como se puede advertir, el llanto es empleado en (21) y (22) como elemento principal sobre el que se sustenta la tristeza de los personajes. Sin embargo, este se refuerza a través del gesto de colocar la cabeza entre las manos por parte de ambos. Llama la atención, además, que tanto Inés (21) como el doctor Nomdedeu (22) realicen este gesto mientras se encuentran sentados, lo que hace de *la cabeza entre las manos* un bloque textual aún más sólido y refuerza el hecho de que Galdós lo empleara, de un modo similar a Dickens, como recurso para proyectar desdicha entre sus personajes. La utilización de estas construcciones parecidas por parte de ambos autores para expresar las mismas emociones parece constituir, pues, otro ejemplo más que revela el componente dickensiano en la obra de Galdós a la hora de construir su universo ficticio a través del lenguaje gestual de sus personajes.

5.3.4. Hombros

Los *clusters* identificados con las palabras "hombro(s)" y *shoulder(s)*, por último, son igualmente representativos. En ambos corpus se han identificado construcciones muy parecidas que, además, también desempeñan una función similar. Tal es el caso de *her hand upon his shoulder* y *his hand upon his shoulder* en CorCD y de *poniéndole la mano en el hombro* y *le puso la mano en el hombro* en CorBPG. Dickens, por un lado, emplea *her hand upon his shoulder* y *his hand upon his shoulder* para reforzar el afecto de un personaje hacia otro (Mahlberg 2013: 117). Sirvan como ejemplo los dos usos de *her hand upon his shoulder* mostrados en (23) y (24).

(23) *'Oh, I am not unhappy, cousin John!' said Ada, smiling cheerfully, with* her hand upon his shoulder, *where she had put it in bidding him good night. 'But I should be a little so if you thought at all the worse of Richard.'*

(*Bleak House*, capítulo 17)

(24) *'I think, my dear son,' returned Mrs. Maylie, laying* her hand upon his shoulder, *'that youth has many generous impulses which do not last [...].'*

(*Oliver Twist*, capítulo 34)

Este uso se ve replicado en la producción de Galdós mediante la utilización de *poniéndole la mano en el hombro* y *le puso la mano en el hombro*, como se puede advertir en los ejemplos de *poniéndole la mano en el hombro* que se detallan en (25) y (26).

(25) 'Querida tía' —indicó *poniéndole la mano en el hombro*—. 'Si me contesta Vd. con lágrimas y suspiros, me conmoverá pero no me convencerá.'

(*Doña Perfecta*, capítulo 19)

(26) 'Hijo de mi alma —dijo Fidela gozosa, *poniéndole la mano en el hombro*—. 'Mecenas quiere decir: protector de las letras.'

(*Torquemada en el Purgatorio*, parte 1, capítulo 10)

Como se puede comprobar, Galdós también utiliza esta construcción para expresar el afecto de un personaje hacia otro. El eco dickensiano en el uso que Galdós hace de este *cluster* se refuerza si tenemos en cuenta que lo emplea, al igual que Dickens, para acompañar el discurso del personaje que pone la mano en el hombro del otro. Además, cabe destacar que el autor canario hace un uso similar de estas construcciones desde un punto de vista formal. Como se puede observar en los ejemplos anteriores, tanto Dickens como Galdós las emplean en suspensiones (Lambert 1981), estilema típicamente dickensiano, al que ya nos hemos referido en el capítulo anterior en los apartados 4.1.1 y 4.2.3, y que Galdós parece imitar en sus novelas. A ello hay que añadir que en todos los ejemplos se observa un mismo patrón: (i) el discurso del personaje que precede la interrupción del narrador en la que se inserta el *cluster* contiene un vocativo con el que el personaje se refiere directamente a la persona que goza de su afecto; (ii) este vocativo es interrumpido por el comentario del narrador, que se refuerza a través del uso del *cluster*; (iii) una vez descrito el lenguaje gestual —en términos similares por parte de ambos autores—, el narrador continúa con la reproducción del discurso del personaje. En definitiva, tanto el parecido de los *clusters* en cuestión, como la función similar que desempeñan en la producción de ambos autores y el uso prácticamente idéntico que ambos hacen de ellos desde un punto de vista estructural, parecen poner de manifiesto otra resonancia dickensiana en la producción de Galdós en lo que a la utilización del lenguaje gestual se refiere.

5.4. Consideraciones finales

En este capítulo hemos intentado demostrar cómo, además de para analizar particularidades estilísticas del estilo de un autor, un enfoque de estilística de corpus puede servir igualmente para indagar en sus influencias. Naturalmente, el fenómeno de la intertextualidad que hemos tratado en este capítulo no es exclusivo de los estudios de estilística de corpus. Sin embargo, gracias a una metodología de corpus es posible analizar patrones de manera sistemática y calibrar aspectos que de otro modo solo pueden ser abordados mediante un trazo más impresionista. Como se ha podido ver, gracias a una metodología basada en la localización de *clusters* ha sido posible identificar patrones formales y funcionales comunes a la narrativa de Galdós y Charles Dickens que parecen ser el reflejo de un eco dickensiano en la obra del autor canario. El análisis se ha centrado en el lenguaje gestual y, más concretamente, en segmentos de texto que contienen referencias a partes del cuerpo —los ojos, la cabeza, las manos y los hombros— cuya relevancia estilística en las novelas de Dickens ya había sido demostrada con anterioridad. Estas partes del cuerpo han servido de punto de partida desde el que identificar los *clusters* que se han examinado.

A la luz de los ejemplos que se han desgranado con cada una de las partes del cuerpo objeto de estudio, parece claro que la influencia que Dickens ejerció sobre Galdós tiene un carácter más profundo del tradicionalmente apuntado por la crítica. Naturalmente, los ejemplos a los que se suele hacer alusión —la mayoría de carácter impresionista, basados en situaciones y sobre todo en personajes en los que se advierte un paralelismo con Dickens— son una muestra clara de la devoción que Galdós sentía por el autor inglés, de la misma manera que algunas técnicas como la simbología de la onomástica o las muletillas empleadas por los personajes son un rastro evidente del estilo del novelista victoriano. Sin embargo, como cabría esperar, esta influencia se cifra también en aspectos más sutiles, como los ejemplos en relación al lenguaje gestual que acaban de analizarse han demostrado. Es cierto que afirmar que Galdós empleara deliberadamente una construcción determinada por imitación directa de Dickens puede resultar un tanto atrevido, pues no hay modo de demostrarlo. No obstante, en virtud de la gran cantidad de ejemplos similares localizados en ambos corpus, sí que podemos decir, sin miedo a equivocarnos, que el lenguaje gestual empleado por Galdós ofrece tintes dickensianos y que este, sobre todo teniendo en cuenta el carácter prácticamente análogo de los casos que aquí se han analizado y sus similitudes tanto en términos formales como funcionales, parece ser fruto de la influencia que sobre él ejerció el novelista inglés.

Además, el hecho de que el análisis se haya centrado en construcciones generadas de forma automática (*clusters*) contribuye a despejar cualquier indicio de tendenciosidad en nuestro estudio, lo que refuerza las conclusiones que hemos extraído. En este sentido, es fácil imaginar que, además de para investigar el lenguaje gestual, un análisis de *clusters* en la obra de ambos autores puede utilizarse para explorar otros elementos de intertextualidad más allá del lenguaje gestual. La localización de construcciones similares es, desde luego, un filón metodológico, que puede revelar nuevos ecos hasta ahora desapercibidos en el análisis de la influencia que Dickens ejerció en Galdós. Además, esta metodología puede emplearse, *mutatis mutandis*, con otros autores. El ejemplo de Balzac comentado en el apartado 5.1 es, sin duda, una vía de análisis que merece la pena explorar, pues el propio Galdós reconoció la influencia que sobre él ejerció el novelista decimonónico francés.

Capítulo 6. El Galdós traductor

En este último capítulo analizamos la labor del Galdós traductor. Esta es seguramente la faceta menos conocida del autor canario, tal vez porque únicamente realizó una traducción a lo largo de su vida, la de *Pickwick Papers*, de Dickens (Ramoneda 1989). En este último capítulo analizamos esta traducción utilizando un enfoque de estilística de corpus. Como se ha encargado de demostrar la crítica, el *Pickwick* de Galdós tiene grandes lagunas desde un punto de vista literario. Los *wellerismos* que caracterizan el texto original, por ejemplo, no son traslados al español en su versión (Boquera Matarredona 1996; Ruano San Segundo 2017a). En este capítulo nos centramos, para seguir con la tónica del libro, en la proyección del discurso en el texto inglés y en su traslado al español. Por una cuestión tanto de concreción metodológica como de consistencia, el análisis se centra en un único elemento: los verbos de habla. Además de su función comunicativa, estos verbos atesoran un valor estilístico de importancia cardinal en la producción de Dickens, en donde son empleados con una clara función caracterizadora (véase apartado 6.2). Esta función caracterizadora, naturalmente, ha de pasar indemne por el tamiz de la traducción, pues se corre el riesgo de anular el valor literario que los verbos de habla atesoran por encima de su función comunicativa en el estilo del autor victoriano. Sin embargo, en la traducción española de Galdós no siempre se refleja el uso que Dickens hace de ellos en el texto original. Sirva como botón de muestra el intercambio conversacional del ejemplo (1), extraído del capítulo diecinueve, y su traducción por parte de Galdós en (1G).[1]

(1) *'How AM I to carry it?' said the wretched Winkle.*
'Carry it with the muzzle to the ground,' replied *Mr. Pickwick.*
'It's so unsportsmanlike,' reasoned *Winkle.*
'I don't care whether it's unsportsmanlike or not,' replied *Mr. Pickwick; 'I am not going to be shot in a wheel-barrow, for the sake of appearances, to please anybody.'*

1 Los ejemplos de la traducción de Galdós tienen la misma numeración que los ejemplos del texto inglés. Para distinguirlos, hemos añadido en cada caso una "G" junto al número del ejemplo correspondiente.

'I know the gentleman'll put that 'ere charge into somebody afore he's done,' growled *the long man.*

(*Pickwick Papers*, capítulo 19)

(1G) —¿Y cómo debo llevarlo? —dijo el infeliz Winkle.
—Poned el cañón hacia abajo.
—Eso no da mucha apariencia de cazador —*dijo* Mr. Winkle.
—Yo no me cuido de tener aire de cazador o no, pero no tengo ganas de ser fusilado por el amor de las apariencias.
—Es seguro que así el señor meterá una bala en el cuerpo de uno de nosotros —dijo el hombre alto.

(*Las aventuras de Pickwick*, capítulo 19)

Sin duda, la omisión en el texto de llegada de los dos ejemplos de *replied* y la traducción de *reasoned* y *growled* como "dijo" provocan una mella con respecto al original, sobre todo teniendo en cuenta que, por ejemplo, un verbo como *growl* es un elemento que Dickens emplea sistemáticamente para introducir el habla de personajes de los que quiere ilustrar irascibilidad a lo largo de toda su producción (véase apartado 6.2). En este capítulo nos centraremos en la pérdida de matices que se produce cuando Galdós no repara en el valor literario de los verbos. Además de utilizar *WordSmith* para localizar los verbos de la novela inglesa, hemos empleado un corpus paralelo alineado con la novela inglesa y el texto galdosiano para examinar la traducción de Galdós. También hemos incluido la traducción de José María Valverde (Dickens 2004) en nuestro análisis, con el fin comparar el trabajo de Galdós con otra traducción y calibrar el menoscabo estilístico que acarrea la traducción desacertada de los verbos de habla. El propósito de este capítulo, en definitiva, es el de ilustrar el potencial de la estilística de corpus desde un tercer ángulo: el análisis traductológico. Como se podrá comprobar, gracias a un enfoque de corpus se puede medir no solo la cantidad y la variedad de verbos empleados en el texto inglés, sino también examinar de forma sistemática el grado de fidelidad en la traducción de Galdós y compararla con otra versión española de la novela original.

6.1. Galdós y su única traducción: *Las aventuras de Pickwick*

La traducción de Galdós de *Picwick Papers* se sitúa en el marco de sus contribuciones para el diario progresista *La Nación*, en el que comienza a colaborar cuando se traslada a estudiar a Madrid desde Canarias. En su sección "Revista de la Semana" se hace eco de la vida cotidiana de la ciudad, pero también de su actividad política y artística. El nueve de marzo de 1868 aparece, bajo el epígrafe de "Variedades" la crónica "Carlos Dickens", en la que ensalza la figura del autor inglés y nos comenta algunas de las características más destacadas de sus obras, además de resumirnos, de forma indirecta, algunas de sus inquietudes estéticas de esos años (cf. Ramoneda 1989: 20). Esta crónica deja ver la influencia que Dickens ejerció en Galdós comentada en el capítulo anterior. Tras la publicación de "Carlos Dickens", comenzó a traducir *Pickwick Papers*, que se fue publicando por entregas entre mayo y septiembre de ese mismo año, siguiendo el modelo folletinesco del texto original. En lo que a las razones que empujaron a Galdós a llevar a cabo la traducción se refiere, apenas existen fuentes que nos aclaren por qué esta obra y no otra o por qué Dickens y no Balzac, su otro gran autor de referencia en sus años de juventud. En sus *Memorias de un desmemoriado*, por ejemplo, Galdós únicamente nos informa de que tradujo la obra para el antedicho diario, aunque no ofrece ninguna pista más allá del hecho de que tradujera:

> En mi aprendizaje literario, cuando aún no había salido de mi mocedad petulante, apenas devorada *La comedia humana*, de Balzac, me apliqué con loco afán a la copiosa obra de Dickens. Para un periódico de Madrid traduje el *Pickwick*, donosa sátira, inspirada, sin duda, en la lectura del *Quijote*. (Pérez Galdós 1980: 1468)

En otra alusión a la traducción realizada en un escrito sobre Federico Balart, Galdós hace memoria sobre la aparición de su admiración por Dickens y cómo esta condujo a la traducción de *Pickwick*. En este escrito se colige que la traducción fue más un encargo que un acto del propio Galdós:

> Lo que me encantó el descubrimiento no hay para qué decirlo [...]. Consecuencia de esa adoración por Dickens se me comunicó al instante que pusiera mis manos en una traducción del *Pickwick* que logré llevar a feliz término en unos cuantos meses. (Shoemaker 1973)

Sin embargo, no existen más referencias explícitas sobre los motivos por los que Galdós tradujera el *Pickwick*. Tampoco en los trabajos de Armas Ayala (1989) ni Ortiz-Armengol (2000), los dos biógrafos por excelencia de Galdós. Ortiz-Armengol apenas menciona su crónica "Carlos Dickens" y su conocida admiración por el autor inglés, del que ya ha leído "las novelas *Pickwick*, *David Copperfield*, *Hard Times*, *Oliver Twist* y *Nicolás Nickleby*, que considera del nivel de las de Manzoni, Hugo, Scott y Balzac (Ortiz-Armengol 2000: 103). Pero no se hace eco de la traducción. Armas Ayala, por su parte, sí que se refiere brevemente a ella, aunque lo hace dentro de la faceta del canario como crítico, asegurando que "el que Galdós comenzase precisamente en un número de *La Nación* la traducción de *Los Papeles de Pickwick*, avalora más las observaciones que el crítico hace de la novela de Dickens" (Armas Ayala 1989: 124).

Desde un punto de vista traductológico, la calidad de la traducción se encuentra ciertamente por debajo de lo que cabría esperar. Los *wellerismos* comentados más arriba son un claro ejemplo de ello. Estos enunciados paremiológicos, llamados así por su circunscripción exclusiva a Sam Weller y su padre en el marco de la novela, constituyen la seña de identidad más clara del autor en el marco de su uso del lenguaje proverbial (Bryan y Mieder 1997; Ruano San Segundo 2017a: 110). Dickens se sirve de estas paremias para perfilar el tono satírico que caracteriza a Sam Weller y a su padre. Sin embargo, de los más de treinta ejemplos que aparecen en la novela, Galdós solo traduce cuatro de ellos, lo que se materializa en una mella estilística clara en su versión de la novela. Además de los *wellerismos*, otros aspectos relevantes dentro del marco del estilo de Dickens tampoco son trasladados al español por Galdós con la diligencia que cabría esperar dada su relevancia literaria en el texto original. Los verbos de habla, como veremos aquí, son otro ejemplo de ello. Antes de analizar la traducción de Galdós, sin embargo, conviene incidir brevemente en el valor estilístico que estas formas verbales atesoran en la producción de Dickens, de tal suerte que luego podamos valorar de forma cabal su traducción desde un punto de vista literario.

6.2. Charles Dickens y los verbos de habla

En general, los verbos de habla son el elemento que posibilita la proyección del discurso verbal (Wierzbicka 1987; Levin 1993). En el género novelesco, los narradores los emplean para dar voz a los personajes que pueblan su universo ficticio. Más allá de la función discursiva que poseen por definición, sin embargo, estas formas de decir también atesoran un componente estilístico muy marcado cuando son empleadas de forma deliberada con arreglo a factores de diversa índole: el sexo, el carácter, etc. (Caldas-Coulthard 1987). Dickens es un claro ejemplo de este uso literario de los verbos de habla, pues las formas que emplea para modelar las palabras de sus personajes son, a la vez, un recurso clave en el marco de sus célebres técnicas de caracterización (Ruano San Segundo 2016; Ruano San Segundo 2017d). En efecto, el discurso de sus personajes aparece introducido por un amplio catálogo de formas de decir que, lejos de estar dispuesto de forma arbitraria, proyecta matices de los que se coligen trazos del carácter de los personajes a los que se asocian. Varios aspectos dan cuenta de este uso tan específico y relevante desde un punto de vista literario de los verbos de habla. Por ejemplo, su uso como elemento identificativo en el marco de la novela por entregas. Como sostiene Ingham, "the idiosyncratic speech of many of Dickens' characters is a means of identifying them in a long serial work" (Ingham 1979: 144). Los verbos de habla juegan un papel importante en la definición de estas hablas tan particulares, pues Dickens emplea de forma frecuente de un mismo verbo descriptivo para introducir las palabras de un personaje que lleva varias entregas (semanas, o incluso meses) ausente de la trama (Ruano San Segundo 2016: 123).

Digno de reseña es también el uso sistemático de verbos que describen sonidos de animales (*bawl*, *croak*, *growl* o *snarl*, en entre otros) para articular el discurso de villanos a lo largo de sus novelas (Ruano San Segundo 2018c). No es casualidad, desde luego que las palabras de seres malvados como Ralph Nickleby en *Nicholas Nickleby*, Ned Dennis en *Barnaby Rudge*, Jonas Chuzzlewit en *Martin Chuzzlewit*, Uriah Heep en *David Copperfield*, Blandois en *Little Dorrit*, Dolge Orlick en *Great Expectations* o Rogue Riderhood en *Our Mutual Friend*, entre otros, aparezcan introducidas por un verbo tan específico como *growl* (gruñir), que ayuda a perfilar el carácter maligno de estos. Por último, también puede mencionarse la distinción entre sexos que Dickens establece en el uso de muchos verbos, que se asocian en exclusiva a hombres y mujeres. En general, los verbos asociados a personajes masculinos proyectan estruendo y decibelios (*bellow*, *boast*, *growl*, *order*, *roar*, *shout*, *snarl snort*, *thunder*, *vociferate*,), mientras que de las formas circunscritas a mujeres se coligen tintes de fragilidad y cierta debilidad (*breath*, *beg*, *coax*, *hurry*, *languish*, *mourn*, *sob* o *screech*) (Ruano San Segundo 2018b). Como no podía ser de otra manera, en *Pickwick Papers* se advierten ejemplos de este tipo. Así, no es casualidad que sean las palabras del viejo Wardle las que aparecen introducidas por *roar* (rugir) y las de Mrs. Pott por *sob* (sollozar), como se muestra en los ejemplos (2) y (3).

(2) *'He's drunk,'* roared *old Wardle passionately. 'Ring the bell! Call the waiters! He's drunk.'*

(*Pickwick Papers*, capítulo 54)

(3) *'And now,'* sobbed *Mrs. Pott, 'now, after all, to be treated in this way; to be reproached and insulted in the presence of a third party, and that party almost a stranger. But I will not submit to it! Goodwin,' continued Mrs. Pott, raising herself in the arms of her attendant, 'my brother, the lieutenant, shall interfere. I'll be separated, Goodwin!'*

(*Pickwick Papers*, capítulo 18)

Esta oposición discursiva ayuda a perfilar a ambos sexos de forma casi dicotómica, uno de los aspectos que definen las técnicas de caracterización en la época victoriana y también en Dickens. Desde un punto de vista formal, una distribución así de consciente es especialmente relevante en las publicaciones por entregas, como en el caso de *Pickwick Papers*. La dispersión episódica obliga al autor no solo a abordar cuestiones como la caracterización de los personajes desde un prisma distinto al habitual, como se ha comentado, sino que las limitaciones espaciales a las que se ve sometido le conducen al uso de un estilo muchas veces lacónico. Los verbos de habla, debido a su capacidad para sintetizar información de distinta naturaleza, encajan a la perfección en este estilo marcado por las estrecheces de las entregas. Esta relevancia estilística, que caracteriza la producción narrativa de Dickens, demuestra la importancia de conservar los matices de los verbos en el proceso de traducción.

6.3. Localización de ejemplos en *Pickwick Papers*, de Charles Dickens

Como ya se ha comentado, para la identificación de los verbos de habla del texto inglés hemos empleado nuevamente *WordSmith Tools*. El análisis solo se centra en verbos bajo la estrategia de representación del discurso de estilo directo, la más prolija en el género novelesco en general (Semino y Short 2004: 97) y en la producción narrativa de Dickens en particular (Ruano San Segundo 2016). Desde un punto de vista metodológico, el estilo directo presenta una ventaja fundamental, pues su estructura oracional sigue un patrón más o menos estable que facilita la localización de los verbos en el texto. En el caso de *Pickwick Papers*, son dos las posibilidades por las que el Dickens opta a la hora de construir esta estrategia de representación discursiva: colocando la proposición proyectada delante de la proyectora y situando el verbo de habla delante del nombre del personaje (ejemplo 4) y en las ya comentadas suspensiones, es decir, dividiendo la proposición proyectada en dos y colocando la proposición proyectora como una suerte de interrupción, también situando el verbo de habla delante del nombre del personaje (ejemplo 5):

(4) *'Now, it's in the next house, sir,'* remonstrated *Sam.*

(*Pickwick Papers*, capítulo 99)

(5) *'Sammy,'* whispered *Mr. Weller, 'if some o' these here people don't want tappin' to-morrow mornin', I ain't your father, and that's wot it is. Why, this here old lady next me is a-drowndin' herself in tea.'*

(*Pickwick Papers*, capítulo 99)

Teniendo en cuenta que los verbos de habla de la lengua inglesa son en su mayoría de carácter regular (cf. Wierzbicka 1987) —excepción hecha de *say* (*said*) y algún que otro ejemplo sin implicaciones estilísticas relevantes en términos de caracterización, como *begin* (*began*), speak (*spoke*), *go on* (*went on*) o *tell* (*told*)—, su aparición en pasado simple los convierte en elementos con un denominador común: el sufijo *-ed*. Esta particularidad, unida a las comillas que los preceden dada su posición en la oración, facilita su identificación en el texto, pues acota el área de búsqueda. Ambos factores hacen posible que gracias a la concordancia *' *ed* (comilla simple[2] + espacio en blanco + asterisco[3] + *ed*) pueda extraerse la gran mayoría de formas de decir de la novela, pues aísla todas las palabras con la sobredicha terminación *-ed* que aparecen tras una comilla simple, como puede observarse en la ilustración 6.1.

2 Hemos utilizado una comilla simple en lugar de una comilla doble por ser el tipo de comilla que se emplea en la novela, como se puede observar en los distintos ejemplos a lo largo del capítulo.

3 Conviene recordar que, en la opción de concordancias de *WordSmith*, el asterisco funciona como un comodín, reemplazando a cualquier carácter o conjunto de caracteres.

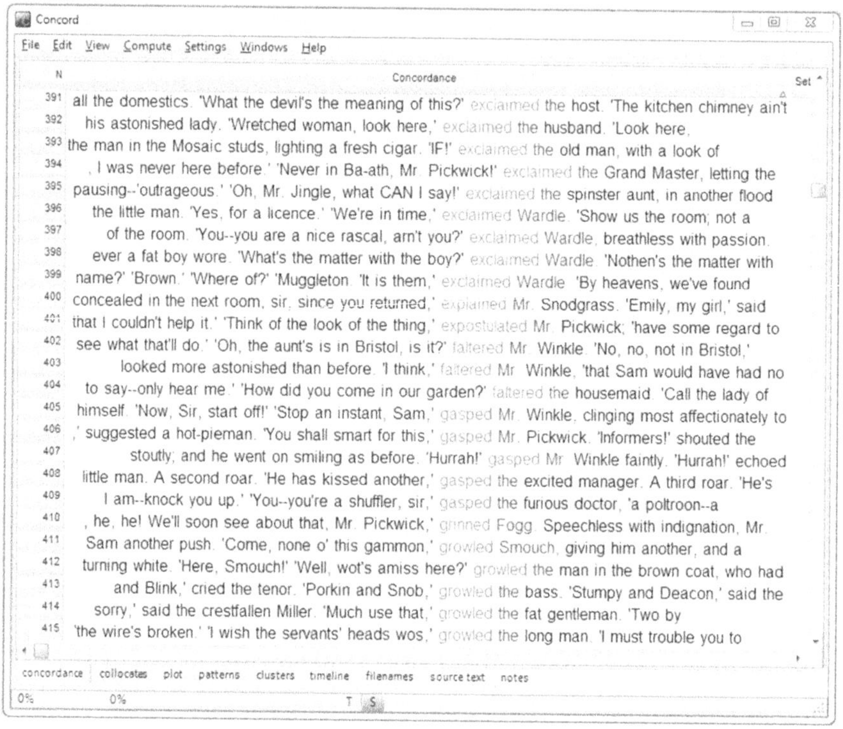

Ilustración 6.1 Concordancia *' *ed* en *Pickwick Papers*

En total, esta concordancia localiza un total de 2197 ejemplos. Evidentemente, no todos estos ejemplos tienen por qué ser verbos de habla. Puede ocurrir que, por cuestiones puramente azarosas, existan casos en los que una palabra con terminación *-ed* aparezca tras una comilla.[4] En cualquier caso, se trata de excepciones (veintinueve en total), que pueden ser identificadas y eliminadas rápidamente. Una vez refinada, en la lista permanecen un total de 2168 ejemplos, que se dividen en cincuenta y cinco verbos distintos. Estos se muestran, dispuestos en orden alfabético, en la tabla 6.1.

4 He aquí un ejemplo: *'There's the likeness of a man being hung, and smoking the while, chalked outside the door.'* Guided *by this direction, Mr. Pickwick proceeded slowly along the gallery* (capítulo 42).

Tabla 6.1 Verbos de habla identificados con la concordancia *' *ed* en *Pickwick Papers*

Verbo	*Frec.*	*Verbo*	*Frec.*	*Verbo*	*Frec.*	*Verbo*	*Frec.*
acquiesce	1	*demand*	5	*murmur*	17	*return*	13
add	52	*echo*	12	*mutter*	4	*roar*	18
answer	5	*ejaculate*	27	*observe*	54	*scream*	15
argue	3	*exclaim*	131	*pursue*	1	*shout*	27
ask	16	*explain*	1	*reason*	3	*shriek*	1
assent	2	*expostulate*	1	*reiterate*	6	*sigh*	3
assert	1	*falter*	3	*rejoin*	98	*sob*	1
bawl	1	*gasp*	5	*remark*	13	*soliloquise*	1
bellow	1	*grin*	1	*remonstrate*	16	*stammer*	3
call out	2	*growl*	6	*repeat*	27	*suggest*	13
chime in	3	*inquire*	292	*reply*	927	*thunder*	1
continue	47	*interpose*	64	*respond*	29	*urge*	10
cough	1	*interrupt*	13	*resume*	34	*whisper*	43
cry	79	*laugh*	2	*retort*	13	**TOTAL**	2168

Como puede advertirse, el catálogo de verbos de habla empleado por Dickens para modelar el discurso de los personajes que pueblan su primera novela es muy variado. Las cincuenta y cinco formas de decir dotan de ese colorido tan característico a los intercambios conversacionales de la obra, dibujando muchas de ellas —*bawled*, *bellowed*, *growled* o *thundered*, entre otras— el componente caricaturesco que caracteriza el universo dickensiano. La sistematicidad de la que gozan muchas de ellas les permite, además, desarrollar el valor estilístico comentado anteriormente en términos de caracterización.

6.4. Localización de ejemplos en *Las aventuras de Pickwick*, de Galdós

Una vez localizados los verbos de habla en la novela inglesa, para identificar las traducciones en la versión española de Galdós hemos utilizado un corpus alineado que contiene tanto la novela original como su traducción. Como se comentaba al inicio del capítulo, además de la traducción de Galdós, también hemos incluido la traducción de José María Valverde para poder comparar la versión del autor canario con otra traducción al español. El corpus alineado, pues, está formado por la novela inglesa y ambas traducciones, como se puede observar en la tabla 6.2.[5] Identificar las traducciones que Galdós (y Valverde) hacen de los verbos de habla es, como se puede observar, sencillo: basta con peinar el corpus e identificar manualmente las traducciones de los verbos previamente localizados en la novela inglesa.

Además de poder identificar los verbos, este corpus alineado permite comparar rápidamente las traducciones. En la tabla 6.2, por ejemplo, se muestra el ejemplo comentado al inicio del capítulo, en el que hacíamos referencia a la traducción descuidada de Galdós de *replied*, *reasoned* y *growled*. La versión de Valverde, como se puede advertir en la tabla 6.2, se muestra mucho más fiel a la original, utilizando verbos ("respondió, "razonó" y "gruñó") con los que se preservan los matices de las formas inglesas.

Tabla 6.2 Corpus alineado con *Pickwick Papers* y las traducciones españolas

Pickwick Papers	*Benito Pérez Galdós*	*José María Valverde*
'How AM I to carry it?' said the wretched Winkle. *'Carry it with the muzzle to the ground,'* ***replied*** *Mr. Pickwick.* *'It's so unsportsmanlike,'* ***reasoned*** *Winkle.*	—¿Y cómo debo llevarlo? —dijo el infeliz Winkle. —Poned el cañón hacia abajo. —Eso no da mucha apariencia de cazador –**dijo** Mr. Winkle.	—¿Cómo voy a llevarla? —dijo el desgraciado Winkle. —Llévela apuntando al suelo —**respondió** el señor Pickwick. —Hace feo en un cazador —**razonó** Winkle.
'I don't care whether it's unsportsmanlike or not,' ***replied*** *Mr. Pickwick; 'I am not going to be shot in a wheel-barrow, for the sake of appearances, to please anybody.'*	—Yo no me cuido de tener aire de cazador o no, pero no tengo ganas de ser fusilado por el amor de las apariencias.	—No me importa que haga feo o no en un cazador —**respondió** el señor Pickwick—; no quiero que me peguen un tiro en una carretilla por conservar las buenas apariencias ni por dar gusto a nadie.
'I know the gentleman'll put that 'ere charge into somebody afore he's done,' ***growled*** *the long man.*	—Es seguro que así el señor meterá una bala en el cuerpo de uno de nosotros —**dijo** el hombre alto.	—Estoy seguro de que este señor le meterá la carga en el cuerpo a alguien antes de acabar —**gruñó** el hombre largo.

5 Las traducciones españolas han sido digitalizadas escaneando la versión en papel de los textos y utilizando un *software* de reconocimiento óptico de caracteres (ROC).

Una vez completada la búsqueda, es posible agrupar las 2168 traducciones de los verbos siguiendo una disposición de los resultados similar a la efectuada con los elementos ingleses. En la tabla 6.3, por un lado, se muestra la relación de verbos localizados en la traducción de Galdós.[6]

Tabla 6.3 Verbos de habla localizados en la traducción de Galdós

Verbo	*Frec.*	*Verbo*	*Frec.*	*Verbo*	*Frec.*	*Verbo*	*Frec.*
afirmar	1	cuchichear	1	murmurar	27	responder	236
añadir	48	decir	243	observar	14	rugir	1
aullar	1	exclamar	188	opinar	1	sugerir	2
balbucear	10	gritar	36	preguntar	165	suspirar	2
balbucir	4	gruñir	2	proseguir	4	vociferar	13
confesar	1	indicar	1	repetir	32	toser	1
contestar	57	insistir	2	replicar	130	*NO VERBO*	727
continuar	60	interrumpir	35	reponer	8	*NO TEXTO*	115

En la tabla 6.4, por otro lado, se muestra el catálogo de verbos identificado en la traducción de Valverde.

Tabla 6.4 Verbos de habla localizados en la traducción de Valverde

Verbo	*Frec.*	*Verbo*	*Frec.*	*Verbo*	*Frec.*	*Verbo*	*Frec.*
afirmar	1	exhortar	3	observar	52	solicitar	1
añadir	50	explicar	1	ordenar	1	soliloquiar	1
apremiar	5	gritar	107	preguntar	302	sollozar	1
argüir	2	gruñir	6	protestar	7	sonreír	1
asentir	31	hacerse eco	1	razonar	3	sugerir	13
aullar	1	hacer notar	8	remachar	1	suspirar	3
balbucir	5	inquirir	2	repetir	47	susurrar	42
berrear	1	insistir	7	replicar	97	tartamudear	1
chillar	7	interponer	1	reponer	1	toser	1
confiar	1	interrumpir	67	responder	358	tronar	1
contestar	522	intervenir	1	reír	2	urgir	3
continuar	64	jadear	5	rugir	17	*NO VERBO*	29
cuchichear	1	llorar	3	señalar	1		
decir	81	murmurar	20	quejarse	4		
exclamar	156	objetar	1	seguir	17		

6 La etiqueta "NO VERBO" hace referencia a los casos en los que el traductor opta por omitir el verbo de habla. Por su parte, la etiqueta "NO TEXTO" se ha utilizado para agrupar todos aquellos casos en los que en los que un fragmento del texto original en el que aparece un verbo de habla no ha sido traducido en la versión española.

Como se puede observar, los catálogos de Galdós y Valverde difieren de forma sustancial, tanto cuantitativa como cualitativamente. En lo que al número de verbos distintos empleados se refiere, el desarreglo entre ambos traductores es mayor de lo que en principio cabría esperar: Valverde utiliza cincuenta y seis, por los treinta del canario (casi el doble), mostrándose más cercano a los cincuenta y cinco originales. Esta desigualdad se materializa, como es natural, en diferencias igualmente acusadas en términos de variedad. Es cierto que Galdós cuenta con formas de decir específicas como "balbucir", "gruñir" o "rugir", pero su riqueza dista considerablemente de los "berrear", "jadear", "remachar", "soliloquiar", "tartamudear" o "tronar" de Valverde (además de los mencionados "balbucir", "gruñir" y "rugir", que también utiliza). El catálogo del traductor extremeño es más heterogéneo y cercano a los originales *bawl*, *bellow*, *growl*, *stammer*, *thunder*, etc. dickensianos.

Estas diferencias no son, sin embargo, producto exclusivo de una traducción descuidada. Tal y como se puede observar en la tabla 6.3, de los 2168 ejemplo totales, Galdós deja de traducir hasta 842 ejemplos, bien por la omisión del verbo de habla (727 casos), bien por la omisión de un fragmento del texto en el que se imbrica la forma de decir (115 casos), lo que supone un 38,8% del total. Valverde, por el contrario, tan solo prescinde del verbo de habla en veintinueve ocasiones (1,33%). Estos contrastes revelan un descuido en la traducción de los verbos por parte de Galdós. Como se muestra en el análisis que presentamos a continuación a través de algunos de los ejemplos más representativos, este descuido cristaliza en una clara mella literaria.

6.5. Análisis de ejemplos

En el análisis nos centraremos en aquellos verbos que incorporan alguna particularidad, pues son los que gozan de un valor literario sin necesidad de acompañarse de elementos ajenos. Antes de analizar los ejemplos, conviene incidir que el proceso de traducción ofrece distintas estrategias a la hora de abordar los verbos más específicos. Es decir, al igual que Dickens dispone tanto de verbos específicos (por ejemplo, *whisper*) como de construcciones con un verbo neutral acompañado de algún otro elemento para introducir las palabras de sus personajes (por ejemplo, *said whispering*), el traductor puede escoger asimismo entre distintas opciones a la hora de trasladar los matices de un verbo específico al español. Así, los matices de un verbo como *whisper* se pueden mantener con traducciones como "susurró", "dijo susurrando", "dijo en voz baja", etc. Esto es, aparte del verbo de habla específico, el traductor también puede emplear "dijo" junto a algún satélite (sintagma preposicional, adverbial, etc.) para traducir. Esto resulta especialmente útil para paliar la pérdida de matices cuando no encuentra una equivalencia española que funcione de forma tan natural como en el texto de partida. No obstante, en el caso concreto del español no parece necesario acudir de forma sistemática a los mencionados satélites para llevar a cabo una traducción que preserve los detalles originales, pues como sostienen Rojo y Valenzuela a la luz de los resultados de su estudio contrastivo sobre ambas lenguas en términos de verbos de habla, "Spanish specific verbs of saying outnumber English ones" (Rojo y Valenzuela 2001: 473). Evidentemente, reemplazar en alguna ocasión aislada la información del verbo por el uso de estas circunlocuciones no tiene por qué generar daño en el texto de llegada. Sin embargo, en el caso de un autor como Dickens, donde son las formas de decir más específicas las que revelan las idiosincrasias discursivas de los personajes, prescindir sistemáticamente de verbos de habla específicos puede acarrear una importante pérdida de matices estilísticos, pues los personajes se verán despojados de esas formas hiperbólicas de articular discurso con las que el autor victoriano modela su imagen exagerada.

La selección de ejemplos que analizamos a continuación se ha llevado a cabo siguiendo los patrones de traducción más significativos que se observan en la versión galdosiana, que ilustran la pérdida que se produce cuando no se repara en su valor. Más concretamente, mostramos casos de la sobredicha omisión del verbo de habla en el texto de llegada (apartado 6.5.1), de la utilización sistemática de "decir" (apartado 6.5.2), de licencias en el empleo de verbos que no se corresponden con el original (apartado 6.5.3) y de errores que comprometen la buena interpretación de los actos de habla (apartado 6.5.4).

6.5.1. Omisión del verbo de habla

En primer lugar, lo más significativo en la traducción de los 2168 verbos ingleses al español es precisamente la mencionada cifra de 842 ejemplos que Galdós deja de traducir. De ellos, 115 no aparecen en el texto debido a la eliminación de segmentos de la historia, aunque los más numerosos (727 ejemplos) corresponden a actos de habla en los que únicamente se suprime la forma de decir que los introduce. El uso aislado de esta estrategia no tiene por qué acarrear repercusiones estilísticas. Sin embargo, Galdós se excede demasiado en esta práctica, lo que en ocasiones supone un deterioro del texto de llegada, tal y como se puede advertir en el ejemplo (6):

(6) *The proceedings had not yet commenced; and as an inactive crowd is generally disposed to be jocose, this very innocent action was sufficient to awaken their facetiousness.*
'Oh, you wicked old rascal,' cried *one voice, 'looking arter the girls, are you?'*
'Oh, you wenerable sinner,' cried *another.*
'Putting on his spectacles to look at a married 'ooman!' said a third.
'I see him a-winkin' at her, with his wicked old eye,' shouted *a fourth.*
'Look arter your wife, Pott,' bellowed *a fifth –and then there was a roar of laughter.*

(*Pickwick Papers*, capítulo 13)

(6G) La elección no había empezado todavía, y como una multitud inactiva está siempre dispuesta a ser impertinente, esta inocente acción bastó para dar origen a mil bromas.
—¡Eh, miren el vejete galanteando a las niñas!
—Se pone los espejuelos para atisbar a las muchachas casadas.
—¡Maldito, miren que remilgado se pone!
—Cuidado con vuestra mujer, Pott.

(*Las aventuras de Pickwick*, capítulo 13)

(6V)[7] El acto no había comenzado todavía; y como una multitud inactiva generalmente está dispuesta a la broma, este inocentísimo gesto fue bastante para desencadenar su jocosidad.
—Eh, viejo verde, sinvergüenza —*gritó* una voz—. Con que mirando las chichas, ¿eh?
—¡Eh, pecador venerable! —*gritó* otro.
—¡Mira cómo se pone las gafas para mirar a una mujer casada! —dijo un tercero.
—Ya le veo como le guiña el ojo, el muy bribón —*gritó* otro.
—¡Cuidado con tu mujer, Pott! —*berreó* otro; y hubo una gran carcajada.

(*Los papeles póstumos del Club Pickwick*, capítulo 13)

---

7 Como en el caso de los ejemplos de la traducción de Galdós, los ejemplos de la traducción de Valverde tienen la misma numeración que los ejemplos del texto inglés. Para distinguirlos del resto, hemos añadido en cada caso una "V" junto al número del ejemplo correspondiente.

Como se puede observar, Galdós, a diferencia de Valverde, opta por excluir de su traducción cualquier verbo que module los actos de habla articulados por la masa exacerbada de Eatanswill. La supresión de las cuatro formas de decir contrarresta esa vehemencia que aumenta de forma paulatina gracias, precisamente, al uso de *cried*, *shouted* y *bellowed* respectivamente.[8] Valverde refleja ese ambiente generado por la muchedumbre mediante los verbos de habla con algo más de pericia, si bien es cierto que únicamente utiliza dos verbos distintos ("gritó" y "berreó"), en lugar de los tres originales. En el ejemplo (7) se muestra otro fragmento que contiene el verbo *gasp*, de características similares:

(7) *'Sir!' said the doctor, in an awful voice, producing a card, and retiring into an angle of the passage, 'my name is Slammer, Doctor Slammer, sir –97th Regiment– Chatham Barracks—my card, Sir, my card.' He would have added more, but his indignation choked him.*
'Ah!' replied the stranger coolly, 'Slammer–much obliged–polite attention–not ill now, Slammer –but when I am– knock you up.'
'You–you're a shuffler, sir,' gasped *the furious doctor, 'a poltroon–a coward–a liar–a–a– will nothing induce you to give me your card, sir!'*

(*Pickwick Papers*, capítulo 2)

(7G) —Caballero —dijo con voz terrible, mostrando su tarjeta y retirándose a un ángulo del pasillo—, mi nombre es Slammer, el doctor Slammer, caballero, cirujano del 97º regimiento, cuartel de Chatam. He aquí mi tarjeta, caballero, mi tarjeta.
Quería seguir pero su indignación le quitaba el aliento.
—¡Ah! —replicó el desconocido con negligencia—. Slammer. Gracias, gracias por vuestra delicada atención; pero no estoy enfermo ahora. Cuando lo esté me dirigiré a vos.
—¡Vos!..., sois un intrigante… un holgazán… un cobarde… un mentiroso… un… un… ¿Os decidiréis a darme vuestra tarjeta?

(*Las aventuras de Pickwick*, capítulo 2)

(7V) —¡Caballero! —dijo el doctor con voz terrible, sacando una tarjeta y retirándose a un rincón del pasillo—, me llamo Slammer, doctor Slammer… regimiento 97… cuartel de

8 Efectivamente, es el orden en la disposición de los verbos el que hace que el ímpetu de la masa vaya *in crescendo*, como reflejan sus definiciones en el *OED*: ***cry***: ***4. trans.*** *To utter or pronounce in a loud exclamatory voice, to call out*; **shout**: ***2. a. trans.*** *To utter (something) with a loud voice*; **bellow**: ***3.*** *Of human beings: To cry in a loud and deep voice; to shout, vociferate, roar (depreciative or humorous); also (seriously) to roar from pain.*

Chathman... mi tarjeta, caballero, mi tarjeta... —Quiso añadir más, pero la indignación le atragantaba.

—¡Ah! —replicó fríamente el desconocido—. Slammer... encantado... mis mejores respetos... no estoy enfermo ahora, Slammer... pero cuando lo esté... ya le daré un golpe.

—Usted... es un embustero, caballero —*jadeó* el furioso doctor—, un granuja... un cobarde... un mentiroso... un... un... ¿no hay nada que le haga darme su tarjeta, caballero?

(*Los papeles póstumos del Club Pickwick*, capítulo 2)

La omisión de *gasped* en la versión galdosiana es igualmente peligrosa, pues priva al lector de la interpretación que Dickens ofrece del acto de habla del furioso doctor Slammer. Irascible después de que Jingle comenzase a flirtear con la dama a la que él pretendía cortejar, el doctor se acerca para retarle a un duelo al amanecer. En el intercambio discursivo entre ambos se puede apreciar su irritación, a lo que sin duda contribuyen la locución *said the doctor, in an awful voice* y el verbo *gasped*, que vehiculan sus palabras. Prescindir del verbo de habla específico anula parte del furor que transmite su modo de hablar. Parece mucho más adecuado, por tanto, la opción de "jadeó" empleada por Valverde, que sí mantiene esta precisión.

6.5.2. Utilización sistemática de "decir"

Dejando a un lado las 842 ocasiones en que se decanta por obviar el verbo de habla, la estrategia más recurrente por parte de Galdós a la hora de verter este elemento al español es la de utilizar la forma "decir" (hasta 243 veces, por las ochenta y una de Valverde). Dada su naturaleza neutral, se trata de un recurso perfectamente lícito para trasladar formas de decir sin un alto contenido de matices. No obstante, el uso excesivo de esta estrategia por parte del autor canario se materializa en una pérdida de información considerable que, en algunos casos, conlleva una desaparición de los detalles que Dickens refleja en el texto a través elecciones muy concretas. Sirva el ejemplo (8) como botón de muestra:

(8) *'What the devil's the meaning of this?' exclaimed the host.*
'The kitchen chimney ain't a-fire, is it, Emma?' inquired the old lady.
'Lor, grandma! No,' screamed *both the young ladies.*
'What's the matter?' roared *the master of the house.*

(*Pickwick Papers*, capítulo 9)

(8G) —¿Qué diablos ha pasado? —preguntó el anfitrión.
—¿Hay fuego en la chimenea? —preguntó la abuela.
—No, mamá —*dijeron* las nietas.
—¿Qué hay, pues? —*dijo* el amo de la casa.

(*Las aventuras de Pickwick*, capítulo 9)

(8V) —¿Qué demonios significa esto? —exclamó el anfitrión.
—¿Se ha incendiado la chimenea de la cocina, Emma? —preguntó la anciana.
—¡Dios mío, abuela! ¡No! —*gritaron* las dos señoritas.
—¿Qué pasa? —*rugió* el dueño de la casa.

(*Los papeles póstumos del Club Pickwick*, capítulo 9)

La doble utilización de "dijo" por parte de Galdós anula la diferencia entre las formas tan dispares de articular discurso por parte de sendos géneros. Así, si bien es cierto que *scream* y *roar* introducen actos de habla pronunciados en un tono de voz elevado, los matices que se coligen de ambos son casi dicotómicos: mientras que *scream* denota cierta histeria,[9] *roar* proyecta la bravura y el mal genio con los que Dickens caracteriza habitualmente a los varones más irascibles (Ruano San Segundo 2018b).[10] Esta precisión sí se mantiene en la traducción de Valverde, que utiliza dos verbos que conservan esta oposición discursiva.[11]

Otro ejemplo claro de la pérdida de matices que se produce por el empleo recurrente de "dijo" en la traducción de Galdós se muestra en el ejemplo (9):

(9) *Fogg said they thought it rather probable. Dodson smiled, and said they'd try.*
'You may try, and try, and try again, Messrs. Dodson and Fogg,' said Mr. Pickwick vehemently, 'but not one farthing of costs or damages do you ever get from me, if I spend the rest of my existence in a debtor's prison.'
'Ha! ha!' laughed *Dodson. 'You'll think better of that, before next term, Mr. Pickwick.'*
'He, he, he! We'll soon see about that, Mr. Pickwick,' grinned *Fogg.*

(*Pickwick Papers*, capítulo 34)

9 ***Scream: 3. trans.*** *To utter with a scream. Also with* out (***scream***: ***1. a.*** *A shrill piercing cry, usually expressive of pain, alarm, or other sudden emotion).* Se trata, además, de un verbo empleado más frecuentemente con el habla de mujeres (nueve veces) que con el de hombres (seis veces).

10 ***Roar***: ***1. a. intr.*** *Of persons: To utter a very loud and deep or hoarse cry (or cries),* ***esp****. under the influence of rage, pain, or great excitement; to vociferate, to shout, to yell […].* ***4. a. trans.*** *To utter or proclaim loudly; to shout (out). Also fig.*

11 Según el *DRAE*: **chillar**: **2. intr.** gritar (levantar la voz). **U. t. c. tr**; **rugir**: **2. intr.** Dicho de una persona enojada: bramar (manifestar con voces la ira).

(9G) Fogg respondió que lo creía muy probable, y Dodson sonrió diciendo que lo intentaría.
—Podéis intentarlo, intentarlo, intentarlo, señores Dodson y Fogg —exclamó Mr. Pickwick con vehemencia—; pero de mí no sacaréis ni un penique, aunque debiera pasar el resto de mi vida en una prisión por deudas.
—¡Ah! ¡Ah! —*dijo* Dodson—. Ya lo pensaréis bien antes de que llegue el plazo —dijo Dodson.
—Lo veremos, Mr. Pickwick —*dijo* Fogg.

(*Las aventuras de Pickwick*, capítulo 34)

(9V) Fogg dijo que lo consideraban bastante probable. Dodson sonrió y dijo que lo intentarían.
—Pueden intentarlo e intentarlo una y otra vez, señores Dodson y Fogg —dijo con vehemencia el señor Pickwick—; pero no me sacarán jamás ni un penique de costas ni de indemnización, aunque tenga que pasar el resto de mi vida en una cárcel de deudores.
—¡Ja, ja! —*se rió* Dodson—. Ya lo pensará mejor, señor Pickwick, antes de la próxima temporada del tribunal.
—¡Je, je! Ya lo veremos pronto, señor Pickwick —*sonrió* Fogg.

(*Los papeles póstumos del Club Pickwick*, capítulo 34)

Estilísticamente hablando, este ejemplo es, de hecho, más comprometido que el anterior. Más allá de que el empleo de "dijo" anule la soberbia que se desprende de la risa de la pareja de abogados Dodson y Fogg tras sus artimañas en el juicio de Mrs. Bardell contra Mr. Pickwick, el hecho de no trasladar *laughed* y *grinned* provoca la pérdida de una peculiaridad que Dickens concede a ambos abogados de forma exclusiva, pues son los únicos a los que se circunscriben estas formas de decir en el conjunto de toda la novela. Valverde sí que conserva esa idiosincrasia de los abogados a través de sus "se rió" y "sonrió", empleados excepcionalmente como verbos que introducen discurso. Desde luego, el uso sistemático de "dijo" por parte de Galdós refleja la idea que apuntan Rojo y Valenzuela de que "the continued repetition of the general verb *decir* results in a lack of stylistic naturalness" (Rojo y Valenzuela 2001: 476), pues elimina la imaginería creada por Dickens alrededor de los verbos de habla y dota al discurso de los personajes de una neutralidad que influye desfavorablemente en la traducción.

6.5.3. Traducciones libres

Dejando a un lado los ejemplos en los que Galdós no emplea ningún verbo (842) y en los que utiliza "dijo" (243), apenas restan 1083 (la mitad aproximadamente) en los que el canario sí traslada la forma de decir original por otra también concreta. Es en estos casos donde se observan las traducciones con menos grado de acierto, siendo las que parecen ratificar que Galdós no reparó en el valor literario de este elemento en la novela de Dickens. En no pocas ocasiones, Galdós lleva a cabo traducciones en las que ofrece menos información de la que Dickens refleja en el original, tal y como se puede observar en el ejemplo (10). La traducción de *thundered* como "continuó" por parte de Galdós anula la violencia del acto de habla del señor Nupkins, que Dickens se encarga de ilustrar a través de un verbo con un alto componente caricaturesco como *thundered*. Su elección sigue en la línea de los anteriores ejemplos de "dijo", pues se trata de una forma prácticamente imparcial, que neutraliza la ira del alcalde de Ipswich durante el interrogatorio a Sam en la suerte de juicio improvisado que tiene lugar en el capítulo veinticinco. Valverde, sin embargo, sí que conserva su forma agresiva de articular discurso a través de la equivalencia "tronó".

(10) *'Oh! he is your servant, is he?' said Mr. Nupkins. 'A conspiracy to defeat the ends of justice, and murder its officers. Pickwick's servant. Put that down, Mr. Jinks.'*
Mr. Jinks did so.
'What's your name, fellow?' thundered *Mr. Nupkins.*
'Veller,' replied Sam.
'A very good name for the Newgate Calendar,' said Mr. Nupkins.

(*Pickwick Papers*, capítulo 25)

(10G) —¡Ah! ¿Es vuestro criado? Conspiración para detener el curso de la justicia y asesinar sus agentes. ¡Criado de Pickwick! Escribidlo ahí, Mr. Jinks.
Éste escribió.
—¿Cómo os llamáis, bribón? —*continuó* el magistrado.
—Weller —respondió Sam.
—¡Excelente nombre para el calendario de Newgate! —observó Mr. Nupkins.

(*Las aventuras de Pickwick*, capítulo 25)

(10V) —¡Ah! ¡Conque este es su criado! —dijo el señor Nupkins—. Una conspiración para quebrantar los fines de la justicia y asesinar a sus funcionarios. El criado de Pickwick. Anote eso, señor Jinks.
Así lo hizo Jinks.

—¿Cómo se llama usted, hombre? —*tronó* el señor Nupkins.
—Weller —contestó Sam.
—Un nombre muy bueno para el registro de la cárcel de Newgate —dijo el señor Nupkins.

(*Los papeles póstumos del Club Pickwick*, capítulo 25)

En otras ocasiones, sin embargo, ocurre más bien lo contrario. Esto es, Galdós no solo no se queda corto, sino que más bien se extralimita a la hora de ilustrar la forma en la que un personaje pronuncia sus palabrs, como ocurre en la traducción de *replied* que se muestra en el ejemplo (11). Se trata de un verbo puramente estructurador, que únicamente indica movimiento de respuesta en el intercambio conversacional. Galdós, sin embargo, opta por traducir esta forma verbal como "balbució", que ofrece al lector una interpretación concreta sobre el modo de articulación del discurso del personaje. Cabe pensar que esta elección responde a la elisión de algunas sílabas en el acto de habla que el verbo introduce (*'P'aps my cruel pa 'ull relent afore then,'*). Sin embargo, como es bien sabido, esta particularidad no es fruto de una articulación dificultosa, como deja entrever la elección de "balbució", sino de la forma que tiene de Dickens de reflejar el idiolecto —basado en la variedad dialectal Cockney— del simpático criado del señor Pickwick (Golding 1985: 78), por lo que su elección no resulta acertada. Parece mucho más apropiado, por el contrario, remitirse a otro verbo de naturaleza estructuradora, tal y como hace Valverde ("contestó"), que se limita a seguir la tónica marcada por Dickens en el original.

(11) *'All right, Sammy,' said Mr. Weller.*
'The officer will be here at four o'clock,' said Mr. Pell. 'I suppose you won't run away meanwhile, eh? Ha! ha!'
'P'aps my cruel pa 'ull relent afore then,' replied *Sam, with a broad grin.*

(*Pickwick Papers*, capítulo 43)

(11G) —Todo va bien, Sammy —dijo Mr. Weller.
—El oficial estará aquí a las cuatro —añadió Mr. Pell—. Supongo que no os escaparéis mientras esperáis. ¡Ah! ¡Ah! ¡Ah!
—Tal vez mi cruel papá se arrepentirá —*balbució* Sam con una sonrisa cómica.

(*Las aventuras de Pickwick*, capítulo 43)

(11V) —Ya está *to*, Sammy –dijo el señor Weller.

—El representante de la justicia estará aquí a las cuatro en punto —dijo el señor Pell—. ¿Supongo que no se escapará mientras tanto? ¡Ja, ja!
—Quizá mi cruel padre tendrá compasión antes —*contestó* Sam, con una ancha sonrisa.

(*Los papeles póstumos del Club Pickwick*, capítulo 43)

El ejemplo (12) nos ofrece otro caso interesante, en el que Galdós traduce un verbo sin matices sobre el modo de articulación del acto de habla como *inquired* como "exclamó", del que se desprende una vehemencia que no se advierte en la novela inglesa. Desde luego, *inquired* no proyecta la energía que sí se percibe del uso de "exclamó", pues únicamente aporta información que contribuye a la distribución del discurso en el marco del intercambio conversacional en el que se inserta. Es cierto que el acto de habla que introducen bien habrían podido articularse de tal modo, pues Mr. Jingle se caracteriza por su incansable verborrea y su carácter procaz. Sin embargo, aunque no tienen por qué ser interpretaciones erróneas, estas elecciones no reflejan la información ofrecida por Dickens en el texto de partida. Así pues, decantarse por una opción más fiel al original, como de nuevo observamos en el caso de Valverde, parece mucho más adecuado.

(12) *'Ay–ay–very good,' said the little gentleman, 'you may ask that. How dare you, sir? –eh, sir?'*
'Who the devil are you?' inquired *Mr. Jingle, in so fierce a tone, that the little gentleman involuntarily fell back a step or two.*
'Who is he, you scoundrel,' interposed Wardle. 'He's my lawyer, Mr. Perker, of Gray's Inn.

(*Pickwick Papers*, capítulo 10)

(12G) —Sí, muy bien —dijo el abogado—; podéis preguntarle eso. ¿Cómo os atrevéis a robar a su hermana, eh, caballero?
—¿Quién diablos sois vos? —*exclamó* Mr. Jingle en tono tan violento que el letrado retrocedió un paso o dos involuntariamente.
—¿Que quién es, bribón? Es mi abogado, Mr. Perker, Perker.

(*Las aventuras de Pickwick*, capítulo 10)

(12V) —Sí, sí, muy bien —dijo el hombrecito—; eso sí se lo puede preguntar. ¿Cómo se atreve usted, señor, eh?
—¿Quién demonios es usted? —*preguntó* Jingle en tono tan feroz, que el hombrecito se echó atrás involuntariamente un paso o dos.
—¡Que quién es, bribón! —interrumpió Wardle—. Es mi abogado, el señor Perker, de Gray's Inn.

(*Los papeles póstumos del Club Pickwick*, capítulo 10)

Resulta llamativo que haya ocasiones en las que Galdós se extralimite a la hora de ofrecer una traducción de un verbo de habla, sobre todo a la luz de la cantidad de ejemplos en los que, como se ha podido observar, el matiz original del verbo inglés se pierde en su traslado al español por alguna forma más plana ("dijo" o algún otro verbo sin demasiadas precisiones) o por la omisión de la forma decir. Así, parece más bien que el autor canario no repara en el aspecto estilístico de este elemento, y que recurre a una traducción un tanto libre de ellos

6.5.4. Errores de traducción

Esta sospecha, de hecho, parece confirmarse cuando se analizan determinados casos en los que Galdós escoge una forma de decir completamente distinta —equivocada— a la ofrecida por Dickens en el texto original. Además de ratificar el desconocimiento de su valor en el ámbito literario, estos ejemplos ilustran la importancia de no alterar la información proporcionada acerca del modo de articulación de las palabras, pues pueden conducir al lector a una interpretación errónea de la situación. Sirva como botón de muestra el siguiente par de ejemplos. En el caso del ejemplo (13), por un lado, Galdós emplea "balbuceó" para traducir el verbo inglés *cried*, lo que aleja el modo de articular el acto de habla del cochero en el texto original: enfadado tras creer que Mr. Pickwick es una especie de espía que anota en su cuaderno las peculiaridades de su viaje con él, el cochero arenga al protagonista a pelear con una exclamación (*cried*). El lector de la traducción de Galdós, sin embargo, no percibe esta excitación, sino que se topa con un cochero con dificultades para articular su discurso con claridad. El ejemplo de "gritó" de Valverde se muestra, sin duda, mucho más natural y fiel al original, pues en ningún momento induce a una lectura desafortunada.

(13) *'Where's an officer?' said Mr. Snodgrass.*
'Put 'em under the pump,' suggested a hot-pieman.
'You shall smart for this,' gasped Mr. Pickwick.
'Informers!' shouted the crowd.
'Come on,' cried the cabman, who had been sparring without cessation the whole time.

(*Pickwick Papers*, capítulo 2)

(13G) —¿No hay por ahí un policía? —dijo Snodgrass.
—Arregladlos bien —dijo un vendedor de pasteles calientes.
—Ya me las pagaréis —dijo Mr. Pickwick respirando con dificultad.
—¡Soplones de la policía! —dijeron muchas voces entre la multitud.
—Acercaos —*balbuceó* el cochero, que continuaba dando golpes en el espacio.

(*Las aventuras de Pickwick*, capítulo 2)

(13V) —¿Dónde hay un guardia? —dijo el señor Snodgrass.
—Ponedlos debajo de la bomba —sugirió un vendedor de pasteles calientes.
—Ya le dolerá esto —jadeó el señor Pickwick.
—¡Espías! —gritó la multitud.
—Vengan acá —*gritó* el cochero, que había seguido todo el tiempo sin interrupción haciendo prácticas de boxeo.

(*Los papeles póstumos del Club Pickwick*, capítulo 2)

El ejemplo (14), por otro lado, es sin duda el más ilustrativo de todos los expuestos. El traslado de *whispered* como "exclamó" por parte de Galdós constituye un claro error de traducción, pues la información que provee es diametralmente opuesta a la del texto de partida. En ningún caso puede interpretarse que la pregunta de Mr. Winkle se formule con una exclamación, sobre todo teniendo en cuenta el contexto en el que aparece: los pickwickianos, que han salido a cazar, avanzan con los perros en silencio en busca de alguna presa. La elección de "exclamó", por tanto, proyecta un desatinado ímpetu que no casa con la situación de sigilo en la que se emplea. De nuevo, la traducción de Valverde, que opta por la equivalencia española "susurró", resulta mucho más adecuada, pues conserva el tono de articulación bajo que requiere la pregunta.

(14) *The dogs suddenly came to a dead stop, and the party advancing stealthily a single pace, stopped too.*
'What's the matter with the dogs' legs?' whispered *Mr. Winkle. 'How queer they're standing.'*
'Hush, can't you?' replied Wardle softly. 'Don't you see, they're making a point?'

(*Pickwick Papers*, capítulo 19)

(14G) De repente los perros se pararon y los perros hicieron lo mismo.
—¿Qué tenéis en las piernas? —*exclamó* Mr. Winkle.
—¡Chitón! –dijo Mr. Wardle—. ¿No veis que se han parado?

(*Las aventuras de Pickwick*, capítulo 19)

(14V) De repente, los perros se quedaron parados, y el grupo se detuvo también, dando todavía un último paso furtivo.

—¿Qué le pasa a los perros con las patas? —*susurró* Winkle—. Qué raro, cómo se han quedado quietos.

—¡Chist! ¿No puede usted callarse? —replicó Wardle a media voz—. ¿No ve que están de muestra?

(*Los papeles póstumos del Club Pickwick*, capítulo 19)

En definitiva, como se desprende del cotejo precedente, la omisión, neutralización o modificación sistemática por parte de Galdós de los verbos de habla del texto original anula un componente esencial del estilo caricaturesco del autor victoriano y de sus célebres técnicas de caracterización. Verbos analizados como *bellow*, *roar*, *scream* o *thunder*, cuyos matices hiperbólicos no se conservan en modo alguno en la versión galdosiana, son un buen ejemplo de ello.

6.6. Consideraciones finales

El propósito de este último capítulo ha sido demostrar el potencial de un enfoque de estilística de corpus en el campo de la traductología. Como hemos visto, gracias a una metodología de corpus ha sido posible examinar, en la traducción del clásico de Dickens *Pickwick Papers* por parte de Galdós, un elemento tradicionalmente inabarcable para la crítica de traducción: los verbos de habla, empleados por Dickens con un valor literario que va más allá de la función comunicativa que poseen por definición. De un lado, gracias a *WordSmith* hemos podido localizar más de dos mil ejemplos en la novela original. De otro lado, gracias a la utilización de un corpus alineado, hemos podido identificar la traducción que Galdós hace de este elemento en su *Pickwick* y compararla con la versión de José María Valverde, lo que ha permitido demostrar la importancia que tiene reflejar en la traducción un elemento que, debido a su carácter disperso, no siempre resulta perceptible a simple vista. Como se ha podido observar, reparar en el valor estilístico de los verbos de habla en *Pickwick Papers* se antoja fundamental a la hora de abordar su traducción, pues comportan un ejercicio estilístico de variedad e intencionalidad contrastada, siendo un elemento que descuella en el marco de la reproducción del discurso verbal de la novela. La pérdida sistemática de matices en la versión de Galdós debido a la omisión, neutralización o modificación de los verbos del texto inglés en el proceso de traducción, anula en gran medida un componente clave en la construcción de la voz de los personajes que pueblan la historia y una marca del estilo caricaturesco del autor victoriano.

Huelga decir que nuestro análisis no ha pretendido menoscabar en modo alguno la figura del autor canario como traductor. Por el contrario, con el enfoque de corpus que hemos adoptado hemos intentado ilustrar el potencial de las metodologías de corpus en el campo de la traductología y demostrar cómo el análisis de la traducción de *Las aventras de Pickwick* de Galdós se puede beneficiar de este tipo de enfoques y ocuparse de elementos tradicionalmente desatendidos por la crítica. Tradicionalmente, la crítica que se ha ocupado de la faceta de traductor de Galdós se ha centrado en elementos muy llamativos, como los *wellerismos*. Gracias a una metodología de corpus, sin embargo, es posible ocuparse del análisis de aspectos tradicionalmente inasumibles para la crítica traductológica. Los verbos de habla son solo un ejemplo de ello. Con una metodología similar —el procesamiento del texto original con un *software* de concordancias y el empleo de un corpus alineado que contenga una o varias traducciones del original— es posible, por ejemplo, investigar otros aspectos presentes a lo largo de todo el texto que contribuyen igualmente a perfilar a los personajes, como el lenguaje gestual del que nos hemos ocupado en el capítulo anterior y que desempeña un papel en la construcción de los universos ficticios dickensianos (Mahlberg 2013: 100). Las metodologías de corpus, en suma, también permiten abrir nuevas vías de análisis traductológico y constituyen un ejemplo más que demuestra el potencial, todavía por explotar, de la estilística de corpus en el estudio de textos en nuestra lengua.

Conclusiones: dónde estamos y hacia dónde podemos dirigirnos

La estilística de corpus se enmarca dentro de un amplio contexto que no tiene que ver solo con el análisis literario, sino con las nuevas tecnologías, por lo que podemos situarla en el marco de las Humanidades Digitales. Si queremos acotarla en el ámbito del análisis de textos literarios, podemos ser más precisos y definirla como un enfoque caracterizado no solo por aplicar metodologías propias de la lingüística de corpus, sino por construir los análisis en torno a la relación que existe entre los aspectos lingüísticos que definen cualquier texto y su valor literario. Este es, de hecho, el elemento diferenciador de la estilística de corpus con respecto a otros enfoques como la estilometría o el análisis estadístico de textos, caracterizados también por el empleo de metodologías computacionales en análisis literarios pero con un recorrido histórico mucho mayor. El potencial analítico resultante de la combinación de los estudios de estilística tradicional y las metodologías propias de la lingüística de corpus ha hecho de la estilística de corpus un enfoque de corte más cualitativo que la estilometría o el análisis estadístico de textos, lo que se ha traducido en una disciplina con un grado de aceptación mayor. La creciente popularidad de los estudios de estilística de corpus se hace patente en el elevado número de trabajos sobre autores de referencia que se han realizado en los últimos años, así como en las publicaciones dedicadas a la propia disciplina y también en proyectos de investigación cuyo eje vertebral se construye sobre este enfoque. Estos ejemplos demuestran que la estilística de corpus no debe ser considerada una rama subsidiaria de la lingüística de corpus o de la estilística tradicional, sino una disciplina de estudio autónoma con asiento propio en el marco de los estudios literarios.

A pesar de ello, todavía hoy resulta complicado definir con precisión la estilística de corpus y acotar sus técnicas de análisis. De hecho, su conceptualización definitiva como enfoque analítico no ha tenido lugar hasta los últimos diez años. En ese tiempo, eso sí, la estilística de corpus ha experimentado un desarrollo notable y ha llegado a consolidarse como otro enfoque más a disposición del investigador dentro de los estudios literarios. Desde un punto de vista analítico, el potencial de la estilística de corpus se cifra, ante todo, en su capacidad para identificar fenómenos lingüísticos en los que no necesariamente reparamos como lectores pero que contribuyen a crear los efectos que percibimos en el acto de lectura. Dicho de otro modo, aunque nadie niega que existan patrones en un texto que afectan a nuestra reacción como lectores de ese texto o ayudan a configurar el estilo de su autor, explicar qué aspectos son los que contribuyen a crear esa reacción o a configurar ese estilo puede resultar complicado. La estilística de corpus se ocupa de identificar y analizar patrones que se materializan en efectos estilísticos concretos, pues es capaz de abarcar cantidades de texto inasumibles en análisis manuales de otras disciplinas, como la crítica literaria o la estilística tradicional. Este potencial analítico no solo ha consagrado a la estilística de corpus como una disciplina de referencia, sino que investigadores de otros campos la utilizan en combinación con la suya propia para explorar fenómenos que van más allá de lo puramente literario, como ocurre en la estilística cognitiva (Stockwell 2019).

Por desgracia, el número de trabajos que adoptan enfoques de estilística de corpus en el análisis de textos literarios en lengua española es escaso —por no decir prácticamente inexistente. En un intento por comprender la situación desfavorable de la estilística de corpus en el ámbito hispánico podemos distinguir dos niveles, que en cierto modo se retroalimentan. El primero tiene que ver con la falta de tradición en la materia. Como investigadores, no solo no disponemos de corpus especializados o herramientas desarrolladas específicamente para llevar a cabo estudios con textos en lengua española, sino que tampoco estamos acostumbrados a incluir, en el tiempo que dedicamos a nuestra investigación, prácticas relacionadas con la digitalización de materiales o el procesamiento de textos con *softwares* especializados. El segundo tiene que ver con una marcada oposición de una parte de la crítica literaria tradicional a las metodologías de corpus en general. Estas reticencias por parte de un sector de la crítica literaria se deben fundamentalmente a que la estilística de corpus parece epitomizar un enfoque deshumanizado del análisis de la obra literaria. Aunque en este libro hemos demostrado que esto no es así, la falta de formación especializada hace que combatir este tipo de prejuicios sea complicado, lo que afecta negativamente a la evolución de la disciplina. Sin embargo, si tomamos como referencia el ámbito internacional, parece claro que solo es cuestión de tiempo que lo que ahora puede resultar extraño (por inusual) y provoca cierta desconfianza, acabe convirtiéndose en una práctica habitual en el análisis de textos literarios en nuestra lengua, pues las circunstancias que acabamos de detallar también existieron, *mutatis mutandis*, en el ámbito internacional.

Sobre el futuro de la estilística de corpus en el mundo hispánico, este dependerá de los investigadores y de sus ideas más que de las herramientas o de los repositorios a su disposición (si bien son un pilar fundamental de este tipo de estudios). Cabría pensar —aunque esta reflexión no debe ser entendida como una predicción— que, al tratarse de una disciplina con un contexto y unos cimientos aún en construcción, los trabajos seminales replicaran aquello que ha funcionado en el ámbito internacional y que ha servido para demostrar la validez de este tipo de análisis. En el mundo anglosajón, por ejemplo, los primeros trabajos publicados se centraron en analizar figuras canónicas desde una perspectiva general con las que ilustrar el potencial de estos enfoques, para luego poner en práctica investigaciones más específicas. Este puede ser un buen punto de partida. En este libro hemos dado un primer paso en esa dirección utilizando la figura de Benito Pérez Galdós, un autor canónico cuya amplia producción nos ha permitido poner en práctica distintas metodologías con las que explorar aspectos que la crítica ha sugerido pero que resultan difíciles de calibrar y analizar de manera sistemática. Asimismo, gracias a la figura de Galdós hemos podido ilustrar el amplio espectro de posibilidades de análisis de un enfoque de estilística de corpus, pues además de su estilo en general (capítulo 4), hemos visto cómo un enfoque de corpus permite investigar aspectos como la intertextualidad (capítulo 5) e incluso su faceta como traductor (capítulo 6). Estas tres dimensiones demuestran que, lejos de ser un enfoque excluyente, la estilística de corpus ofrece tantas vías de análisis como capacidad tenga el investigador de encontrar una metodología apropiada para investigar sus hipótesis.

Si el futuro lo marcarán los investigadores y sus ideas, el ritmo al que se avance estará claramente influido por el desarrollo de repositorios digitales y las herramientas de análisis que tengan a su disposición. Sirva la Biblioteca Virtual Miguel de Cervantes como ejemplo. Aunque este repositorio (el más conocido de textos literarios en lengua española) nos ha permitido compilar los corpus que hemos utilizado para analizar la figura de Galdós y comprarlo con una pléyade de autores decimonónicos, lo cierto es que la Biblioteca no comparte sus fondos, ni siquiera con fines investigadores. En el caso de este libro, los textos que hemos utilizado han sido *fabricados* manualmente (hemos creado nuestros propios documentos con texto copiado desde su web), pues la Biblioteca no permite descargar obras. Desde luego, la comunidad científica se beneficiaría enormemente si la Biblioteca permitiera descargar directamente los textos completos en distintos formatos, como ocurre en repositorios internacionales como Proyecto Gutenberg. El hecho de que no sea así dificulta la investigación literaria con materiales en formato electrónico y tiene un claro impacto negativo en el desarrollo de la estilística de corpus en el ámbito hispánico. En cualquier caso, la existencia de Biblioteca Virtual Miguel de Cervantes puede considerarse, en sí misma, un motivo de optimismo, pues permite (con las dificultades que acabamos de exponer) crear corpus que de otra manera no podrían construirse. También es un motivo de optimismo el desarrollo de las Humanidades Digitales en general en el ámbito hispánico, del que el análisis literario se está beneficiando gracias a los avances en la preservación y la accesibilidad de los textos. Dependiendo del ritmo al que se vaya avanzando en este sentido seremos capaces de progresar, con más o menos dificultad, en el desarrollo de la estilística de corpus.

Independientemente del ritmo al que avancemos, lo cierto es que el futuro de la estilística de corpus en el ámbito hispánico todavía tiene que construirse. Combinando la explicación teórica con la aplicación práctica, en este libro hemos intentado ofrecer un punto de partida para aquellos que deseen utilizar este tipo de enfoques en el análisis de textos literarios en lengua española. Nuestro objetivo no ha sido, en ningún caso, situar la estilística de corpus como un enfoque que pretenda reemplazar a otros más tradicionales, sino presentarla ante el lector como una forma de análisis que puede complementarse con otras disciplinas como la crítica literaria o la estilística tradicional. Como esperamos haber demostrado, el potencial de la estilística de corpus es muy grande, pues abre novedosas vías de análisis que permiten investigar aspectos que no han podido ser identificados con anterioridad con otro tipo de enfoques —o al menos no han podido ser analizados de forma metódica. Desde luego, la exégesis de autores en nuestra lengua se puede beneficiar en gran medida de este tipo de metodologías, lo que sugiere un futuro apasionante que, sin duda, merece la pena explorar.

Apéndices

Apéndice 1. Corpus de estudio CorBPG

Novela	*Año*	*Palabras*
Episodios Nacionales. Primera serie		
Trafalgar	1873	51 453
La Corte de Carlos IV	1873	139 656
El 19 de Marzo y el 2 de Mayo	1873	136 403
Bailén	1873	63 819
Napoleón en Chamartín	1874	153 971
Zaragoza	1874	133 010
Gerona	1874	58 453
Cádiz	1874	76 724
Juan Martín El Empecinado	1874	63 757
La Batalla de los Arapiles	1875	90 064
Episodios Nacionales. Segunda serie		
El equipaje del Rey José	1875	61 043
Memorias de un cortesano de 1815	1875	51 324
La Segunda Casaca	1876	65 663
El Grande Oriente	1876	64 034
7 de Julio	1876	51 624
Los Cien Mil Hijos de San Luis	1877	56 331
El Terror de 1824	1877	67 105
Un voluntario realista	1878	66 867
Los Apostólicos	1879	77 113
Un faccioso más y algunos frailes menos	1879	79 761
Episodios Nacionales. Tercera serie		
Zumalacárregui	1898	71 013
Mendizábal	1898	83 240
De Oñate a La Granja	1898	80 346
Luchana	1899	93 695
La campaña del Maestrazgo	1899	73 299
La estafeta romántica	1899	67 799
Vergara	1899	77 776
Montes de Oca	1900	61 666
Los Ayacuchos	1900	75 899
Bodas reales	1900	74 812

(*continuación*)

Novela	*Año*	*Palabras*
Episodios Nacionales. Cuarta serie		
Las tormentas del 48	1902	73 726
Narváez	1902	82 797
Los duendes de la camarilla	1903	72 494
La Revolución de Julio	1903–04	77 393
O'Donnell	1904	78 986
Aita Tettauen	1904–05	78 507
Carlos VI en la Rápita	1905	72 412
La vuelta al mundo en la Numancia	1906	70 956
Prim	1906	79 099
La de los tristes destinos	1907	87 885
Episodios Nacionales. Quinta serie		
España sin Rey	1907–08	78 784
España trágica	1909	76 574
Amadeo I	1910	73 434
La Primera República	1911	68 228
De Cartago a Sagunto	1911	68 285
Cánovas	1912	68 306
Novelas serie primera época		
La Fontana de Oro	1870	125 722
La sombra; *Celín*; *Tropiquillos*; *Theros*	1870	48 343
El audaz: historia de un radical de antaño	1871	119 174
Doña Perfecta: novela original	1876	65 486
Gloria	1876–77	127 697
Marianela	1878	51 234
La familia de León Roch	1878	145 720
Novelas serie contemporánea		
La desheredada	1881	141 130
El amigo Manso	1882	90 703
El doctor Centeno	1883	113 949
Tormento	1884	83 370
La de Bringas	1884	71 862
Lo prohibido	1884–85	172 610
Fortunata y Jacinta: (dos historias de casadas)	1886–87	379 607
Miau	1888	97 628
La incógnita	1889	75 503
Realidad: novela en cinco jornadas	1889	76 091
Torquemada en la hoguera; *El artículo de fondo*; *La mula y el buey*; *La pluma en el viento*; *La conjuración de las palabras*; *Un tribunal literario*; *La princesa y el granuja*; *Junio*	1889	62 658

Novela	*Año*	*Palabras*
Torquemada en la Cruz	1893	58 302
Torquemada en el Purgatorio	1894	67 625
Torquemada y San Pedro	1895	61 367
Ángel Guerra	1890–91	249 534
Tristana	1892	52 808
La loca de la casa: comedia en cuatro actos	1892	36 527
Nazarín	1895	65 019
Halma	1895	76 162
Misericordia	1897	84 131
El abuelo: (novela en cinco jornadas)	1897	68 161
Total palabras		6 443 709

Apéndice 2. Corpus de referencia CorXIX

Autor	*Novela*	*Año*	*Palabras*
Alarcón	*El final de Norma*	1855	41 892
Alarcón	*El sombrero de tres picos*	1874	24 909
Alarcón	*El escándalo*	1875	78 583
Alarcón	*El Capitán Veneno*	1881	40 655
Blasco Ibáñez	*Arroz y tartana*	1894	91 328
Blasco Ibáñez	*La barraca*	1898	54 575
Blasco Ibáñez	*Entre naranjos*	1900	80 873
Blasco Ibáñez	*Cañas y barro*	1902	4 913
Blasco Ibáñez	*La catedral*	1903	98 430
Blasco Ibáñez	*El intruso*	1904	96 969
Blasco Ibáñez	*La horda*	1905	101 600
Blasco Ibáñez	*Los argonautas.*	1914	205 215
Blasco Ibáñez	*Los cuatro jinetes del Apocalipsis*	1916	132 439
Blasco Ibáñez	*Los enemigos de la mujer*	1919	163 461
Blasco Ibáñez	*El paraíso de las mujeres*	1922	90 540
Blasco Ibáñez	*El fantasma de las alas de oro*	1930	70 788
Clarín	*La Regenta*	1884–85	309 796
Clarín	*Su único hijo*	1890	89 969
Coloma	*La almohadita del niño Jesús*	1887	21 753
Coloma	*Pequeñeces*	1890–91	20 246
Coloma	*Cuentos para niños*	1890	17 095
Coloma	*La reina mártir*	1898	77 077
Coloma	*Jeromín*	1902	146 177
Coloma	*Colección de lecturas recreativas*	1902	216 807
Coloma	*Por un piojo…: cuadro de costumbres*	191?	26 915
Palacio Valdés	*El idilio de un enfermo*	1884	58 113
Palacio Valdés	*La aldea perdida*	1903	107 153
Palacio Valdés	*La novela de un novelista*	1921	103 561
Palacio Valdés	*Sinfonía pastoral*	1931	107 154
Pardo Bazán	*Pascual López: autobiografía de un estudiante de Medicina*	1879	62 435
Pardo Bazán	*Un viaje de novios*	1881	69 014
Pardo Bazán	*La tribuna*	1883	65 160
Pardo Bazán	*El Cisne de Vilamorta*	1885	53 123
Pardo Bazán	*Los pazos de Ulloa*	1886–87	84 000
Pardo Bazán	*La madre naturaleza*	1887	90 463
Pardo Bazán	*Insolación (Historia amorosa)*	1889	42 849
Pardo Bazán	*Una cristiana*	1890	61 242
Pardo Bazán	*La prueba*	1890	65 040

Autor	*Novela*	*Año*	*Palabras*
Pardo Bazán	*La piedra angular*	1891	65 040
Pardo Bazán	*Doña Milagros*	1894	67 826
Pardo Bazán	*Memorias de un solterón*	1896	58 184
Pardo Bazán	*El tesoro de Gastón*	1897	33 367
Pardo Bazán	*El saludo de las brujas*	1899	60 078
Pardo Bazán	*El niño de Guzmán*	1900	31 830
Pardo Bazán	*Misterio*	1902	107 472
Pardo Bazán	*La quimera*	1905	155 430
Pardo Bazán	*La sirena negra*	1908	40 553
Pardo Bazán	*Dulce dueño*	1911	66 499
Pardo Bazán	*La última fada*	1916	15 011
Pereda	*Escenas montañesas*	1864	89 339
Pereda	*Tipos y paisajes*	1871	100 753
Pereda	*Don Gonzalo González de la Gonzalera*	1878	88 297
Pereda	*El buey suelto…*	1878	72 537
Pereda	*De tal palo tal astilla*	1880	85 974
Pereda	*El sabor de la tierruca*	1882	81 756
Pereda	*Pedro Sánchez*	1883	110 193
Pereda	*Sotileza*	1885	117 441
Pereda	*Esbozos y rasguños*	1888	70 323
Pereda	*La Montálvez*	1888	106 115
Pereda	*La mujer del César*	1888	25 179
Pereda	*Los hombres de pro*	1888	45 060
Pereda	*Tipos trashumantes*	1888	29 631
Pereda	*Nubes de estío*	1891	121 738
Pereda	*Al primer vuelo: Idilio vulgar.*	1891	100 914
Pereda	*Oros son triunfos*	1894	27 233
Pereda	*Peñas arriba*	1895	134 976
Pereda	*Pachín González*	1896	60 309
Pereda	*Escritos de juventud*	1954	82 726
Valera	*Pepita Jiménez*	1874	56 575
Valera	*Las ilusiones del doctor Faustino*	1875	119 890
Valera	*Pasarse de listo*	1878	51 851
Valera	*Morsamor*	1899	84 574
Valera	*Juanita la Larga*	1895	73 329
Valera	*Genio y figura*	1897	53 358
Valera	*Elisa, "la Malagueña"*	1964	11 844
Valera	*Leyendas del antiguo oriente*	1964	35 652
Valera	*Mariquita y Antonio*	1964	50 824
Valera	*Doña Luz*	1879	59 517
Valera	*El comendador Mendoza*	1876	63 355
Total palabras			6 184 865

Bibliografía

Adolphs, Svenja y Ronald Carter. 2002. "Corpus Stylistics: Point of View and Semantic Prosodies in *To the Lighthouse*". *Poetica* 58: 7–20.

Adolphs, Svenja. 2006. *Introducing Electronic Text Analysis. A Practical Guide for Language and Literary Studies*. Londres: Routledge.

Andreu, Alicia G. 1989. *Modelos dialógicos en la narrativa de Benito Pérez Galdós*, Ámsterdam: John Benjamins.

Anthony, Lawrence. 2011. *AntConc (Version 3.2.4m)* [Programa computacional]. Tokyo: Waseda University. Acceso: 1 de marzo de 2020. http://www.antlab.sci.waseda.ac.jp/. Acceso: 1 de marzo de 2020.

Archer, Dawn. 2007. "Computer-Assisted Literary Stylistics: The State of the Field". En *Contemporary Stylistics*, editado por Marina Lambrou y Peter Stockwell, 244–257. Londres: Continuum.

Armas Ayala, Alfonso. 1989. *Galdós, lectura de una vida*. Santa Cruz de Tenerife: Servicio de Publicaciones de la Caja General de Ahorros de Canarias.

Arroyo Díez, María Cristina, 2011. *Aspectos espaciales y visuales en las primeras novelas contemporáneas Benito Pérez Galdós y su repercusión en la novela española actual*. Tesis de maestría, Universidad de Valladolid.

Atkins, Sue, Jeremy Clear y Nicholas Ostler. 1992. "Corpus Design Criteria". *Literary and Linguistic Computing* 7: 1–16.

Bailey Richard William. 1989. "The Future of Computational Stylistics". En *Literary Computing and Literary Criticism*, editado por Rosanne G. Potter, 3–12. Philadelphia: University of Pennsylvania Press.

Balossi, Giuseppina. 2014. *A Corpus Linguistic Approach to Literary Language and Characterization: Virginia Woolf's* The Waves. Ámsterdam: John Benjamins.

Bednarek, Monica. 2010. *The Language of Fictional Television: Drama and Identity*. Londres: Continuum.

Benítez, Rubén. 1990. *Cervantes en Galdós*. Murcia: Universidad de Murcia.

Benítez, Rubén. 1992. *La literatura española en las obras de Galdós*. Murcia: Universidad de Murcia.

Berber-Sardinha, Tony. 2000. "Comparing corpus with *WordSmith Tools*: How large must the reference corpus must be?". En *Annual Meeting of the ACL. The Workshop on Comparing Corpora* (Vol. 9), 7–13. Morristown: Association for Computational Linguistics.

Berglund, Ylva, Alan Morrison, Rowan Wilson y Martin Wynne. 2004. *An Investigation into Free Ebooks*. https://ota.ox.ac.uk/documents/ebooks/report/FreeEbooks.html. Acceso 1 de marzo de 2020.

Biber, Douglas. 2011. "Corpus Linguistics and the Study of Literature: Back to the Future?". *Scientific Study of Literature* 1 (1): 15–23.

Biblioteca Virtual Miguel de Cervantes. (s.f.). http://www.cervantesvirtual.com/. Acceso 1 de marzo de 2020.

Bondia Román, Fernando. 2007. "Fundamentos, evolución y globalización de los derechos de autor". *Revista de derecho privado* 91 (6): 3–27.

Boquera Matarredona, María. 1996. "La traducción al español de paremias en *The Pickwick Papers*: los wellerismos". *Paremia* 5: 79–86.

Bousfield, Derek. 2010. "Researching Impoliteness and Rudeness: Issues and Definitions". En *Interpersonal Pragmatics*, editado por Miriam A. Locher y Sage L. Graham, 101–134. Berlin: Mouton De Gruyter.

Bryan, George B., y Wolfgang Mieder. 1997. *The Proverbial Charles Dickens: An Index to Proverbs in the Works of Charles Dickens*. Nueva York: Peter Lang.

Burke, Michael. 2014. *The Routledge Handbook of Stylistics*. Londres: Routledge.

Burrows, John Frederick (1992). "Computers and the Study of Literature". En *Computers and Written* Texts, editado por Christopher Butler, 167–204. Oxford: Blackwell.

Burrows, John Frederick. 1987. *Computation into Criticism*. Oxford: Clarendon Press.

Burrows, John Frederick. 1989. "'An Ocean Where Each Kind…': Statistical Analysis and Some Major Determinants of Literary Style". *Computers and the Humanities* 23: 309–321.

Burrows, John Frederick. 2003. "Questions of Authorship: Attribution and Beyond". *Computers and the Humanities* 37: 5–32.

Busse, Beatrix. 2010. *Speech, Writing and Thought Presentation in a Corpus of Nineteenth-Century English Narrative Fiction*. Berna: University of Bern.

Caldas-Coulthard, Carmen Rosa. 1984. "Dialogue in Fiction". *Ilha do Desterro* 11: 83–92.

Caldas-Coulthard, Carmen Rosa. 1987. "Reported Speech in Written Narrative Texts". En *Discussing Discourse*, editado por Malcolm Coulthard, 149–167. Birmingham: University of Birmingham.
Caldas-Coulthard, Carmen Rosa. 1988. *Reporting Interaction in Narrative: A Study of speech presentation in written discourse*. Tesis doctoral. University of Birmingham.
Calvo Tello, José y Juan Cerezo Soler. 2017. "*La Conquista de Jerusalén* ¿de Cervantes? Análisis estilométrico sobre autoría en el teatro del siglo de oro español". *Digital Humanities Quarterly* 10.
Calvo Tello, José. 2019. "Diseño de corpus literario para análisis cuantitativos" *Revista de Humanidades Digitales* 4: 116–135.
Camus, Elsa y Bénédicte Vauthier. 2014. *Manual de codificación XML/TEI. Edición digital del manuscrito de trabajo de Paisajes después de la batalla de Juan Goytisolo*. Acceso 1 de marzo de 2020. http://goytisolo.unibe.ch/documentacion.html.
Carter, Ronald. 2004. *Language and Creativity: The Art of Common Talk*. Londres: Routledge.
Carter, Ronald. 2010. "Methodologies for Stylistic Analysis: Practices and Pedagogies". En *Language and style*, editado por Beatrix Busse and Daniel McIntyre, 55–68. Basingstoke: Palgrave.
Čermáková, Anna y Michaela Mahlberg. 2018). "Translating Fictional Characters – *Alice* and *the Queen* from the Wonderland in English and Czech". En *The Corpus Linguistics Discourse: In honour of Wolfgang Teubert*, editado por Anna Čermáková y Michaela Mahlberg, 223–253. Ámsterdam: John Benjamins.
Chapelle, Carol A. 2012. *The Encyclopedia of Applied Linguistics*. Oxford: Wiley-Blackwell.
Chatman, Seymour. 1978. *Story and Discourse: Narrative Structure in Fiction and Film*. Ithaca: Cornell University Press.
Cheng, Winnie. 2012. "Corpus-Based Linguistic Approaches to Critical Discourse Analysis". En *The Encyclopedia of Applied Linguistics*, editado por Carol A. Chapelle, 1–8. Oxford: Wiley-Blackwell.
Cooper, Robert y Mikhail Mikhailov. 2016. *Corpus Linguistics for Translation and Contrastive Studies: A Guide for Research*. Londres: Routledge.
Córdoba, Juan Fernando. 2012. "El fin no justifica la excepción. Propiedad Intelectual, educación y el *fair use* estadounidense". *Boletín Mexicano de Derecho Comparado* 134: 437–466.

Coulthard, Malcolm. 1985. *An Introduction to Discourse Analysis*. Londres: Longman.

Culpeper, Jonathan. 2001. *Language and Characterisation. People in Plays and Other Texts*. Harlow: Pearson Education.

Culpeper, Jonathan. 2002. "Computers, Language and Characterisation: An Analysis of Six Characters in *Romeo and Juliet*". En *Conversation in Life and in Literature: Papers from the ASLA Symposium*, editado por Ulla Melander-Marttala, Carin Ostman y Merja Kyto 11–30. Uppsal a: Universitetstryckeriet.

Culpeper, Jonathan. 2009. "Keyness: Words, Parts-of-Speech and Semantic Categories in the Character-Talk of Shakespeare's *Romeo and Juliet*". *International Journal of Corpus Linguistics* 14 (1): 29–59.

Dickens, Charles. 2004. *Los papeles póstumos del Club Pickwick*. Trad. José María Valverde. Barcelona: Mondadori

Dunning, Ted. 1993. "Accurate Methods for the Statistics of Surprise and Coincidence". *Computational Linguistics* 19 (1): 61–74.

España. Real Decreto Legislativo 1/1996, de 12 de abril, por el que se aprueba el texto refundido de la Ley de Propiedad Intelectual, regularizando, aclarando y armonizando las disposiciones legales vigentes sobre la materia. *Boletín Oficial del Estado*, 23 de abril de 1996, núm. 97, pp. 14369–14396.

Falchi, Simonetta. 2017. "*Little Dorrit* and Adaptation". *Journal of Adaptation in Film & Performance* 10(1): 43–53.

Fernández Molina, J. Carlos y José Augusto Chaves Guimarães. 2007. "Las nuevas leyes de derecho de autor: ¿adecuadas para la preservación digital?". *Information Research* 12 (4): documento 322.

Fernández Molina, J. Carlos. 2010. "Preservación digital y derechos de autor: ¿un conflicto sin solución?". En *Actas V Congreso Internacional de Bibliotecas Públicas*, 43–50. Madrid: Ministerio de Cultura.

Fischer-Starcke, Bettina. 2006. "The Phraseology of Jane Austen's *Persuasion*: Phraseological Units as Carriers of Meaning". *ICAME Journal 30*: 87–104.

Fischer-Starcke, Bettina. 2009. "Keywords and Frequent Phrases of Jane Austen's *Pride and Prejudice*: A Corpus-stylistic Analysis". *International Journal of Corpus Linguistics* 14: 29–59.

Fischer-Starcke, Bettina. 2010. *Corpus Linguistics in Literary Analysis: Jane Austen and her Contemporaries*. Londres: Continuum.

Flowerdew, Lynne. 2012. *Corpora and Language Education*. Basingstoke: Palgrave Macmillan.

Fowler, Roger. 1986 *Linguistic Criticism*. Oxford: Oxford University Press.

Galina Russell, Isabel, José Francisco Barrón Tovar y Miriam Peña Pimentel. 2018. *Humanidades Digitales: edición, literatura y arte*. Bonilla Artigas Editores.

Gavins, Joana 2007. *Text World Theory: An Introduction*. Edimburgo: Edinburgh University Press.

Gilman, Stephen. 1973. "La palabra hablada en *Fortunata y Jacinta*". En *Benito Pérez Galdós*, Douglass M. Rogers, 293–315. Madrid: Taurus.

Giovanelli, Marcello, y Jessica Mason. 2018. *The Language of Literature: An Introduction to Stylistics*. Cambridge: Cambridge University Press.

Golding, Robert. 1985. *Idiolects in Dickens: The Major Techniques and Chronological Development*. Nueva York: St. Martin's Press.

Goldman, Peter. 1971. "Galdós and Cervantes: Two Articles and a Fragment". *Anales Galsianos* 4: 99–106.

González-Díaz, Victorina. 2012. "Round Brackets in Jane Austen". *English Text Construction* 5 (2): 174–207.

Gullón, Ricardo. 1960. *Galdós. Novelista moderno*. Madrid: Taurus.

Gutiérrez Carbajo, Francisco. 2013. *Movimientos y épocas literarias*. Madrid: Universidad Nacional de Educación a Distancia.

Hakemulder, Frank. 2016. "Empirical Stylistics". En *The Bloomsbury Companion to Stylistics*, editado por Violeta Sotirova, 189–207. Londres y Nueva York: Bloomsbury.

Hall, J. B. (1970). "Torquemada. The Man and His Language". En *Galdós Studies*, editado por John E. Varey, 136–173. Londres: Tamesis Books.

Halliday, Michael A. K. 2004. *An Introduction to Functional Grammar*. Londres: Arnold.

Hardy, Donald E. 2003. *Narrating Knowledge in Flannery O'Connor's Fiction*. Columbia: University of South Carolina Press.

Harrison, Chloe. 2017. *Cognitive Grammar in Contemporary Fiction*. Ámsterdam: John Benjamins.

Hawes, Donald. 2007. *Charles Dickens*. Londres: Continuum.

Herrera Sierra, Luisa Fernanda. 2015. "La doctrina del *fair use* frente a los retos impuestos por el entorno digital. Estudio del caso *google books*". *Revista La propiedad inmaterial* 20: 57–83.

Ho, Yufang. 2011. *Corpus Stylistics in Principles and Practice*. Londres: Continuum

Hockey, Susan. 2004. "The History of Humanities Computing". En *A companion to digital humanities*, editado por Susan Schreibman, Ray Siemens y John Unsworth, 3–19. Oxford: Blackwell.

Hoey, Michael. (2013). *Textual Interaction. An Introduction to Written Discourse Analysis*. Londres: Routledge.

Hoover, David L. (2002). "Frequent Word Sequences and Statistical Stylistics and Authorship Attribution: An Empirical Investigation". *Literary and Linguistic Computing* 17: 157–180.

Hoover, David L. 2001. "Statistical Stylistics and Authorship Attribution: An Empirical Investigation". *Literary and Linguistic Computing* 16: 421–444.

Hoover, David L. 2007. "Corpus Stylistics, Stylometry, and the Styles of Henry James". *Style* 41 (2): 174–255.

Hoover, David. 2013. "Quantitative Analysis and Literary Studies". En *A companion to digital literary studies*, editado por Ray Siemens y Susan Schreibman, 517–533. Oxford: Blackwell.

Hori, Masahiro. (1993). "Some Collocations of the Word 'Eye' in Dickens: A Preliminary Sketch". En *Aspects of Modern English*, editado por Masamoto Ukaji *et al.*, 509–527. Tokyo: Eichosha.

Hori, Masahiro. 1999. "Collocational Patterns of Intensive Adverbs in Dickens: A Tentative Approach". *English Corpus Studies* 6: 51–65.

Hori, Masahiro. 2002. "Collocational Patterns of *-ly* Manner Adverbs in Dickens". En *English Corpus Linguistics in Japan*, editado por Toshio Saito, Junsaku Nakamura y Shunji Yamazaki, 149–163. Ámsterdam: Rodopi.

Hori, Masahiro. 2004. *Investigating Dickens' Style: A Collocational Analysis*. Londres: Palgrave.

Hunston, Susan y Geoff Thompson. 2000. *Evaluation in Text: Authorial Stance and the Construction of Discourse*. Oxford: Oxford University Press.

Hunston, Susan. 2002. *Corpora in Applied Linguistics*. Cambridge: Cambridge University Press.

Ingham, Patricia. 1979. "Speech and Non-Communication in *Dombey and Son*". *The Review of English Studies* 30 (118): 144–153.

Irizarry, Estelle. 1997. *Informática y literatura. Análisis de textos hispánicos*. Barcelona: Proyecto A Ediciones.

Jeffries, Lesley y Daniel McIntyre. 2010. *Stylistics*. Cambridge: Cambridge University Press.

Korte, Barbara. 1997. *Body Language in Literature*. Toronto: University of Toronto Press.

Kübler, Sandra y Heike Zinsmeister. 2015. *Corpus Linguistics and Linguistically Annotated Corpora*. Londres: Bloomsbury.

Lacosta, Francisco C. 1968. "Galdós y Balzac". *Cuadernos Hispanoamericanos* 224–225: 345–374.

Lambert, Mark. 1981. *Dickens and the Suspended Quotation*. New Haven: Yale University Press.

Lassaletta, Manuel C. 1974. *Aportaciones al estudio del lenguaje coloquial galdosiano*. Madrid: Ínsula

Leech, Geoffrey y Mick Short. 2007 (1981). *Style in Fiction: A Linguistic Introduction to English Fictional Prose*. Londres: Longman.

Leech, Geoffrey. 1969. *A Linguistic Guide to English Poetry*. Londres: Longman.

Leech, Geoffrey. 1985. "Stylistics". En *Discourse and Literature: New Approaches to the Analysis of Literary Genres,* editado por Teun A. van Dijk, 39–57. Ámsterdam: John Benjamins.

Leech, Geoffrey. 2005. "Adding Linguistic Annotation". En *Developing Linguistic Corpora: a Guide to Good Practice*, editado por Martin Wynne, 17–29. Oxford: Oxbow Books: 17–29. Available online from http://ota.ox.ac.uk/documents/creating/dlc/ [Accessed YYYY-MM-DD].

Leech, Geoffrey. 2008. *Language in Literature: Style and Foregrounding*. Harlow: Pearson Education.

Levin, Beth. 1993. *English Verb Classes and Classifications*. Chicago: The University of Chicago Press.

Levinson, Stephen C. 1983. *Pragmatics*. Cambridge: Cambridge University Press.

Levy, Melania. 1937. *La influencia de Dickens en Galdós*. Columbia: Columbia University.

Lindquist, Hans. 2009. *Corpus Linguistics and the Description of English*. Edimburgo: Edinburgh University Press.

Lugea, Jane. 2017. "The Year's Work in Stylistics 2016". *Language and Literature* 26 (4): 340–360.

Mahlberg, Michaela y Catherine Smith. 2010. "Corpus Approaches to Prose Fiction: Civility and body language in *Pride and Prejudice*".

En *Language and Style*, editado por Dan McIntyre y Beatrix Busse, 449–467. Basingstoke: Palgrave Macmillan.
Mahlberg, Michaela y Catherine Smith. 2012. "Dickens, the Suspended Quotation and the Corpus". *Language and Literature* 21 (1): 51–65.
Mahlberg, Michaela y Dan McIntyre. 2011. "A Case for Corpus Stylistics: Ian Fleming's *Casino Royale*". *English Text Construction* 4 (2): 204–227.
Mahlberg, Michaela, Catherine Smith y Simon Preston. 2013. "Phrases in Literary Contexts: Patterns and Distributions of Suspensions in Dickens's Novels". *International Journal of Corpus Linguistics* 18 (1): 35–56.
Mahlberg, Michaela, Peter Stockwell, Johan de Joode, Catherine Smith y Matthew Brook O'Donnell. 2016. "CLiC Dickens: Novel Uses of Concordances for the Integration of Corpus Stylistics and Cognitive Poetics". *Corpora* 11 (3): 433–463.
Mahlberg, Michaela, Viola Wiegand, Peter Stockwell y Anthony Hennessey. 2019. "Speech-Bundles in the 19th-century English Novel". *Language and Literature* 28 (4): 326–353.
Mahlberg, Michaela. 2007a. "Clusters, Key Clusters and Local Textual Functions in Dickens". *Corpora* 2 (1): 1–31.
Mahlberg, Michaela. 2007b. "Corpora and Translations Studies: Textual Functions of Lexis in *Bleak House* and in a Translation of the Novel into German". En *La Traduzione: Lo Stato dell'Arte. Translation: The State of the Art*, editado por Vittoria Intonti, *et al.*, 115–135. Rávena: Longo.
Mahlberg, Michaela. 2007c. "Corpus Linguistics: Bridging the Gap between Linguistic and Literary Studies". En *Text, Discourse and Corpora*, editado por Michaela Mahlberg y Wolfgang Teubert, 219–246. Londres: Continuum.
Mahlberg, Michaela. 2009. "Corpus Stylistics and the Pickwickian Watering-Pot". En *Contemporary Corpus Linguistics*, editado por Paul Baker, 47–63. Londres: Continuum.
Mahlberg, Michaela. 2010. "Corpus Linguistics and the Study of Nineteenth-Century Fiction". *Journal of Victorian Culture* 15 (2): 292–298.
Mahlberg, Michaela. 2012a. "Corpus Stylistics, Dickens, Text-Drivenness and the Fictional World". En *Essays and Studies on Dickens and*

Modernity, editado por Juliet John, 94–114. Suffolk: Boydell & Brewer.
Mahlberg, Michaela. 2012b. "The Corpus Stylistic Analysis of Fiction or the Fiction of Corpus Stylistics?". En *Corpus Linguistics and Variation in English: Theory and Description*, editado por Magnus Hubert y Joybrato, 77–95. Ámsterdam: Rodopi.
Mahlberg, Michaela. 2013. *Dickens and Corpus Stylistics*. Londres: Routledge.
Mahlberg, Michaela. 2014. "Corpus Stylistics". En *The Routledge Handbook of Stylistics*, editado por Michael Burke, 378–392. Londres y Nueva York: Routledge.
Mahlberg, Michaela. 2016. "Corpus Stylistics". En *The Bloomsbury Companion to Stylistics*, editado por Violeta Sotirova, 139–156. Londres y Nueva York: Bloomsbury.
Martínez-Gamboa, Ricardo. 2015. "Patrones cuantitativos en novelas chilenas de los siglos XIX a XXI". *Onomázein* 32: 239–253.
Mastropierro, Lorenzo. 2017. *Corpus Stylistics in* Heart of Darkness *and Its Italian Translations*. Londres: Bloomsbury.
McEnery, Tony y Andrew Hardie. 2012. *Corpus Linguistics: Method, theory and practice*. Cambridge: Cambridge University Press.
McEnery, Tony, Richard Xiao y Yukio Tono (eds.). 2006. *Corpus-Based Language Studies. An Advanced Resource Book*. Londres y Nueva York: Routledge.
McGovern, Timothy. 2000. *Dickens in Galdós*. Nueva York: Peter Lang.
McIntyre, Dan y Beatrix Busse. 2010. *Language and Style*. Nueva York: Palgrave Macmillan.
McIntyre, Dan y Brian Walker. 2019. *Corpus Stylistics. Theory and Practice*. Edimburgo: University Press.
McIntyre, Dan. 2010. "Dialogue and Characterization in Quentin Tarantino's *Reservoir Dogs*: A Corpus Stylistic Analysis". En *Language and style*, editado por Dan McIntyre y Beatrix Busse, 162–182. Basingstoke: Palgrave Macmillan.
McIntyre, Dan. 2017. "Just what is Corpus Stylistics?". Conferencia plenaria presentada en *Corpus Linguistics Conference 2017*. University of Birmingham.
Mead, Gerald. 1990. "The Representation of Fictional Character". *Style* 24 (3): 440–452.

Meyer, Charles F. 2012. *English Corpus Linguistics. An Introduction.* Cambridge: Cambridge University Press.
Miall, David S. 1995. "Representing and Interpreting Literature by Computer". *Yearbook of English Studies* 25: 199–212.
Mikhailov, Mikhail y Robert Cooper. 2016. *Corpus Linguistics for Translation and Contrastive Studies*. Londres: Routledge.
Montoro, Rocío. 2012. *Chick Lit: The Stylistics of Cappuccino Fiction.* Londres: Continuum.
Moretti, Franco. 2018. *Literatura en el laboratorio. Canon, archivo y crítica literaria en la era digital.* Gedisa: Barcelona.
Mukařovský, Jan. 1970. "Standard Language and Poetic Language". En *Linguistics and Literary Style*, editado por Donald C. Freeman, 40–56. Nueva York: Hold, Rinehart & Winston.
Mullan, John. 2018. "Dickens's Tricks". *Essays in Criticism* 68 (2): 145–166.
Newsom, Robert. 2000. "Style of Dickens". En *The Oxford Reader's Companion to Charles Dickens*, editado por Paul Schlicke, 553–557. Oxford: Oxford University Press,.
Nieto Caballero, Guadalupe y Pablo Ruano San Segundo. 2016. "Estudio de corpus sobre patrones textuales comunes en la narrativa de Benito Pérez Galdós y de Charles Dickens". Comunicación oral presentada en el *8th International Conference on Corpus Linguistics CILC 2016.* Universidad de Málaga.
Nieto Caballero, Guadalupe. 2016a. "El canon literario y las nuevas tecnologías: los *Episodios Nacionales* de Galdós desde una perspectiva de estilística de corpus". Comunicación oral presentada en el *2nd International Congress liLETRAd 2016*. Universidad de Sevilla.
Nieto Caballero, Guadalupe. 2016b. "La proyección del discurso en las novelas de Galdós a través de una metodología de corpus". Comunicación oral presentada en el *8th International Conference on Corpus Linguistics (CILC 2016)*. Universidad de Málaga.
Nieto Caballero, Guadalupe. 2017a. "El corpus digital en el análisis de textos literarios". Ponencia presentada en el *Seminario "Filologías Digitales Hoy. Teoría y práctica para la docencia y la investigación"*. Universidad de Extremadura.
Nieto Caballero, Guadalupe. 2017b. "Los *Episodios Nacionales* (primera serie), de Benito Pérez Galdós, a través de un enfoque de estilística de corpus". Comunicación oral presentada en el *35.º Congreso de la Asociación Española de Lingüística Aplicada*. Universidad de Jaén.

Nieto Caballero, Guadalupe. 2017c. “Semantic Prosodies and Literary Translation: A Computer-Assisted Analysis of Four Spanish Translations of Virginia Woolf’s *To the Lighthouse*”. *Hikma. Revista de estudios de traducción* 16: 87–109.

Nieto Caballero, Guadalupe. 2017d. “Técnicas de caracterización de los personajes femeninos en Galdós: una aproximación desde los estudios de corpus”. Comunicación oral presentada en el *9th International Conference on Corpus Linguistics CILC 2017*. Université Paris Diderot.

Nieto Caballero, Guadalupe. 2018. “Metodologías de corpus en el análisis de textos literarios en lengua española: el ejemplo de Pérez Galdós”. *Estudios humanísticos. Filología* 40: 373–391.

Nieto Caballero, Guadalupe. 2019a. “Análisis de la influencia de Charles Dickens en el estilo de Benito Pérez Galdós a través del lenguaje gestual de sus personajes: un estudio de corpus”. *Dicenda. Estudios de lengua y literatura españolas* 37: 321–341.

Nieto Caballero, Guadalupe. 2019b. “Carmen Martín Gaite como traductora de Virginia Woolf: el traslado al español de la focalización narratológica en *To the Lighthouse*”. En *Autores de habla inglesa en traducción: análisis crítico*, coordinado por Pablo Ruano San Segundo, 159–174. Granada: Comares.

Nieto Caballero, Guadalupe. 2019c. “El espacio como eje vertebrador en la creación del universo ficticio galdosiano: un estudio de corpus”. *Signa. Revista de la Asociación Española de Semiótica* 28: 1203–1238.

Nieto Caballero, Guadalupe. 2019d. “La lingüística de corpus como herramienta de análisis literario. La narración retrospectiva de los silencios en las novelas de Galdós”. *Sintagma. Revista de Lingüística* 31: 51–65.

Nieto Caballero, Guadalupe. 2019e. “Propuesta para el análisis de la evolución literaria de un autor mediante el uso de herramientas propias de la lingüística de corpus: el ejemplo de Pérez Galdós”. *Onomazéin* 43: 114–136.

Nieto Caballero, Guadalupe. 2020. “Hábitos estilísticos de Pérez Galdós en *La Fontana de Oro*: un estudio de corpus”. *Tonos digital: Revista de estudios filológicos* 38.

O’Halloran, Kieran. 2007. “Corpus-Assisted Literary Evaluation”. *Corpora* 2: 33–63.

O'Keeffe, Anne y Michael McCarthy. 2010. *The Routledge Handbook of Corpus Linguistics*. Abingdon: Routledge.

Ollero, Carlos. 1973. "Galdós y Balzac". En *Benito Pérez Galdós. El escritor y la crítica*, editado por Douglass M. Rogers, 185–193. Madrid: Taurus.

Ortiz-Armengol, Pedro. 2000. *Vida de Galdós*. Barcelona: Crítica.

Palmer, Alan. 2007. "Universal Minds". *Semiotica* 165: 205–225.

Palmer, Alan. 2011. "Social Minds in Fiction and Criticism". *Style* 45 (2): 195–240.

Pedraza Jiménez, Felipe B. y Milagros Rodríguez Cáceres. 1983. *Manual de literatura española. Tomo VII: Época del Realismo*. Madrid: Cénlit Ediciones.

Pérez Galdós, Benito. 1980. *Obras completas. Novelas. Tomo III*. Madrid: Aguilar.

Proyecto Gutenberg. http://www.gutenberg.org/. Acceso 1 de marzo de 2020.

Ramoneda, Arturo (ed.). 1989. *Aventuras de Pickwick*. (Trad. de Benito Pérez Galdós) Madrid: Júcar.

Ramos Simón, Fernando. 2002. "La gestión de derechos de autor en entornos digitales, un reto para las bibliotecas y centros públicos de información". *Revista General de Información y Documentación* 12 (1): 257–277

Rayson, Paul y Roger Garside. 2002. "Comparing corpora using frequency profiling". En *Proceedings to WCC '00 Proceedings of the Workshop on Comparing Corpora IX*, 1–6.

Rayson, Paul. 2003. *Matrix: A statistical method and software tool for linguistic analysis through corpus comparison*. Tesis doctoral, Lancaster University.

Rayson, Paul. 2008. "From Key Words to Key Semantic Domains". *International Journal of Corpus Linguistics* 13 (4): 519–549.

Rayson, Paul. 2009. *Wmatrix: a web-based corpus processing environment*. Computing Department: Lancaster University. http://ucrel.lancs.ac.uk/wmatrix/. Acceso: 1 de marzo de 2020.

Real Academia Española. *Corpus Diacrónico del Español (CORDE)*. http://corpus.rae.es/cordenet.html. Acceso 1 de marzo de 2020.

Rengifo García, Ernesto. 2016. "Derechos de autor de las obras reproducidas y publicadas en línea por los motores de búsqueda". *Revista La propiedad inmaterial* 22: 33–56

Rojo, Ana María y Javier Valenzuela. 2001. "How to Say Things with Words. Ways of Saying in English and Spanish". *META* 46 (3): 467–477.

Román Román, Isabel. 1993. *La creatividad en el estilo de Galdós*. Las Palmas de Gran Canaria: Ediciones del Cabildo Insular de Gran Canaria.

Ruano San Segundo, Pablo y Paloma Pizarro Seijas. 2018. "Grammatical Words Denoting Vagueness in Joseph Conrad's *Heart of Darkness* and Their Translations into Spanish: A Corpus Approach". *Anuario de Estudios filológicos* 41: 157–174.

Ruano San Segundo, Pablo. 2014a. "Aplicación de una metodología computacional de lingüística de corpus en el análisis traductológico de obras literarias: un caso práctico". Comunicación oral presentada en el *XLII Simposio de la Sociedad Española de Lingüística (SEL)*. Universidad de Castilla la Mancha.

Ruano San Segundo, Pablo. 2014b. "Benito Pérez Galdós y Charles Dickens: análisis traductológico de los papeles de *Pickwick*". Comunicación oral presentada en las *III Jornadas de Iniciación a la Investigación en Literaturas Hispánicas*. Universidad Complutense de Madrid.

Ruano San Segundo, Pablo. 2014c. "Los cien años que separan el *Pickwick* de Galdós del *Pickwick* de Valverde: una aproximación computacional". Comunicación oral presentada en el *XIV Congreso Internacional de la Asociación de Jóvenes Investigadores de Historiografía e Historia de la Lengua Española*. Universidad Autónoma de Madrid.

Ruano San Segundo, Pablo. 2014d. "Los *softwares* de concordancias como herramienta traductológica en el género novelesco: el ejemplo de Dickens". Comunicación oral presentada en el *I Coloquio Internacional Hermeneus: los estudios de traducción e interpretación basados en corpus*. Universidad de Valladolid.

Ruano San Segundo, Pablo. 2014e. "El valor caracterizador de las acotaciones en *The Glass Menagerie* y su traducción al español." *Anuario de Estudios Filológicos* 37, 215–235.

Ruano San Segundo, Pablo. 2014f. "Benito Pérez Galdós y la traducción de folletín: una aproximación al carácter fasciculado de su único trabajo". Comunicación oral presentada en el *Coloquio Internacional Creación y Traducción en la España del siglo XIX*. Universitat de Barcelona.

Ruano San Segundo, Pablo. 2015. "El *Pickwick* de Galdós: estudio traductológico a través de una aproximación computacional". *Hermeneus* 17: 209–231.

Ruano San Segundo, Pablo. 2016. "A Corpus-Stylistic Approach to Dickens' Use of Speech Verbs: Beyond Mere Reporting". *Language and Literature* 25 (2): 1–15.

Ruano San Segundo, Pablo. 2017a. "Análisis traductológico de los wellerismos en *Las aventuras de Pickwick*, de Benito Pérez Galdós: un texto de partida francés y una omisión sistemática de la paremia". *Babel* 63 (1): 109–128.

Ruano San Segundo, Pablo. 2017b. "CLiC and Corpus Literary Translation Studies: An Analysis of Suspensions in a Spanish Translation of Charles Dickens's *Hard Times*". *Onomázein* 38: 88–106.

Ruano San Segundo, Pablo. 2017c. "Corpus Methodologies in Literary Translation Studies: An Analysis of Speech Verbs in Four Spanish Translations of *Hard Times*". *Meta: Translators' Journal* 62 (1): 94–113.

Ruano San Segundo, Pablo. 2017d. "Reporting Verbs as a Stylistic Device in the Creation of Fictional Personalities in Literary Texts". *Atlantis* 39 (2): 105–124.

Ruano San Segundo, Pablo. 2018a. "A Corpus-Based Approach to Charles Dickens's Use of Direct Thought Presentation". *Corpora* 13 (3): 319–345.

Ruano San Segundo, Pablo. 2018b. "Charles Dickens's Gender-Based Use of Speech Verbs: A Stylistic Analysis". *Gender and Language* 12 (2): 192–217.

Ruano San Segundo, Pablo. 2018c. "Dickens's Hyperbolic Style Revisited: Verbs that Describe Sounds Made by Animals Used to Report the Words of Male Villains". *Style* 52 (4): 475–493.

Rühlemann, Christoph. 2018. *Corpus Linguistics for Pragmatics*. Londres: Routledge.

Russell, Robert H. 1982. "De Fortunata y su habla". En *Actas del IV Congreso Internacional de Hispanistas*, coordinado por Eugenio de Bustos Tovar, 543–557. Salamanca: Asociación Internacional de Hispanistas.

Sancho Gargallo, Ignacio. 2011. "El *fair use* como límite natural de los derechos de propiedad". *Annals de l'Acadèmia de Jurisprudència i Legislació de Catalunya* 4: 241–252

Scott, Mike y Christopher Tribble. 2006. *Textual Patterns: Keywords and Corpus Analysis in Language Education*. Ámsterdam: John Benjamins.

Scott, Mike. 2016a. *WordSmith Tools Manual. Version 6.0*. Liverpool: Lexical Analysis Software.

Scott, Mike., 2016b. *WordSmith Tools version 6.0*. Stroud: Lexical Analysis Software.

Semino, Elena y Mick Short. 2004. *Corpus Stylistics: Speech, Writing and Thought Presentation in a Corpus of English Narratives*. Londres: Routledge.

Semino, Elena. 1997. *Language and World Creation in Poems and Other Texts*. Londres: Longman.

Senabre, Ricardo. 1998. *Capítulos de historia de la lengua literaria*. Cáceres: Universidad de Extremadura.

Shakespearelang (s.f.). *Encyclopaedia of Shakespeare's Language Project*. http://wp.lancs.ac.uk/shakespearelang/. Acceso 1 de marzo de 2020.

Shoemaker, William H. 1973. *Las cartas desconocidas de Galdós en* La Prensa *de Buenos Aires*. Madrid: Cultura Hispánica. Carta número 173.

Short, Mick y Elena Semino. 2008. "Evaluation and Stylistic Analysis". En *The Quality of Literature: Linguistic Studies in Literary Evaluation*, editado por Willie van Peer, 117–137. Ámsterdam: John Benjamins.

Short, Mick. 1996. *Exploring the Language of Poems, Plays and Prose*. Londres: Longman.

Simpson, Paul. 1993. *Language, Ideology and Point of View*. Londres: Routledge.

Simpson, Paul. 1996. "The Search for Units of Meaning". *Textus* 9: 75–106.

Sinclair, John. 1987. *Looking up*. Londres: Collins.

Sinclair, John. 1991. *Corpus, Concordance, Collocation*. Oxford: Oxford University Press.

Sinclair, John. 2003. *Reading Concordances. An Introduction*. Harlow: Pearson.

Sinclair, John. 2004. *Trust the Text: Language, Corpus and Discourse*. Londres: Routledge.

Sinclair, John. 2005. "Corpus and Text – Basic Principles". En *Developing Linguistic Corpora: A Guide to Good Practice*, editado por Martin Wynne, 1–16. Oxford: Oxbow.

Sinclair, John. 2007. "Introduction". En *Text, Discourse and Corpora: Theory and Analysis*, editado por Michael Hoey, Michaela Mahlberg, Michael Stubbs y Wolfgang Teubert, 1–5. Londres: Continuum.
Sobejano, Gonzalo. 1988. "El lenguaje de la novela naturalista". En *Realismo y Naturalismo en España en la segunda mitad del siglo XIX*, coordinado por Yvan Lissorgues, 583–615. Barcelona: Anthropos
Sotelo, María Luisa. 2013. *Realismo y Naturalismo en España. La novela*. Barcelona: Universitat de Barcelona.
Sotirova, Violeta. 2016. *The Bloomsbury Companion to Stylistics*. Londres y Nueva York: Bloomsbury.
Spitzer, Leo. 1948. *Linguistics and Literary History*. Princeton: Princeton University Press.
Stockwell, Peter y Michaela Mahlberg. (2015). "Mind-Modelling with Corpus Stylistics in *David Copperfield*". *Language and Literature* 24 (2): 129–147.
Stockwell, Peter. 2006. "Language and Literature: Stylistics". En *The Handbook of English Linguistics*, editado por Bas Aarts y April McMahon, 742–758. Oxford: Blackwell.
Stockwell, Peter. 2009. *Texture: A Cognitive Aesthetics of Reading*. Edimburgo: University Press.
Stockwell, Peter. 2019. *Cognitive Poetics: An Introduction*. Londres: Routledge.
Stubbs, Michael. 2005. "Conrad in the Computer: Examples of Quantitative Stylistics Methods". *Language and Literature* 14 (1): 5–24.
Szudarski, Paweł. 2017. *Corpus Linguistics for Vocabulary: A Guide for Research*. Londres: Routledge.
Tabata, Tomoji. 1991. "Characterization in Dickens's Christmas Books: A Computer-Assisted Approach to Idiolects". *Kumamoto Studies in English Language and Literature* 34: 98–126.
Tabata, Tomoji. 1993. "The Language of Dickens and Its Computer-Based Evidence: A Step towards a Chronological Study". *Kumamoto Studies in English Language and Literature* 36: 116–134.
Tabata, Tomoji. 1994. "Dickens's Narrative Style: A Statistical Approach to Chronological Variation". *Revue Informatique et Statistique dans les Sciences Humaines (RISSH)* 30: 165–182.
Tabata, Tomoji. 1995. "Narrative Style and the Frequencies of Very Common Words: A Corpus Based Approach to Dickens's First Person and Third Person Narratives". *English Corpus Studies* 2: 91–109.

Tabata, Tomoji. 2002. “Investigating Stylistic Variation in Dickens through Correspondence Analysis of Word-Class Distribution”. En *English Corpus Linguistics in Japan*, editado por Toshio Saito, Junsaku Nakamura y Shunji Yamazaki, 165–182. Ámsterdam & Nueva York: Rodopi.

Taketazu, Susumu. 2015. “Psych-passives + at or by’ in Dickens’ English: in the Case of the Psych-Verbs Synonymous to Surprise”. *The Journal of the University of Nagasaki* 48 (4): 53–84.

Tambling, Jeremy. 2013. “Dickens and Galdós”. En *The Reception of Charles Dickens in Europe*, editado por Michael Hollington, 191–196. Londres: Bloomsbury.

Timmis, Ivor. 2015. *Corpus Linguistics for ELT*. Londres: Routledge.

Tognini-Bonelli, Elena. 2001. *Corpus Linguistics at Work*. Ámsterdam: John Benjamins.

Toolan, Michael. 1988. *Narrative: A Critical Linguistic Introduction*. Londres: Routledge.

Toolan, Michael. 2009. *Narrative Progression in the Short Story: A Corpus Stylistic Approach*. Ámsterdam: John Benjamins.

Tusón, Amparo. 2002. “El análisis de la conversación: entre la estructura y el sentido”. *Estudios de Sociolingüística* 3 (1): 133–153

Tusón, Amparo. 2015. *Análisis de la conversación*. Barcelona: Ariel.

van Peer, Willie. 1986. *Stylistics and Psychology*. Londres: Croom Helm.

van Peer, Willie. 1989. “Quantitative Studies of Literature: A Critique and an Outlook”. *Computers and the Humanities* 23: 301–307.

Vargas Llosa, Mario. 1975. *La orgía perpetua. Flaubert y* Madame Bovary. Barcelona: Seix Barral.

Wales, Katie. 2001. *A Dictionary of Stylistics*. Harlow: Pearson Education.

Watt, Ian. 1988. “Impressionism and Symbolism in *Heart of Darkness*”. En *Joseph Conrad: Heart of Darkness*’, editado por Robert Kimbrough, 311–336. Nueva York: Norton.

Werth, Paul. 1999. *Text Worlds: Representing Conceptual Space in Discourse*. Londres: Longman.

West, David. 2016: “Cognitive Stylistics”. En *The Bloomsbury Companion to Stylistics*, editado por Violeta Sotirova, 109–121. Londres y Nueva York: Bloomsbury.

Wierzbicka, Anna. 1987. *English Speech Act Verbs: A Semantic Dictionary*. Sydney: Academic Press.

Wright, Chad C. 1979. “Artifacts and Effigies: The Porreño Household Revisited”. *Anales Galdosianos* 14: 13–24.
Wynne, Martin. 2005. “Stylistics: Corpus Approaches”. En *Encyclopedia of Language and Linguistics*, editado por Keith Brown, 223–225. Oxford: Elsevier.
Youmans, Gilbert. 1990. “Measuring Lexical Style and Competence: The Type-Token Vocabulary Curve”. *Style* 24 (4): 584–599.
Youmans, Gilbert. 1991. “A New Tool for Discourse Analysis: The Vocabulary-Management Profile”. *Language* 67: 763–789.
Youmans, Gilbert. 2001. *Vocabulary Management Profiles* [Programa computacional]. Acceso: 1 de marzo de 2020. http://web.missouri.edu/~youmansc/vmp/index.shtml
Zhang, Ruihua. 2014. *Sadness Expressions in English and Chinese: Corpus Linguistic Contrastive Semantic Analysis*. Londres: Bloomsbury.

FONDO HISPÁNICO DE LINGÜÍSTICA Y FILOLOGÍA

Colección dirigida por
Juan Pedro Sánchez Méndez & María Teresa García-Godoy

La presente colección se hace eco del interés creciente en lingüística hispánica y aborda todos los enfoques teóricos que constituyen hoy día esta materia. Asume el objetivo básico de reunir, bajo un mismo criterio científico riguroso y un mismo epígrafe, la publicación y difusión de un conjunto de obras y trabajos de investigación, tanto de autores consagrados como de jóvenes lingüistas. Sus títulos se dirigen a un público amplio, que va desde el especialista avanzado hasta el estudiante en general que se interesa por un determinado tema o enfoque. De esta manera, la colección aspira a consolidarse como una referencia importante dentro de las diversas disciplinas que integran la lingüística hispánica.

Vol. 1 Javier Elvira
Evolución lingüística y cambio sintáctico.
2010. ISBN 978-3-0343-0323-1

Vol. 2 María José Martínez Alcalde
La fijación ortográfica del español: norma y argumento historiográfico.
2010. ISBN 978-3-0343-0481-8

Vol. 3 Catalina Fuentes Rodríguez, Esperanza Alcaide Lara & Ester Brenes Peña (eds)
Aproximaciones a la (des)cortesía verbal en español.
2011. ISBN 978-3-0343-0502-0

Vol. 4 Ester Brenes Peña
Descortesía verbal y tertulia televisiva. Análisis pragmalingüístico.
2011. ISBN 978-3-0343-0522-8

Vol. 5 Mónica Castillo Lluch & Lola Pons Rodríguez (eds)
Así se van las lenguas variando
Nuevas tendencias en la investigación del cambio lingüístico en español.
2011. ISBN 978-3-0343-0565-5

Vol. 6 Eva Bravo-García & M. Teresa Cáceres-Lorenzo
La incorporación del indigenismo léxico en los contextos comunicativos canario y americano (1492–1550).
2011. ISBN 978-3-0343-0662-1

Vol. 7 José Luis Blas Arroyo
Políticos en conflicto: una aproximación pragmático-discursiva al debate electoral cara a cara.
2011. ISBN 978-3-0343-1005-5

Vol. 8 José J. Gómez Asencio
Los principios de las gramáticas académicas (1771–1962).
2011. ISBN 978-3-0343-1057-4

Vol. 9 Enrique Pato y Javier Rodríguez Molina (eds.)
Estudios de filología y lingüística españolas. Nuevas voces en la disciplina.
2012. ISBN 978-3-0343-1049-9

Vol. 10 Mª Teresa García-Godoy (ed.)
El español del siglo XVIII. Cambios diacrónicos en el primer español moderno.
2012. ISBN 978-3-0343-1058-1

Vol. 11 Victoria Béguelin-Argimón, Gabriela Cordone y Mariela de La Torre (eds.)
En pos de la palabra viva: huellas de la oralidad en textos antiguos.
Estudios en honor al profesor Rolf Eberenz.
2012. ISBN 978-3-0343-1035-2

Vol. 12 Torrens Álvarez, María Jesús y Sánchez-Prieto Borja, Pedro (eds.)
Nuevas perspectivas para la edición y el estudio de documentos hispánicos antiguos.
2012. ISBN 978-3-0343-1142-7

Vol. 13 Mercedes de la Torre y Alberto M. Arias
La ictionimia andaluza en el siglo XVIII: el caso de Cádiz y Pehr Löfling (1753).
2012. ISBN 978-3-0343-1217-2

Vol. 14 Hugo E. Lombardini y M. Enriqueta Pérez Vázquez (coords.)
Núcleos. Estudios sobre el verbo en español e italiano.
2012. ISBN 978-3-0343-1361-2

Vol. 15 Eva Bravo-García y M. Teresa Cáceres-Lorenzo
El léxico cotidiano en América a través de las Relaciones Geográficas de Indias. (Tierra Firme y América del Sur, s. XVI)
2013. ISBN 978-3-0343-1366-7

Vol. 16 Teresa Bastardín Candón
Vocabulario indígena en la *Historia* de fray Bernardino de Sahagún.
2013. ISBN 978-3-0343-1432-9

Vol. 17 José Ramón Gómez Molina (coord.)
El español de Valencia. Estudio sociolingüístico.
2013. ISBN 978-3-0343-1465-7

Vol. 18 José M. Bustos Gisbert y José J. Gómez Asencio (eds.)
Procedimientos de conexión discursiva en español: adquisición y aprendizaje.
2014. ISBN 978-3-0343-1498-5

Vol. 19 Hedy Penner
Guaraní aquí. Jopara allá. Reflexiones sobre la (socio)lingüística paraguaya.
2014. ISBN 978-3-0343-1579-1

Vol. 20 Clara Elena Prieto Entrialgo
Los relativos en el asturiano medieval.
2014. ISBN 978-3-0343-1578-4

Vol. 21 Ana M. Cestero Mancera, Isabel Molina Martos y Florentino Paredes García (eds.)
Patrones sociolingüísticos de Madrid.
2015. ISBN 978-3-0343-1638-5

Vol. 22 Miguel Calderón Campos
El español del reino de Granada en sus documentos (1492-1833).
Oralidad y escritura.
2015. ISBN 978-3-0343-1639-2

Vol. 23 José María Buzón García y José Ramón Gómez Molina
Variabilidad en el paradigma verbal de futuro.
El español de Valencia y de otras sintopías.
2015. ISBN 978-3-0343-2004-7

Vol. 24 Benjamín García-Hernández y Maria Azucena Penas Ibáñez (eds.)
Semántica latina y románica.
Unidades de significado conceptual y procedimental.
2016. ISBN 978-3-0343-2102-0

Vol. 25 Pilar García Mouton & Isabel Molina Martos
Las hablas rurales de Madrid.
Etnotextos.
2017. ISBN 978-3-0343-2694-0

Vol. 26 Lynn Williams (ed.)
Estudios de lengua y lingüística españolas.
Homenaje a Orlando Alba.
2018. ISBN 978-3-0343-3207-1

Vol. 27 Elena Feliu Arquiola (ed.)
Problemas de demarcación en morfología y sintaxis del español
2018. ISBN 978-3-0343-3406-8

Vol. 28 David Vásquez Hurtado
Monstruosidad y escepticismo barroco en la España Imperial
2018. ISBN 978-3-0343-3268-2

Vol. 29 Víctor Lara Bermejo
La cortesía en la Península Ibérica
Dialectología del «Sprachbund» suroccidental
2018. ISBN 978-3-0343-3392-4

Vol. 30 Monica Castillo Lluch y Elena Diez del Corral Areta (eds.)
Reescribiendo la historia de la lengua española a partir de la edición de documentos
2019. ISBN 978-3-0343-3488-4

Vol. 31 Josefa Gómez de Enterría
El vocabulario de la medicina en el español del siglo XVIII
2020. ISBN 978-3-0343-3772-4

Vol. 32 Doina Repede y Marta León-Castro Gómez (eds.)
Patrones sociolingüísticos del español hablado en la ciudad de Sevilla
2020. ISBN 978-3-0343-3809-7

Vol. 33 Leyre Martín Aizpuru
La escritura cancilleresca de Fernando III, Alfonso X, Sancho IV y Fernando IV
2020. ISBN 978-3-0343-3997-1

Vol. 34 Guadalupe Nieto Caballero y Pablo Ruano San Segundo
Estilística de corpus: Nuevos enfoques en el análisis de textos literarios
2020. ISBN 978-3-0343-4179-0

www.ingramcontent.com/pod-product-compliance
Ingram Content Group UK Ltd.
Pitfield, Milton Keynes, MK11 3LW, UK
UKHW021942290926
8980IPUK00016B/1767

9 783034 341790